新时代 北京卷
教育文库

北京市海淀区第二实验小学

创造教育高质量发展的实践与探索

郭红霞◎主编

中国言实出版社

图书在版编目(CIP)数据

创造教育高质量发展的实践与探索 / 郭红霞主编.
北京：中国言实出版社，2025.1. -- ISBN 978-7-5171-
5053-4

Ⅰ.G622.0

中国国家版本馆CIP数据核字第2025LX9506号

创造教育高质量发展的实践与探索

责任编辑：史会美
责任校对：王君宁

出版发行：中国言实出版社

   地 址：北京市朝阳区北苑路180号加利大厦5号楼105室
   邮 编：100101
   编辑部：北京市海淀区花园北路35号院9号楼302室
   邮 编：100083
   电 话：010-64924853（总编室） 010-64924716（发行部）
   网 址：www.zgyscbs.cn 电子邮箱：zgyscbs@263.net

经 销：新华书店
印 刷：北京盛通印刷股份有限公司
版 次：2025年5月第1版 2025年5月第1次印刷
规 格：710毫米×1000毫米 1/16 21.25印张
字 数：350千字

定 价：89.00元
书 号：ISBN 978-7-5171-5053-4

本书主编简介

郭红霞，北京市海淀区第二实验小学校长。海淀区第十二、十三次党代会代表，海淀区教育工会第八届常务委员会委员，海淀区第十四次妇女代表大会代表。2013年被授予北京市优秀教师称号。

担任北京市语文现代化研究会理事、海淀区中小学优秀教师培训负责人、海淀区语文兼职教研员。主持、参与中国教科院、中央电教馆等国家级课题5个，市区规划课题13个。主要著作有《校本研修与整校推进的时间与探索——小学语文》《小学数学综合实践活动》《跳绳新玩法——花样跳绳》等专著，参与编写的《海淀区义务教育学业标准与教学指导》及撰写的《静水流"深"，博而有"度"》《扎根学科，伙伴研修：催生学校"自发展力"》《专业阅读助成长》《"四措并举"促进党员教师先锋模范作用的发挥》等文章被《基础教育课程》《中小学管理》《少年儿童研究》《中国教育学刊》等刊发。

本书编委会

主　编：郭红霞

副主编：杨光有　王　静

编　委：（以下按姓氏笔画排序）

丁建军　马　兰　王立新　王军云　王季云

王　琳　田燕华　白雪梅　耿　娟　刘　晔

刘　璟　刘　锐　朱庆煊　孙　娜　杨　宏

闫　娜　陈巧玉　张丙元　周立娟　赵金凤

赵建新　高建民　高金辉　崔　成　徐雪艳

夏　雪　董雪梅

总　序

党的二十大报告中指出，"教育、科技、人才是全面建设社会主义现代化国家的基础性、战略性支撑。必须坚持科技是第一生产力、人才是第一资源、创新是第一动力，深入实施科教兴国战略、人才强国战略、创新驱动发展战略，开辟发展新领域新赛道，不断塑造发展新动能新优势"。为深刻领会以习近平同志为核心的党中央作出这一战略部署的深义和赋予教育的新使命新任务，加快建设教育强国，加快推进教育高质量发展，展示新时代我国基础教育的发展变革和取得的重大成就，中国言实出版社策划、出版了"新时代教育文库"丛书。

进入新时代以来，教育系统全面贯彻党的教育方针，落实立德树人根本任务，培养德智体美劳全面发展的社会主义建设者和接班人；促进教育公平、提升教育质量，加快推进教育现代化，办好人民满意的教育。教育的中国特色更加鲜明，教育面貌正在发生格局性变化。新时代以来，我国教育普及水平实现了历史性跨越，更好地保障了人民受教育的机会；教育服务能力稳步提升，为国家重大战略实施和经济社会发展提供了强大的人才和智力支撑；教育改革开放持续深化，服务全民终身学习的教育体系进一步完善。"新时代教育文库"丛书记录了、见证了基础教育事业的发展变革，对研究我国基础教育具有一定的史料价值。

本丛书选题视野开阔，立意深远。丛书以地区分卷，入选学校办学特色鲜明、教学教研成果突出，既收录了办学者、管理者高水平的理论研究创新成果，也收录了一线教师对课堂教学的真实感悟案例，收录了一线管理者的成功经验总结，这些，对基础教育工作者、研究者具有一定的参考价值。

是为序。

中国教育学会名誉会长、北京师范大学资深教授

2022 年 12 月

目　录

第三章　深化课程建设　助力学生核心素养培养

第四章　创新教学模式　促进创生交互课堂形成

第五章　丰富学生活动　促进学生幸福个性成长

第六章　探索技术赋能　推动智慧校园持续发展

第一章

强化学校治理　引领创造教育内涵发展

教育家精神引领教师队伍高质量发展的校本化实践

郭红霞

一、弘扬教育家精神，明确教师队伍"成长五力"目标

2023 年 9 月 9 日，习近平总书记致信全国优秀教师代表，希望广大教师"大力弘扬教育家精神"，并深刻阐释了"中国特有的教育家精神"之内涵：心有大我、至诚报国的理想信念，言为士则、行为世范的道德情操，启智润心、因材施教的育人智慧，勤学笃行、求是创新的躬耕态度，乐教爱生、甘于奉献的仁爱之心，胸怀天下、以文化人的弘道追求。习近平总书记关于教育家精神六个方面的论述，内涵十分丰富，思想非常深刻，既对教师的理想信念、道德情操方面提出了高期望，也对教师的育人智慧和育人能力提出了高要求。为了在学校弘扬和落实教育家精神，我们对教育家精神的六个方面进行了深入学习，并融入自己的理解，我们认为，理想信念和道德情操是教师精神境界和品质修养的体现，只有坚定信仰、品行端正，才能帮助学生树立正确的道德观念，从而更好地践行社会主义核心价值观；育人智慧与躬耕态度是教师要树立有教无类、因材施教的教育理念和方法，在教学中教师要了解学生，创造性地教学，帮助每一个学生都获得最大限度的发展；仁爱之心和弘道追求是教师要以每位学生的生命成长为己任，以爱育爱，乐教爱生，以广阔的胸怀和远大的眼光积极弘扬中华文明蕴含的全人类共同价值。

围绕教育家精神的内涵，根据学校的实际情况，我们将学校种子教师的培养目标确定为培养一批"内涵提升、教有特色、协同发展、效能卓越"的领军教师，围绕种子教师培养目标，聚焦"成长五力"，即内驱力、学习力、实践

力、数智力、影响力，旨在培养一批思想道德高尚、业务能力过硬、科研素养较强、辐射影响较大的学科领军人才。

二、构建教师支持体系，确保教育家精神得以精准践行

为了进一步推动学校实现全面、协调、可持续的高质量发展，在学校党委的领导下，不断健全和完善学校的体制与机制建设，通过优化组织架构，建立健全各项规章制度，规范学校的内部管理，为教师发展构建支持体系。

学校变革组织机构，成立了集团办、教师发展部、学生发展部、课程学习部、安全与资源部、服务与保障部六个职能部门。各部门之间形成紧密的联动机制，为教师的专业发展提供了持续而强大的支持力量。教师发展部作为六大职能部门之一，由培训中心和科研中心两大核心板块共同构成。其核心使命在于构建"教—研—训"三位一体、相互融合的研修体系，从而有效驱动教师的专业成长，并推动他们实现全面而富有个性的发展。

培训中心的职能是根据教师专业发展需求，对教师实施进阶培养，形成梯度发展。主要依托"四个工程"，即青蓝工程、砥柱工程、中坚工程和领航工程。通过外部支持赋能教师发展，内部循环建设良好的教师发展生态环境，互动共建，协作共赢。从培养对象、培养目标、培养内容、培养策略以及机制建设等方面进行研究和实践，做好师资队伍梯队建设工作，推进学校教师专业化成长和教师队伍高质量发展。其中，领航工程，即优秀种子教师工程，是学校打造名师的重点工程，主要促进优秀种子教师能够形成一定的教学风格和特色，旨在为优秀种子教师成为学科领军名师提供支持。

科研中心的职能是对全校科研项目进行全面管理和协调，确保科研项目的顺利开展和高质量完成；组织并推动校内外学术交流与合作活动，开展联合研究、人才交流等活动，促进科研资源的共享和优势互补。通过导师制培养教师的科研能力。职能的细化分工、中心的明确职责、干部的专业引领、分层的培养策略、部门的协同配合，都为教师专业发展保驾护航。

三、聚焦教师"五力"的"贯通式"培养策略

学校将教师培养策略具象化为"五力"体系，并通过实施"贯通式"培

养模式，有效达成教师培养目标。在区域项目引领下，学校创立海淀实验二小"领航工程"，即优秀种子教师工作室，尝试利用"领航工程"探索形成一套促进优秀种子教师专业发展的实践策略。这一策略不仅关注教师个体的专业发展，更强调从个体到群体，再到整体与学校和外部资源的协同进步，从而形成一种"贯通式"的培养模式。这不仅体现了个人发展与市、区培养目标的相互促进与多向互动，而且实现了个人发展目标与区域及学校发展目标的有机统一，为教育事业的长足发展注入了新的活力。

（一）建立"四机制一公约"，从外推走向内生

教师的专业成长是外界因素与自身因素综合作用的结果。根据勒温场动力理论，教师专业发展动力是一个三维模型，它是教师主体动力、学校场域动力和社会场域动力三者之间相互作用所产生的合力。显然，为了进一步提升学校优秀教师的专业能力和素养，激发他们的自我发展意识并点燃其内生动力，外在环境的支持与引导显得尤为重要。学校和社会所提供的资源、平台以及激励机制等外在助力，对教师专业发展起着至关重要的作用。为此，工作室积极创新，建立了一套包括四项机制和一个公约在内的制度体系，即"月例会"机制、"双导师"机制、研讨机制和推广机制，以及一个公约，即"OKAY"公约。这一制度旨在全方位、多角度地支持和引导教师的专业成长，从教师培训、教学研讨、科研创新到成果展示等多个环节入手，为教师提供丰富的成长机会和平台。同时，通过公约的制定和执行，明确教师的职责和权益，营造和谐、积极向上的团队氛围，为教师的专业成长提供坚实的保障。

1. 建立"四机制"，为教师成长提供外部动力场域

首先，通过"月例会"制度，建立优秀种子教师站工作机制。明确每个月的研究主题和推进任务，强调成果导向、立足学生发展，使种子教师专业发展和工作推进有路径可寻、有机制保障。其次，建立"双导师"机制（每个骨干教师配备实践导师和理论导师），通过"月报表"任务，建立与双导师的沟通机制。通过报表任务，导师明确种子教师研究方向和所承担的任务，种子教师按月报计划有目的地与理论导师和实践导师沟通，确保种子教师在遇到问题和困惑时能及时得到导师的帮助和指导。再次，通过"交流论坛"活动，建立因需发展的研讨机制。以培养和提升学生核心素养为共同目标，定期开展优秀种子教师论坛，由"课程学习＋读书交流"的通识论坛和"跨学科主题学习＋

小课题研究"的专题论坛构成，共同研讨，相互借鉴，促进团队整体提升。最后，通过"搭建平台"推广，建立成果推广机制。针对优秀种子教师的研究成果，学校推选各领域有代表性的种子教师在市、区、校三级层面进行交流，并在学校公众平台进行宣传，发挥优秀种子教师领航辐射示范作用，扩大影响力，增强责任感和使命感，保障优秀教师高质量发展。

2. 形成 OKAY 公约，为教师专业成长擘画发展愿景

优秀种子教师学习共同体，强调在学习过程中和谐的、持续的、深层的相互协作，良好的研究环境和研讨氛围对于种子教师成长起到重要作用。公约作为大家普遍认可并共同遵守的办事准则，在构建和谐、融洽且团结的团队或集体中发挥着积极且不可或缺的促进作用。它犹如一盏明灯，为团队成员指明前行的方向，确保大家在共同价值观和目标的引领下，携手共进、协同发展。因此，在培养优秀种子教师的道路上，共建一份符合团队特点和发展需求的"公约"显得尤为重要，这不仅有助于明确教师的职责与义务，还能激发教师们的积极性和创造力，共同推动团队或集体的持续发展。

OKAY 公约，即 O—Optimistic（乐观的），K—Knowledgeable（博学的），A—Academic（学术的），Y—Yauld（敏捷的），保持乐观的学习研究态度、做善思善学的有着持久学习力的博学者、树立科学严谨的学术科研意识以及保持对政策课改的敏捷性。OKAY 公约不仅促使大家形成自我约束，养成自我研修以及同伴互助的好习惯，营造良好的学习研究氛围，还为大家在共同体研究中无形勾画了学校优秀教师专业成长的画像。

（二）构建"四位一体"素养结构，以任务激发教师成长的内驱力

为了建设一支高质量的教师队伍，确立清晰明确的培养目标是首要任务。这些目标应以具体、可衡量的任务为依托，通过量化任务的方式，有效驱动每一位教师的专业成长。同时，我们还应以成果为导向，激励教师在成长过程中不断追求卓越。在区域项目的引领下，学校构建了优秀种子教师身心强健、勇毅担当、品格卓越、能力过硬"四位一体"素养目标（见图1）。其中，身心强健是优秀教师的基础素养，身心强健的教师能够更好地应对教育工作中的压力和挑战，保持稳定的情绪状态；勇毅担当是优秀教师的关键素养，勇毅担当的教师能够积极应对挑战，不畏困难，勇于承担责任；品格卓越是优秀教师的核心素养，具有高尚的师德、宽广的胸怀、深厚的人文素养和坚定的教育信仰

的教师能够以自身的言行影响和感染学生，引导他们树立正确的价值观和人生观；能力过硬是优秀教师的专业素养，具备扎实的专业知识、娴熟的教学技能以及不断学习和创新能力的教师能够不断更新教育观念，改进教学方法，提高教育质量，为学生的成长和发展提供有力支持。

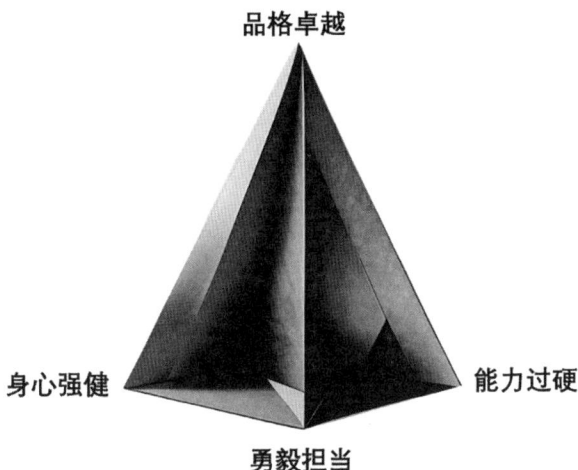

图 1　"四位一体"素养目标

　　为了达成"四位一体"的素养目标，除了依托区域引领的特色研修课程，学校主要围绕"五个一"任务，即：至少承担一个市区课题项目、至少完成一节高质量的区级以上研究课、至少撰写一篇成果论文并在期刊发表或平台推广、至少开展一次种子论坛或专题培训、至少完成一次高质量的学业质量分析或调研报告，落实素养导向的优秀种子教师培养目标，努力铸造一批学校名优领航教师（见表 1）。例如，优秀种子教师需要"具有高素质的师德修养和时代精神的教育理念，坚定的道德意志和独特的教学风格"，而如何达成综合素养目标，就需要教师通过定制化研修课程提高理论水平和认识、通过讲座论坛提升师德修养和坚定道德意志、通过课堂实践践行教育理念并形成新的思考和独特教学风格，助推种子教师逐步走向卓越。

表1 优秀种子教师多维能力培养架构表

领航工程 （区域项目引领的学校优秀种子教师）				
	培养目标	具体任务	研修课程	素养结构
专业精神	具有国家认同感，教育学生爱党爱国；具有高素质的师德修养和时代精神的教育理念，坚定的道德意志和独特的教学风格	专题讲座研究课	政策理论、师德师风、名师鉴赏等	"四位一体"结构：身心强健勇毅担当品格卓越能力过硬
专业知识	具有扎实的通识知识、精准的学科本体知识和丰富的实践性知识	论文研究课	教学心理学、信息技术、跨学科等	
实践能力	具有娴熟的教学能力、沟通能力和自主发展能力，创新课堂教学，指导教师和学生提升技能见成效	研究课（微课等）	设计与实施、反思与评价等	
科研能力	承担或主持市区课题项目，主动进行教学改革研究并取得至少两项研究成果，承担学校课程改革	课题，成果（刊发推广）	科研知识、成果转化、课程改革等	
学生素养	深入开展学情调研，基于学生发展需求和真实问题开展教育教学活动，制定培优补差举措，面向全体学生	学业质量分析或调研分析（报告）	自我实践、大数据整理和分析、儿童心理学等	
数字化技术	充分认识学习掌握现代信息技术对教育教学改进的重要意义，主动学习和掌握与教育教学相关的信息技术；利用数字化信息技术开展调查研究，熟练运用数字化技术开展调查、分析数据，并利用数据结果促进教育教学	课例分析报告等	数字化课程、数字化技术与课堂和科研的融合	

（三）深化项目实践与研究，全方位提升教师持久学习力

教师学习力是产生于教师的学习活动并作用于学习过程的动态能力系统，具有较强学习力的教师不仅具备自我导向学习能力，会主动寻找学习机会、自发参与学习活动，而且能在教学实践中实现自我成长、自主发展和自我超越。可见，依托"学习活动"是提升教师自主学习和自我发展的有效途径，只有在各种学习和实践活动中，才能不断提升教师学习力，并促使教师主动获取知识方法，实现自我超越。因此，学校把各种活动"项目化"，深度参与各种项目，全方位提升教师持久学习力。

1.开展读书漂流项目

十四届全国政协副主席、民进中央常务副主席、中国陶行知研究会会长朱永新说，一个人的精神发育史就是他的阅读史，一个民族的精神境界取决于这个民族的阅读水平。阅读对优秀种子教师走向领军名师起着至关重要的作用。每个月，除了月例会中大家的读书分享外，每学期组织一次大型的"读书交流盛宴"，把阅读分享和教育教学实践紧密结合，开展"读书，悦我"分享会，

并通过"读书漂流"把阅读和实践关联的活动记录在"漂流卡"上，夹在书中传递下去，使更多教师参与到阅读中来，不断提升教师学习力。

2. 开展优秀教师领航项目

以"项目"研究撬动"活动"开展已成为优秀种子教师发展的主要方式。优秀种子教师在区、校引领下，逐步成立优秀种子教师"领航项目工作坊"，以"种子教师名字＋项目名称"命名，不仅依托研究项目实现个人专业成长，也有效带动学科团队专业成长。优秀种子教师针对课堂教学实践中的真实问题，通过研讨聚焦项目主题，组织项目组教师开展参与式、体验式、开放式、反思性等形式的项目研讨活动。工作坊以教学课程改革为抓手，形成工作坊研究共同体，引领团队教师通过专题研讨、课堂实践、交流反思等，在研讨、分享、交流的开放合作共赢机制下，锻炼队伍，发挥辐射引领作用，促使学科能够涌现出业务水平较高、研究能力较强的教师群体，实现共同体协同发展。目前，学校已成立"杨光有大数据工作坊""高丽辉智慧阅读工作坊"等。在项目工作坊推进过程中，构建了由名师课堂观摩学习、片段微格训练、听评课结合、一天跟岗、同课异构的"立体贯通式"实践体系，旨在通过优秀种子教师提升项目团队教师的持久学习力，进而营造从一个人学习带动一群人学习的学习氛围。

（四）构建"课程圈"，提升教师学科课程的教学实践力

作为优秀种子教师，需要从教学观走向课程观，不断提升自己的课程意识、课程设计和实施能力以及课程素养。只有站在课程的高位视角，才能更好地守住 40 分钟课堂主阵地。工作室的种子教师们已具备初步的课程意识，近年来在学校整体"验问课程"体系下，开始各自学科课程群建设。为了更好地推进学习课程建设，借力种子教师工作室，构建了学科"课程圈"。开放的学习社区和课程圈在无形中把同一或相近学习领域的人们联系起来，而人与人的交流与共享可以激发人们的灵感，碰撞彼此的思想火花，促进共同的进步。通过课程联动种子教师，以"课程建设"为主线，带动种子教师和学科团队发展。

构建"三环四真一目标"课堂教学结构模型。种子教师围绕"课堂结构"开展研究、不断循证、验证改进，依据各学科特点，形成"1—3—1"结构，即 1 分发问，3 分探究合作，1 分小结提升的课堂模型，逐步形成"三环四真一目标"结构模型。"三环"指课堂教学的三个环节：学习理解、应用实践、迁移创新；"四真"指真情境、真问题、真交流、真想法；"一目标"指促进深度学习和发展核心素养。由种子教师率先垂范，在学科教研中进行方法指导，旨在引导学科团队教师在教学中创设真实生活情境，引导学生自主、探究、合作，在师生互动和生生互动中完成知识迁移、能力提升和素养发展。种子教师肩负学校学科课程建设的使命，大家自觉围坐课程圈，共研基于创造教育的学科课程群建设，相互学习和借鉴，不断提升教师学科课程引导力。目前，数学学科课程建设和英语学科课程建设均获得海淀区课程建设一等奖。

（五）技术运用与信息素养并举，提升专业成长的数智力

面对数智化发展的重大变革和必然趋势，学校需要积极探索新一轮课程体系及教学模式与人才培养思路的变革，并在实践中不断探索创新。作为学校种子教师，勇毅担当，率先掌握相关能力尤为重要。区域引领开设了信息素养提升课程，学校引入 AI 技术、作业机、靠谱数据分析技术，种子教师积极学习和践行，逐步探索出了一条基于课标、融于学情、源于教学、忠于实证的学校"数智"教育生态理念下的教学评一体化 2.0 版课程体系。

通过数据驱动的个性化发展、技术辅助的教学实践、大数据分析技术的应用、跨区域交流联研、作业机数据分析、数字化教学资源的开发与共享等方式，有效帮助种子教师提升信息意识和信息素养，助力学生的深度学习和深度思维，同时，精准把握学生的个性化需求，通过差异化教学满足不同学生的学习期待，以更好地适应未来教育的发展趋势。

（六）搭建"三级"展示平台，扩大教师成长的影响力

为了激活种子教师教学活力，增强教师自信心、使命感和获得感，学校联动市区教科院，与双导师交流碰撞，为种子教师搭建"C–D–S"交流展示平台，即市（City）区（District）校（School）三级平台，并创新基于"五个一"任务的"必选 + 自选"的"1+N"成果交流方式，即完成至少两个成果交流，其中必选为总结报告或研究报告，自选为"五个一"任务——微论坛、微座谈、微课堂、微讲座、微培训。如搭建学校种子教师经验交流论坛，多位种子教师进行了第一阶段教育成长故事经验分享；还搭建了区域经验分享和成果交流的平台，三位种子教师在市区做了团队建设和学科项目专题发言。

为了发挥种子教师辐射引领作用，激发更大潜能，构建了种子教师评价考核与培养目标以及成果成效一体化的绩效考评机制。此机制分为师评和校评。结业时，学校经综合考评后评选出两名卓越种子教师，作为下一批优秀种子教

师工作室的"校聘名誉导师"，享有相应待遇和奖励，激励教师走向卓越，体会专业发展带来的获得感和使命感。另外，学校制定优秀种子教师"优先推荐权"，在各项活动或展示中，优先推举优秀种子教师，充分发挥校级名师的辐射引领作用，实现"成熟一个，使用一个，带动一批"的目标，让学校优秀种子教师们有用武之地，在实现个人价值的过程中推动集体价值的实现，最终带动学校教师队伍整体发展。

四、阶段成果和方向

在区域项目引领下，学校创新校级优秀种子教师工作室实践探索，教师整体专业发展有所提升，他们逐步成长为学校教育教学改革的主力军和中坚力量，为学校高质量发展提供强有力的人才支撑，形成了培育领军人才的区校两位一体的成功经验，切实肩负起立德树人的责任使命。

未来已来，随着科技的进步和教育理念的发展，区域引领下的校级种子工作室也将面临更艰巨的挑战。如何在"建设高质量教育体系"与"教育强国"的时代背景下依托区域项目深入打造学校高素质、专业化、创新型的优秀教师队伍是学校教师队伍培养一直关注的重点话题。如何以学校优秀种子教师培养模式撬动学校其他三层教师培养工程，进而带动学校教师队伍建设整体发展，更是我们持续思考的重要问题。在后续教师培养中，学校将借助数字化和人工智能的力量，实现教育的个性化和智能化，为每个学生提供更加精准和高效的教育服务，引领教师不断思考从超越教学走向人的引领，突破现有思维模式重构自己的教育生涯，努力做有思想的教育"大先生"。

参考文献

[1]中共中央　国务院关于全面深化新时代教师队伍建设改革的意见[EB/OL].（2018-01-31）[2024-06-03]. http://www.moe.gov.cn/jyb_xwfb/xw_zt/moe_357/jyzt_2018n/2018_zt15/zt1815_yw/201801/t20180131_326148.html.

[2]教育部等八部门关于印发《新时代基础教育强师计划》的通知[EB/OL].（2022-04-11）[2024-06-03]. http://www.moe.gov.cn/srcsite/A10/s7034/202204/t20220413_616644.html.

[3]张琼政.构建"培·评·用"一体化梯级名师培养模式[J].广西教育，2023（4）.

[4]沈民权."三格三工程"：中职学校专业教师分层培养的策略与路径[J].职业技能培训教学，2020（17）：53.

[5]李森，崔友兴.论教师专业发展动力的系统构建和机制探析——基于勒温场动力理论的视角[J].教育理论与实践，2013（4）：33-36.

[6]朱莉萍.中小学教师学习力的要素结构及发展策略研究[D].武汉：华中师范大学，2021.

[7]刘梦琴，许志峰等."三结合四体系五能力"卓越教师培养模式的实践探索[J].当代教育理论与实践，2021（2）.

以创造教育模式促拔尖创新人才培养

刘　晔

党的二十大报告指出，"未来五年是全面建设社会主义现代化国家开局起步的关键时期"，党和国家对教育高质量发展的需要，对科学技术创新和新时代优质人才的需要，比以往任何时候都更为迫切，这也促使我们要站在教育强国的角度去看待创新人才培养，牢牢把握和深入实施科教兴国、人才强国战略，坚持育人育才相统一，教育人才双推进。

小学是创新素养培养、创新人才成长的关键时期，在这一重要阶段对学子进行培根铸魂、启智润心，赋予他们更多的创新精神、创新能力、创新素养，为他们今后取得更大创新成果奠定坚实基础，是摆在我们面前的重大时代课题。如何做呢？我们要先了解拔尖创新人才的特点与成长规律，进而积极营造适宜的环境、创设适合的教育活动，为学生及其创新潜能的发展筑牢持续、终身的重要基础。

拔尖创新人才具备哪些特质呢？一是兴趣广泛，对生活中的一切抱有强烈的好奇心，这是科学发现和发明的基本前提条件。二是行事自主，对未知的事物常持异见，敢于试错。三是激情充沛，对某些领域和学科的执着追求可以持续甚至永久保持，进而做出创意和发明。四是心灵自由，并且思维活跃、想象力无限。他们会准确理解、把握限制的"边界"，敢于运用理性和智慧，寻求改变。明白了这些，我们就明确了育人方向。作为学校需要如何进行革新，真正营造适宜创新的环境，呵护创新人才呢？海淀实验二小以创新个性化育人模式为价值取向，着眼于学校文化、管理创新、课程建设、教学模式、师资队伍、资源共建等，努力构建"三位一体"的创造教育模式。

一、化生长育，构建以文化为基础的价值体系

海淀实验二小长期的积淀，形成了独特的"创造教育理念与学校文化体系"，围绕"为创造者的幸福人生奠基"的教育理念和办效能卓越、特色鲜明、富有创造意蕴的实验学校办学目标，突出学生创造性思维和人格的养成，力求为中华民族培养具有科学精神和人文精神的时代新人。

在文化价值观长期引领下，筑牢了师生爱祖国、爱人民、爱科学的信念底色，坚定了用科技创新报效国家的宏远志向，建构了善待个性、宽容特异、激励特长、富于安全感的校园文化氛围。提出"不追求唯一答案，不倡导知识分界，不鼓励个人竞争"，同时引导和鼓励广大教师对有特殊创造潜质的学生施以格外的关心，丰富"意想不到的、新奇的、多样化的思考空间"。

二、躬身实践，构建以创造素养发展为导向的课程体系和教学模式

（一）五育并举，构建科教融合的新课程

创新往往发生在学科课程的边界。学校以发展学生核心素养和促进学生学习方式变革为核心，坚持五育并举、注重学科融合，着力打造"验问"课程体系下"面向全体学生全面发展"的特色课程群。注重更加"写实"的综合实践活动课程开发，撬动创新教育工作开展。我们开发了基于机械工程与电子信息的人工智能校本课，基于 STEM 理念的多学科融合课等，这些指向科学精神、科学思维和实践能力培养的必修课成为学生最期待的课程。面向全员开展"假期一问"科创课程，学生每年生成 4000 多份创新研究报告，像"自动喂鱼器""智能开关"等都是学生自主研发的科创产品，智能测温帽、抗疫机器人等作品还登上央视频道，展现了海淀实验二小学子的创造能力和爱国之心。

（二）以问促创，形成包容自由的新课堂

课堂是创新教育主阵地。我们通过创建问题墙、问题卡，保护孩子好奇心；借助课堂观察，引导形成"一问、擅问、审问"的问题进阶，让"问"成为课堂风尚，"验"助力严谨治学。在探究式学习的基础上突出 PBL 项目学习，倡导小组合作学习，更关注学生思维进程与概念转变，注重逻辑推理与问题验

证的创新方法培养。

开展"包容性"课堂实践,"破除"权威。如科学课开展"找错"式的课堂,在"太阳系"一课中教师有意识地"犯错",示范"被挑战"和"改错"的过程,促进逆向思维和批判质疑、自信心和韧性的养成。美术课鼓励学生大胆尝试,通过用"多余的"材料搞创作,在"偶然发现"中体验打破常规的感受。

(三)聚焦科技,延展专长专项的新特色

及早发现有优秀发展潜质、特殊才能的学生,通过社团培训,专项赛事训练,及时开展个性化、定制式培养。学校现有科技社团17个,涉及机器人、人工智能、天文、DI、生命科学、电子信息、创客等多领域共400多人,每年有上百人次获全国和市区级科技竞赛奖。

统筹高校、企业、科研院所和家长资源,开展共享实验设施和课程资源合作项目,被评为海淀区少年科学院机器人研究所。邀请院士、科学家进校园作报告,埋下科创种子;在家长教师协会下设科技专委会,邀请家长教师做科普。2023年4月,学校成立了北京市首家小学科协,形成了区域创新教育共同体和良好的科教生态。

把握一切契机,开展科技实践活动,如"当父亲节遇上日食"把科技和亲子结合,在教室里同步开展"天宫课堂",探索"不一样的科技馆"等。丰富的科教融合活动受到了社会各界的好评,中国科协党组书记贺军科参与学校科技嘉年华时对学校的科创教育评价道:"学校很好地为创新人才种下了科学种子。"

学校还开展独具特色的科技竞赛,每年一度的纸箱车大赛等系列比赛,是学生运用科学知识进行创造的契机,更是对科技育人成果的检验。不断实践中,学校被评为中国STEM2029领航学校、全国人工智能特色学校、北京市科技教育示范学校等。

(四)改进评价,形成全面成才的新导向

我们坚信人人具有创造力,皆有创新之潜能,基于此逐步建构指向五育并举的评价体系,即"创造者的科技树"。发挥评价导向功能,让每个孩子都能蔚然生长,他们可能长得各不相同,但终将长成大树。同时我们利用信息化手段努力收集学生过程性表现,追踪学生成长轨迹,展开智能分析,对学生进行"数字画像+正面激励+综合述评",关注学生智力因素的同时,更侧重于非智力因素的引导与评价。

三、加强保障，构建贯通创造教育理念的实践治理体系

我们通过三个机制，为创新教育环境做好重要支撑。

一是从治理结构到部门建设，再到业务推进，优化内部管理机制，提升管理效率，构建了一体两翼、统筹自主、协同发展的集团化组织架构，设立学生发展中心、教师发展中心、特色发展中心等专项部门，为创新提供组织保障。

二是着眼于创造性人才的培养需求，构建创新型教师人才培养体系，通过四个工程贯通式培养，不断深化全员培训、突出名师引领，着力打造一支高素质、专业化的创造型教师队伍，为创新做好人员支撑。2023年成立海淀首家优秀种子教师工作室。

三是推进学校民主管理，形成学校党委及其领导下的校长办公会、教代会、家长教师协会、少工委、学术委员会多元共治格局，给师生家长更多的自主权和参与决策的机会。用创新管理激发师生活力，形成自由平等的师生关系，营造了良好的协同创新育人新生态，助力学生的创新能力培养。

我们始终认为，小学在拔尖创新人才问题上，首先是发现，接着是保护和培育。需要站在民族振兴、家国未来的高度，将创新人才的发现、保护和培育工作看成是立德树人的重要组成部分。发现，需要慧眼和洞见；保护，需要胸襟和情怀；培育，需要智慧和机制。创新教育未来仍要继续通过理念和价值观引领，通过评价机制调整来加以推进、提质，让包括有潜质的创造型人才在内的所有孩子都能发挥个性特长，自主自由生长。

我们坚信，创新教育必将驱动创新型社会不断完善。未来我们仍将为祖国培养心有梦想、眼中有光、神采兼备、个性飞扬的国之少年，为实现教育强国和现代化的宏伟目标努力奋斗。

党组织抓小学国防教育基本途径初探

张丙元

小学党组织抓好国防教育，是贯彻"坚持党对教育事业的全面领导，坚持把立德树人作为根本任务"重要精神的具体体现，是落实"加强全民国防教育"要求、履行《中华人民共和国国防教育法》的关键举措，也是党建与学校教育领域的重要研究课题，具有显著的现实需求与社会价值。

目前，关于党抓国防教育的法规和文献丰富，但多集中于高等教育领域，义务教育阶段尤其是小学的理论研究相对匮乏，已有成果以实践总结、案例分享等为主。基于此，小学党组织抓国防教育的实践探索与理论研究急需进一步深化。

本文结合小学党建工作要求和"党组织抓好小学国防教育工作的机制研究"党建课题，紧扣立德树人根本任务，聚焦小学国防教育，从四个维度，深入探讨小学国防教育的基本实施途径。

一、优化组织结构，统一认识，探索新机制

开展国防教育和双拥工作是党和国家的光荣传统。"党组织抓好小学国防教育工作的机制研究"党建课题调研显示，课题所在区县学校已将国防教育纳入各级各类学校教育体系，多数学校设有国防教育管理机构或专人负责相关工作，并将其融入学校整体规划和德育工作计划，定期开展国防教育活动。但仍需从以下方面进一步补充完善。

（一）坚持党的全面领导，构建协同管理体系

学校应成立以党组织为核心的国防教育领导办公室，构建内外协同、结构合理、职责清晰的组织架构。例如，由学校书记担任国防教育领导办公室负

责人，校长牵头组织实施，主管领导直接负责具体工作。对内形成学校、年级组、教师三级管理体系，明确各级职责，确保国防教育工作有序推进；对外整合学校、家庭、社会三方资源，建立协同合作机制。社会资源涵盖驻区军事单位、国防教育基地、国防教育专家及上级领导部门，充分发挥各方优势，拓宽国防教育渠道。

（二）紧扣立德树人目标，凝聚教育共识

以培养社会主义建设事业所需人才为目标，秉持"拥军爱民全员参与，国防教育从小培育"的教育理念，引导学生树立"天下兴亡匹夫有责"的爱国主义情怀，传承"居安思危，支持国防"的思想，提升国防意识与爱国热情。

少年儿童是国家未来的希望，做好小学国防教育，增强学生国防意识，是全民国防建设的重要基础。国防教育是素质教育的重要内容，全体教师都肩负着重要责任。学校应通过开展系列学习、培训活动，提升教职工对国防教育重要性的认识，统一思想，确保全体教职工与学校国防教育工作同频共振。

（三）加强统筹规划，完善保障机制

将国防教育内容纳入学校五年发展规划和每学期工作计划，使国防教育成为学校教育的常态化、系统性工作。学校党组织要发挥统筹协调作用，确保人力、物力、财力充足，保障国防教育经费及时、足额到位。同时，建立健全监督与评估机制，定期对国防教育工作开展情况进行检查评估，及时发现问题并改进，推动国防教育工作持续优化。

二、创建教育体系，整合资源，搭建新平台

学校德育工作旨在培养学生的爱国主义情怀和集体主义观念，引导学生树立正确的价值观和行为准则。学校应结合育人新要求，科学制定国防教育工作方案，通过国防教育，帮助学生树立国防观念，增强爱国意识、忧患意识和社会责任意识。充分发挥课堂教学主渠道作用，将国防教育融入各学科教学；利用校园宣传阵地，营造浓厚的国防教育氛围，形成具有本校特色的国防教育模式。

（一）课内外联动，丰富国防教育内容

1.发挥课堂教学主渠道作用

学校国防教育是全民国防教育的基础，加强青少年国防教育是教育工作者的重要使命。在学科教学中，教师应深入挖掘课程内容中蕴含的国防教育元

素，将国防知识、国防意志和国防观念的培养融入知识传授过程，提升学生国防教育素养。

例如，语文学科在教学《小英雄雨来》《夜莺之歌》《狼牙山五壮士》等课文时，引导学生从英雄事迹中感悟爱国主义精神，珍惜和平，激发保卫家园的责任感；数学学科在"点阵"教学中，结合天安门阅兵画面，让学生感受中国军人的严谨与伟大；品德学科通过讲述鸦片战争和中国近代屈辱史，帮助学生理解"国家兴亡匹夫有责""少年强则国强"的道理；邀请国防教育专家走进课堂，结合天宫和探月工程、航空母舰等热点事件，开展国防教育讲座，拓宽学生视野，增强学生对国防现实问题的关注度。

2. 整合资源，延伸课后教育

整合开发丰富的国防教育资源，改善学习条件，为学生提供更多实践体验机会，将课堂学习向课外延伸，提升国防教育效果。学校可组织学生到国防教育基地、驻地部队参观学习，使国防教育活动常态化、规范化，培养学生爱党、爱国、爱军的坚定信念，增强"爱我中华，心系国防"的使命感。

同时，充分利用社会资源，开展多样化课外活动。周边驻军较多的学校，可邀请驻军官兵到校开展军事技能展示、军事知识讲座等活动；周边资源相对较少的学校，可根据学生兴趣和需求，组织学军活动，通过国防常识展览、军事体育锻炼、素质提升训练等形式，激发学生参与热情。资源有限的学校，可组织学生收集国防教育影视片、图片、书籍、军事模型等资料开展主题活动；资源丰富的学校，可聘请官兵授课，让学生近距离接触军事知识和军人风采；条件优越的学校，可结合校园文化特色，开展创新性国防教育活动，如举办校园军事文化节、国防科技小制作竞赛等。国防教育应注重理念教育与行为教育相结合，通过思想教育、观念教育、认知教育与行为教育、体验教育的融合，促进学生全面发展。

（二）校内外辐射，深化国防教育影响

1. 主题活动常态化

中小学每周一的升旗仪式是开展爱国主义教育的重要阵地。国旗下讲话内容应涵盖爱国主义、集体主义、国防教育等方面。例如，许多学校在开学之际邀请解放军战士参加开学典礼和升旗仪式，部分学校还组织国旗班进行日常队列训练，增强学生仪式感和爱国情感。

课题组学校每月设定明确的德育工作重点，国防教育占重要比重。如每年 3 月的"学雷锋文明礼貌月"、5 月的"校园文化艺术节"、8 月的"暑期拥军慰问"活动、9 月的"秋运会"、10 月的"爱国月"、11 月的"科技月"等，围绕"勿忘国耻，圆梦中华""我的中国梦""传承国学经典，诵读爱国名篇"等主题，通过演讲、诗歌朗诵、主题班会、绘画、合唱等形式，将国防知识、国防历史、国防观念、国防精神、国防体育融入其中，培养学生爱国主义情怀和国防意识。部分学校邀请维和部队教官和特种兵狙击手为学生开展防恐演练，增强学生安全意识和应急能力；利用少先队活动课开设国防教育校本课程，帮助学生树立忧患意识，提升爱国精神；借助"五四""七一""八一""一二·九"和"国防教育日"等重要节日或纪念日，开展国防教育专题活动，让学生在特定历史情境中感受国防重要性。

2. 实践体验重养成

国防教育应避免空谈理论，注重讲练结合，强化实践体验。课题学校所在地区充分利用资源优势，将国防教育与社会大课堂实践活动紧密结合，每年组织学生开展不同主题的校外实践活动。如六年级学生走进军营，进行军事体验和队列训练，增强民族自豪感和使命感；五年级学生前往国防教育基地，参与军事队列训练、CS 军事游戏、消防安全自护训练等活动，将国防教育与生活实际和兴趣爱好相结合，提高教育实效性。

部分临近军队单位、军属子女较多的学校，将走进军营参观学习作为特色课程。学生在参观过程中观看军体拳表演、参观装备室、学习内务整理，与解放军亲密互动，体验军营生活，不仅加深了对军人的了解和崇敬，也增强了军属子女的自豪感、荣誉感和责任感，激励学生更加努力学习。

课题学校的实践表明，以课堂教学为主渠道，以课外活动为突破口，依托特色资源建设，构建课内外、校内外国防教育体系，能够有效激发学生爱国热情，培养国防意识和综合素质。

三、结合多种形式，突出创新、融合新途径

当前，国防教育形式日益丰富，途径更加多样，与民族团结教育、养成教育、艺术教育、科技教育等深度融合，为国防教育注入新活力。实践证明，国防教育需将理论与实践结合，立足学校特色，构建大德育概念，才能形成具有创新性和校本特色的国防教育成果。

（一）国防教育与民族团结教育融合

复杂的国际环境和严峻的国防形势，要求将国防教育与民族团结教育深度融合，这是维护国家主权、推动祖国统一、促进民族团结、筑牢中华民族共同体意识的重要举措。在实践中，诸多创新举措成效显著。例如，2014年启动的"阿达西"双语伙伴计划，借助远程教育等手段，推动民族地区双语教育，促进各地学校结成"手拉手"联谊学校，并将国防教育纳入合作主题与任务体系，成为增进民族理解、强化国家认同的重要载体。

以北京市海淀区中小学与西藏多所中小学的合作为例，双方依托"手拉手"平台开展国防教育活动，利用西藏边疆地缘特点和北京丰富的国防教育资源，组织学生参与学科实践互动，在体验传统民俗过程中，增强国土安全意识，深刻体会国防安全与民族团结的紧密联系，提升国防意识和维护民族团结的责任感。众多学校的实践表明，国防教育与民族团结教育深度融合、相互促进，许多国防教育示范校同时获评民族团结示范校。

（二）国防教育与养成教育融合

部分国防教育示范校自2013年起，开发《国学启蒙和养成教育》校本教材，将国防知识与学生习惯养成有机结合，构建特色课程目标体系。教材中融入大量涉及军事、国防知识的国学、历史、文学内容和体验活动。如通过邱少云的事迹引导学生树立纪律意识，讲述钱三强的故事激发学生爱国情怀和学习动力。

通过课程学习，民族精神和国防教育理念在学生心中扎根，并体现在日常行为习惯中。无论是军事体验、队列训练，还是日常生活学习，国防教育已内化为学生的习惯和行为，成为成长的重要指引。

（三）国防教育与科技艺术教育融合

某区级国防教育示范校兼科技教育特色学校，每年举办的科技节面向社会开放，邀请专家、家长和驻军指战员参与。科技节上，机器人、航模、快乐搭建等军民两用科技成果展示，让参与者感受科技魅力和国防发展重要性。军事专家、驻军医、航天城专家、舰船专家等带来的专题讲座和知识分享，不仅讲述动人故事，更传递了中国人民解放军的光荣传统和革命精神，激发学生对国防事业的憧憬，展现了科技与国防教育融合的独特魅力。

四、完善评价奖励，鼓励优秀，宣传新成果

国防教育的有效开展，离不开高素质的领导干部和教师队伍。学校党组织应通过多种途径开展国防教育培训工作，提升队伍整体素养。例如，组织参观国防教育基地，让师生感受历史，增强对现代国防、科技国防的认识；组织师生参加军事夏令营，拓宽视野，强化国防教育人人有责的观念，增强使命感、责任感和紧迫感。

学校党组织需结合现有综合评价方式和奖励机制，探索适合国防教育的评价与激励模式。对在国防教育工作中表现突出的优秀党员、教师和取得的成果及时表彰宣传，树立榜样，激励更多人投身国防教育事业。同时，创建以国防教育为特色的班集体，如雷锋班、火箭军班等，通过特色班级建设，营造浓厚国防教育氛围，凝聚师生力量，充分发挥学校党组织的战斗堡垒作用，落实立德树人根本任务。

综上所述，小学党组织应高度重视国防教育，持续探索创新国防教育途径与方法。通过优化组织结构，强化领导与统筹；创建教育体系，拓展教育广度与深度；融合多元形式，创新教育模式；完善评价奖励，激发教育活力，将国防教育作为贯彻落实党的教育方针和加强全民国防教育的重要举措，为教育兴国战略贡献力量。

面对新时代、新形势、新挑战，学校党组织应带领广大教职员工，深入贯彻习近平总书记重要讲话精神，依据相关法律法规和教育大会精神，围绕立德树人根本任务，发扬革命传统，弘扬民族精神，普及国防知识，提升国防意识，夯实国防基础，以新担当、新作为开创国防教育工作新局面，为培养德智体美劳全面发展的社会主义建设者和接班人，实现中华民族伟大复兴的中国梦奠定坚实基础。

第二章

加强师资建设　推动学校办学质量提升

家校社互联："双减"让课余生活"增值"

高雅君

一、案例背景

（一）家校社互联呼声强烈

中共中央办公厅、国务院办公厅于 2021 年印发了《关于进一步减轻义务教育阶段学生作业负担和校外培训负担的意见》，对教育领域的减负工作进行了重要部署。我积极响应该政策，以减轻学生过重的作业负担和校外各种培训的压力为主要目标，从而增加学生在课余时间的自主时间。但是这一政策实施后也引发了我们班一些家长的焦虑和不安。据针对班上 45 名孩子家长的调查显示，到 2021 年 12 月，有 39 位家长选择增加家庭作业，有 4 位家长则任由孩子自主安排时间。许多学生沉迷于各种短视频和电脑游戏，只有 2 位家长为孩子安排体验和实践类学习活动。在协助孩子安排课余生活的过程中，家长们面临着诸多问题。例如，如何安排合理的课余活动、如何获取社会资源、如何提供充足的陪伴实践等。为此，家长呼吁建立家校社联动机制，以期解决这些问题并积极推进教育减负工作。

（二）核心素养的育人要求

我国学生发展核心素养以培养全面发展的人为核心，分为文化基础、自主发展、社会参与三个方面。核心素养是每一名学生获得成功、适应个人终身发展和社会发展所需要的、不可或缺的共同素养，它的培养不仅包括学校环境，还包括家庭、社会、经济、政治、文化等各种校外的环境。为此，作为班主任需要乘势而上，深刻认识到教育事业发展对国家和党的重要性，并倡导在自己的班级创设一项集家庭、学校和社会于一体的"双减"（减轻义务教育阶段学生作业负担和减轻校外培训负担）课余生活项目，此项目整合家庭、学校和社会资源，致力于提升教育质量并增进学生成长，让学生的课余生活在"双减"下"增值"。

二、解决问题的特色做法和经验

我通过推动家庭、学校、社会形成教育合力，班级规划引领，以"职业体验""志愿者""劳动教育""特色作业"等德育系列活动帮助孩子提高参与社会的能力；家长指导学生的实践活动，学校通过定期开展主题"家长沙龙"提高家长的指导教育能力，借助"小水滴亲子打卡清单"营造温暖快乐互动的亲子时光；社会提供真实的实践平台，比如社区书屋、青少年活动中心等，让学生参与社会生活。

（一）整体规划，打好"双减"基础

我们班通过开展"小水滴"系列活动，整体规划了孩子在校的课余生活，打好"双减"基础。

（1）"小水滴职业体验"：举办职业招聘会，学生在班里自由报名体验水滴小技师维修班级的物品、水滴店小二为全班学生打午饭、水滴小交警戴上袖章维持课间楼道内同学的秩序等。

（2）"小水滴志愿者"：在班级内招募志愿者去学校周围捡垃圾、打扫社区广场的卫生等，并颁发志愿者证书。

（3）"小水滴特色作业展"：以"作业展评亮风采，榜样引领同进步"为主题，举行小水滴优秀作业展评活动。

（4）"小水滴开心农场"：学生邀请爸爸妈妈一起在学校的劳动实践基地里播种、浇水、除草、采摘……

（二）引领家庭，开展高质量陪伴

1. 主题式家长沙龙

我们班定期开展主题式家长沙龙，每位家长自由报名参与，这样的形式比传统的家长会互动性更强、参与度更高，且氛围轻松，能吸引家长积极参与。在开展主题沙龙之前，我会调查搜集班级里学生家长最关心的话题，聚焦家庭教育中的热点问题，并请学校的心理老师、有经验的班主任、市知名教育专家进行分享，通过家长之间的聊天将沙龙内容口口相传，形成一定的辐射效应。

2. 小水滴亲子打卡

倡导家庭开展"小水滴亲子打卡"活动，在这个活动中，学生在家长的指导下完成"室内、室外"的 72 件小事，充实学生的社会经验。每学期初，学生和家长共同在评价手册中规划好本学期要打卡的具体事项，每学期至少打卡6 项，父母陪着孩子利用周末打卡，学生可以和自己的父母共同完成这 72 件亲子活动打卡，这是对父母高质量陪伴的指导。

表 1　亲子打卡 72 件小事

序号	感受自然	乐趣手工	户外探险	知识之旅	劳动最快乐	社会实践
1	一起收集漂亮花瓣	编一个花环	带孩子游泳	读书分享	家庭大扫除	捡垃圾
2	观察昆虫	用编程制作游戏	学习骑自行车	玩拼图游戏	一起洗衣服	爱心义卖
3	去大自然采风	做一款生日蛋糕	看日出日落	玩脑筋急转弯	装扮房间	参加一次公益活动
4	数数树的年轮	手工 DIY 一款饼干	住帐篷露营	做科学实验	包饺子	去银行存钱
5	寻找一片四叶草	在鹅卵石上画画	划船	玩成语接龙游戏	一起做一次饭	给娃娃设计衣服
6	触摸清晨花草上的露珠	用树枝搭房子	放一次烟花	制订学习计划	修理损坏的玩具	探寻古迹
7	一家人闭眼感受微风	做一个漂流瓶	去海边踏浪	进行家庭辩论比赛	做一次爱心早餐	去创意集市摆地摊
8	看大片油菜花开	画一幅《我们的家》	住帐篷露营	去书店、图书馆	做一次手工蛋糕	体验爸爸的工作
9	认识 10 种植物	用瓶子做星空灯	登顶一座山	学习礼仪	为对方按摩一次	寻找红色印记
10	把身体埋进落叶里	设计一个家庭图案	一起坐过山车	去博物馆	给爸爸妈妈洗一次脚	和爸爸妈妈角色互换
11	种一盆植物	制作家庭相册	一场亲子自驾游	参观科技馆	为对方挑选衣服	开家庭会议
12	堆雪人	一起写成长信	带孩子野炊	看一场艺术展览	整理衣柜	去旧货市场"淘宝"

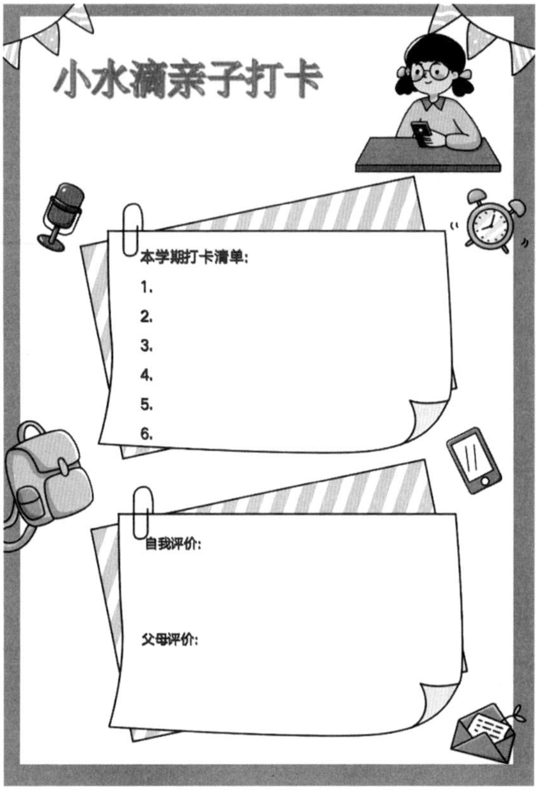

图 1　亲子打卡每学期计划与评价

（三）融通社会，创建真实情境

我积极寻求各方社会力量的助力，努力为学生搭建真实的社会实践阵地，如与橡树湾小区业主委员会联合成立"垃圾分类站"小水滴监督岗，打造社区"流动书屋"等，共同建设红领巾实践基地。

1. "垃圾分类站"监督员

我们班与橡树湾小区业主委员会联合设立了"垃圾分类站"小水滴监督岗，孩子们竞选上岗。在垃圾站内，垃圾站管理员邀请橡树湾小区清洁工李阿姨来为监督员进行岗前培训，同时邀请班级里的家长进校开设"垃圾分类"知识讲堂，在多方帮助下，拿到"监督员上岗证"的学生在每天放学后18：00—19：00有 2 名监督员上岗，一周一轮换，当日值班的监督员到垃圾站引导社区居民按照正确的分类方式倾倒垃圾。

2. 小区"流动书屋"

小区内原先搭建的许多核酸检测小屋出现了空置现象，我们联合美和园小区，将它们改造成"流动书屋"，倡导大家将家中闲置的图书捐赠出来，让共建共享共护成为书屋的底色。我邀请清河街道图书馆工作人员为家长、学生培训，成为"图书管理员"的家长、学生负责书屋的书本整理、书本借还登记等，同时成立了水滴班"小小红领巾"志愿服务队，鼓励学生利用放学和周末时间，到书屋对散乱书籍进行整理归类，最终由班级家委会为来志愿服务的孩子发放奖章贴纸，在凑齐一定的数量后，还可以兑换文具等小奖品。"流动书屋"定期举办"阅读悦心"图书交流共享活动和捐赠活动。

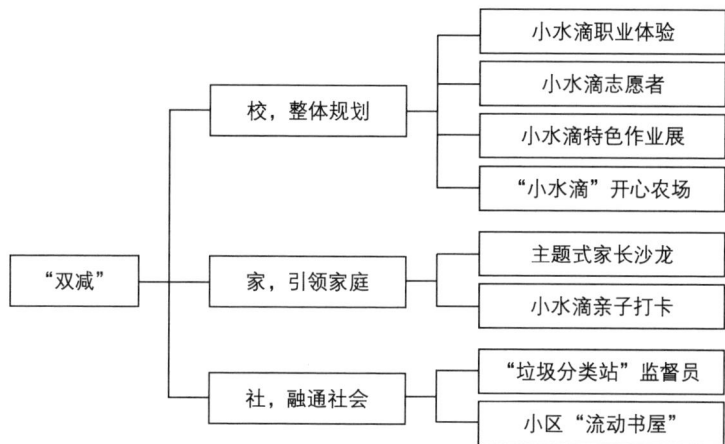

图2 "家校社互联"具体做法流程图

三、问题解决的成效与社会影响

（一）使学生课余生活"增值"

在这种家校社互联模式的引导下，学生的课余生活从以学科学习为中心发展为以劳动实践、职业体验、社会服务为主体的活动，让学生的课外生活变得丰富多彩。通过社会资源的整合，"双减"政策下学生的课余生活大大"增值"。

（二）增强学生劳动实践素养

学生参与活动培养了学生的基础劳动技能，使学生体会到劳动者的光荣和使命，使我班学生逐渐拥有高尚情操和社会公德，除此之外还减轻了学生作业负担，让学生在实践中了解社会和培养个人能力，为孩子们未来进行社会生活夯实了基础。

（三）形成家校社互联模式

在班主任、家长、社区的共同努力下，学生的课余生活丰富多彩，基于班级与橡树湾小区、美和园小区建立的劳动实践基地，形成了和谐、温馨的亲子活动详情清单。除此之外，我们还与清河街道图书馆建立了长期合作，吸纳社工、图书馆管理人员等专业人士指导队伍。

四、家校社互联创新项目的展望

家校社互联是一项现代化教育新模式，它不仅有利于扩展学生的学科知识、提高技能水平，而且有助于增强学生对本土文化的认同感，增进其对多元社会制度和价值观念的理解。我们正在探索更多切实有效的家校社合作模式，具体计划如下：

（1）我们正计划开展"最美家长进课堂"活动。每学期邀请班级里各行各业的家长进入班级，结合学校课程设置和教学需求给孩子们带来丰富多彩的课程。通过这样的横向联动，以学生活动为载体推进家校社共育工作。

（2）我们班正计划不定期邀请部分家长参与学校的各项学校活动，将学校的活动与班级内部活动相结合，如亲子阅读、亲子运动、社会实践、艺术节等。

我们力求让更多的活动搭建起学生与家长、学生与班主任、班主任与家长、学生与社会、家长与家长、家长与社会之间沟通的桥梁，充分利用校内外优质教育资源为学生全面发展提供保障。通过家、校、社互联的方式共同努力，实现优秀教育资源共享、优质教育资源整合，为我们班学生提供全面发展的优质教育服务，让学生的课余生活持续"增值"。

学习共同体视域下的"真问题·小专题"英语校本教研的实践

王 静

一、引言

《义务教育英语课程标准（2022年版）》强调，教师是提升学校教育教学质量和落实立德树人根本任务的保障。学校应从时间、人员、内容、形式等方面统筹规划和实施校本教研，凝聚全组教师的教育智慧，构建实践导向的学习和研究共同体。学校一直以来十分重视校本教研，不断创新和优化校本教研模式、拓宽校本教研思路、丰富校本教研内容、打造校本教研特色。笔者依托学校校本教研，基于真问题创建教师小专题共同体，整合内部和外部教研资源，构建多元共同体校本教研模式，探索多样化校本教研策略，依托课例研究等助力教师全面且有个性的发展，促进学校教育教学高质量发展。

二、创新校本教研，促进教师专业发展

校本教研是教师教育教学中总结教学经验、发现教学问题、研究教学方法的研究活动，其中教师自我反思、同伴互助、专业引领是核心要素。如何践行和实施校本教研，需要结合三要素创新教研模式和方法，激活教师研究活力，提升专业素养。学习共同体视域下的"真问题·小专题"正是基于校本教研三个核心要素开展的促进教师专业成长的有效教研模式。

"真问题"指向第一要素，即教师自我反思。这里说的反思，不是简单的

总结和回顾，是发现教育教学中遇到的真实问题，分析问题，使问题具体化和显性化，引发深思。"小专题"指向第三要素，即专业引领。教师针对短时间内以教育教学中迫切需要解决的具体问题为主题，利用经验、知识、方法和理论，在实践中加以研究，把"真问题"转化为"小专题"，在研究中实践，找寻解决实际问题的对策，而"专"不仅是专家专业引领，更是专心研究和专业提升，聚焦研究的科学性和严谨性。"学习共同体"指向第二要素，即同伴互助。学习共同体是学习者以及助学者共同构成的团队，在学习过程中通过沟通、探讨、交流、分享等共同完成一定的学习任务，从而相互影响、相互促进、相互启发。

学习共同体视域下的"真问题·小专题"校本教研特点体现在真的困惑、小的切入、实的推进、效的推广、师的发展、生的成长。基于这样的教研模式，学校校本教研经历了三次升级迭代：由"个体主讲"走向"人人主讲"，再到转向"共同体分享"，实现了从以"个体、独战"为主的个人发展，向以"分享、合作"为核心的整体发展转变。这一过程将教师联结在一起，形成教研共同体，教师们通过分享资源、技术、经验，交流价值观等方式相互学习，最终实现共同提升。

三、构建多元教研模式，助力团队专业成长

教师是教育高质量发展的中坚力量。学校基于教师专业发展需求，对教师实施因需分层培养，外部支持赋能教师发展，内部循环建设良好的教师发展生态环境，互动共建，协作共赢。从教师发展需求侧和学校发展供给侧等多维考虑，内部构建多种共同体组建模式，外部构建多种赋能模式，助力教师全面且个性地发展。

（一）学习共同体组建模式

课标强调要进一步加强教研组等专业团队的建设，强调教师学习共同体的协作实践、反思探究。研修共同体根据成员各自的优势和特点，采用不同模式促进全员卷进、全程卷入，不断增强成员的研究力，催发成员全面成长（张雯、郑海燕，2023）。学校英语教研组依据研究共性问题和个性问题，主要有如下五种共同体组建模式。

（1）"B+Y+D"组成模式。第一个"B"为领衔骨干教师（Backbone），第

二个"Y"为青年教师（Young），"D"为发展期教师（Developmental）。依托"B+Y+D"研究模式，对同一专题进行为期一个学年的深入学习和讨论。一般分为3—4个组间同质、组内异质的教研共同体，由领衔骨干教师牵头开展的主体教研模式。该共同体教研为英语校本教研的"基础教研模式"，以"解决问题"和"成果产出"为导向，贯穿学年教研，具有基础性、持续性和严谨性。

（2）"1+C"组成模式。其中"1"是大教研主题，由学校课程教学发展部统领，学科主任牵头，通常围绕升级和推进学科课程内容展开；"C"是 Campus 校区的首字母，是基于学校英语"E+"课程开展的以校区为单位的教研共同体，主要依托校区教研共同体开发、实践、反思、优化英语课程内容为主，努力创建和逐步形成校区英语特色。该共同体具有校区性，注重特色发展。

（3）"年级共同体"组成模式。该教研模式主要以企业微信群协作方式共建年级学习共同体，由年级牵头人负责，主要依托海淀区"5+M+N"和市基教研主题教研，为落实市区教研活动提供交流和讨论的平台，以文字、语音、图片、视频等方式分享，也用于日常年级相关学科实践活动的开展、作业统筹布置批改、阶段过关检测等工作交流。

（4）"跨学科共同体"组成模式。该教研模式为"动态"模式，基于新课程和新课标，积极探索基于学科的跨学科主题学习以及超越学科的跨学科主题学习，如"探寻立夏"主题式跨学科共同体、STEM 学习共同体、"如何制作一件有意义的春节文创"研究共同体等。通过跨学科研究，使团队教师站在多学科综合视角思考问题，逐步培养教师主动、自觉地联系其他学科开展教学研究，促进课堂教学纵向深度和横向广度发展。

（5）"自发式"个性模式。随着新课改的研究，要求教师不仅要全面发展，也要个性化发展。因此，挖掘教师的特长、立足教师的禀赋，才能在校本教研整体共性发展的基础上，培养教有特色的教师。因此，校本教研活动中，总会预留十余分钟给予教师个性特长发挥的空间，并在长期实践中，在企业微信自主、自发搭设了三个"个性工作坊群"——"口语配音日日打卡""第三空间阅读交流""90能量群"。工作坊群不定期交流，资源共享，相互监督，促进教师按需成长、拓宽视野、个性发展。

（二）"双导师"助力模式

校本教研需要专业引领，学校打通多渠道、建立多平台，实现本体团队与专家团队深度对接。学校建立校内骨干领衔、校外学术导师领航把脉、实践导师监督指导的联动机制,切实发挥本校骨干教师执行力和学术实践导师高质引领力。英语团队对接北师大、首师大、北京教育学院、市区教科院学术导师,阶段性指导英语课程建设和教师队伍发展优劣势问题;对接市区教研员实践导师,深入剖析课堂教学问题症结所在,针对问题展开系列化、进阶化、深层次的持续研讨,进而解决有关教学问题的高质量的实践研究。

(三)"参与式"全员模式

课标强调学校要积极营造"全员参与、守正创新"的良好氛围。"参与式"教研模式主要是激发组内全体教师主动参与教研,使每位教师都有成长。对于27位教师的学科大组,"参与式"教研需要"角色定位"和"任务驱动"。角色主要分为主持人、主讲人、助讲师、点评人、综述人、记录人等,任务主要依据小专题进行小任务分解。一个教研共同体以5—7人组成,以共同的愿景价值和情感为基础,以完成共同的研究任务为载体,强调在研究过程中持续的深层的协作,通过交流和分享,相互促进,共同成长。无论作为教研活动中的参与者还是引领者,主讲人还是点评人,都遵循"我的教研我来讲"的发言权问题,深入思考、积极表达观点。通过教研活动中每一位老师的发言,在座的参与者都可以获得适合自己的经验和做法,通过研讨,老师们共同厘清教学思路,提高教学认识,共同解决教学过程中出现的问题和难点。

四、采用多样实施策略,促进学校教育高质量发展

学校在开展校本教研过程中,通过构建教师学习研究共同体,整合校内外教研资源,积极开展基于真问题和指向问题解决的小专题校本教研,依托理论学习、课例研究、数据分析课堂观察等促进教师个体专业发展,提升共同体教研团队的整体研究能力,为学校高质量发展提供强有力的人才支撑。

(一)建立教研共同体公约,营造良性的教研生态

课标强调要注重营造教师之间积极分享交流的氛围,让教师感受到被认可、被尊重、被支持。教研共同体更加强调在研究过程中和谐的、持续的、深层的相互协作。因此,研究环境和研讨氛围对于共同体研究成效起到重要作用,才能有效保障每次教研的实效。英语校本教研共同体遵循 ASH(Active Serious Harmonious)公约,即营造积极的研究氛围、保持严谨的研究态度、构建和谐的团队关系。只有大家共同遵守教研公约,营造向阳而生的教研环境,

才能汇聚众人的教学智慧，共同研究，不断发现亮点，进而优化提高。

（二）"大小教研"融合互补，确保教研不偏航

英语教研采用整体团队"大教研"和小专题"小教研"相结合的方式，使小专题共同体通过"小教研"灵活研究解决问题，并通过团队"大教研"汇聚智慧，把脉诊断，明确方向和破解难题。各个教研共同体采用线上线下混合方式灵活开展小教研，频率为开展 3 次小教研后推进 1 次大教研。在大教研中，各个教研共同体进行阶段汇报并提出困惑，智慧众筹共同改进，专家引领把握方向，之后再回到小教研继续开展研究，循环循证，确保教研质量。

（三）"五步"实施路径，推动大小教研落地

教学研究和教师培训活动要培养教师敏锐的洞察力，善于抓住关键问题，确立研究方向，依托理论指导，开展基于课程真问题的小课题研究。在日常教研中，采用"聚焦问题，构建共同体—任务驱动，课例共研—一课多研，同伴互助—专家引领，反复实践—复盘反思，固化成果"的五步路径，指导教师切实"做中学、做中悟、研中学、研中思"，促使教师通过研究和实践将课程理念转化为课堂教学行为，推进校本教研落地，从而促进学生核心素养的发展。

1. 聚焦问题，构建共同体

校本教研活动要实现高效高质开展，首先取决于问题的聚焦。问题从何而来？如何才能结合新课改、新课标聚焦有意义有价值的问题？经过多年实践，我们将教研活动过程中发现的问题归类为两类共性问题和一类个性问题。第一类，新课标引领下有待提升的共性问题，这类问题往往是基于市区教研活动所引发的，是教研员或专家课题项目引领下的"子问题"研究，例如，如何设计与课堂活动互补的作业、如何设计项目式学习的驱动问题、如何进行学期学业评价设计等。第二类，教师日常教学的典型问题，例如，如何以读促写提高学生写作能力，如何帮助学生建立意群的概念等。第三类，教师基于个性发展需求、研究兴趣或课题研究中的个性问题，例如，戏剧范式融入课堂教学的研究、ORID 讨论法如何优化课堂教学提问、如何提升口语表达拓宽国际视野等。

对于问题的收集，给予老师们充分时间思考，通过研讨、分析、合并、提炼，形成高度凝练的 3—4 个教研主题，并对初步形成的教研主题进行现场提问和探讨，邀请导师参与或请教导师确定的教研主题是否可行和可研究。主题确定后，大家根据发展需求和教学困惑，采用"自愿选择＋必要微调"的方

式，确保每个研究共同体均衡发展。从回顾问题到确定主题，再到人员的构建，经历了"感觉（现象）—问题（提炼）—缩小（分解）—确定（主题）—构建（共同体）"的过程。以一个小专题共同体研究为例：教师发现学生综合语言输出碎片化且浅表化，对于这样一个现象，大家针对学生产出进行分析和讨论，认为是教师没有帮助学生建立结构化的语言支架，对语篇内涵挖掘不够甚至语篇主题理解有偏差，学生缺乏相关生活经验无法表达等。对此，大家进一步缩小和聚焦问题，对问题的关键词进行梳理和归纳，推断出问题的根结还是对语篇文本解读不够深入，因此确定"基于文本深度解读的读写结合教学实践研究"，大家根据需求自主加入该教研共同体，开启为期至少一年的研究。

2. 任务驱动，课例共研

在构建小教研共同体后的第一次小教研活动中，共同体骨干领衔教师围绕主题带领大家认真研读课标，依标而行，并收集与主题相关的各类文献、优秀课例等，然后对相关理论、文献、课例进行学习分享，确定本次共同体研究的共同目标和人员分工，并初步"认领"一项预期研究成果，如一节研究课、一次说课、一篇反思、一篇论文、一次综述汇报、一篇简报等，独立完成或两人合作完成。这里强调的是，"过程综述"需要该教师对整个活动的过程进行整体性、综合性的阶段描述和分析，对每一轮研究的问题以及上一轮研究问题的解决情况进行梳理，整理成一条问题轴线，让整个研究过程变成一个清晰的聚焦问题和解决问题的过程，经过实践发现，该角色必不可少。

在接下来的自主学习中，大家针对文献理论、课例分析进入"自研"内化阶段，有问题随时在企业微信共同体群交流。在后续研讨中，采用随机抽签的方式选定自研学习汇报人，就其深有体会的文献观点结合具体实例进行分享，其余成员作为"补充发言人"开展多维阐释、评价、辩驳和质疑，使讨论逐步走向深入。在开阔思路后，大家选取同一教材内容，进行课例共研。课例研究是一种教师集体合作活动，通过对研究课的设计、实施、观察、反思与改进促进教师的专业化发展。课例研究虽然强调团队合作，但前期个体自主设计环节很有必要，在个体初步设计后进入课例共研，才能碰撞出更多火花。例如，大家选定一个语篇，基于课标文献学习后，教师个体先采用 What，Why，How 的方式多角度解读语篇，初步商议找到问题的症结，初步商议教学目标以及情境任务等。共同体成员在此环节可能会存在不同观点，进一步梳理和归纳，记录人做全面要点记录。针对要点记录，大家自主组合或独立选择完成下一步的调研访谈、数据分析、教学流程、试讲反思等实践环节。课例共研能较好地实现问题聚焦，把好课例研究的"入口"关，定好磨课的"起点"。

3. 一课多研，同伴互助

课标强调，要借助基于实证分析和数据分析的教学诊断，携手教师共同研究和解决教学中的问题。确定初步方案后，教研共同体采用"一课多研"的方式，对整节课或某个片段进行多人实践，共同体至少2名成员听课，记录问题，共商如何改进和优化活动设计。反复讨论、设计、调整，在设计的备课过程是有效的磨课方式（马震寰，2023）。教师在主题引领下进行小循环多轮授课，需要收集证据，分析并及时跟进问题，共同体成员针对不断出现的新问题展开深入探讨，采用抽签以片段"微课"的方式演示所改进的教学活动，这样不仅有利于提升活动设计能力，也利于提升课堂实施能力。通常在第一次大教研共享前，至少开展一轮多人试讲和"微课"展示，这样能确保每一位共同体教师在体验中成长。有效的研究具有连续性的特点，且活动具有可持续性，而教研后的任务布置是活动延续性的重要保障，骨干领衔教师需要发挥辐射引领作用，做好任务分解，任务有明确的目标、具体的时间节点要求、完成的内容具体成果标准、小组的身份定位以及下一次活动的组织预告。

4. 专家引领，反复实践

展示交流不仅是对阶段"理解"的分享，更是对"不解"和"未解"的探索。小专题教研共同体经过一段时间的"小教研"后，由学科首席教师筹划一次展示交流的"大教研"，通常一个学期举行2—3次，给各小专题共同体提供展示、交流、诊断、众筹的平台。小专题共同体成员按照任务分工，集体汇报阶段成效、提出问题、寻求帮助。大教研通常一个月到一个半月开展一次，汇报较为成熟的1—2个小专题。在大教研中，学术导师或实践导师参与研讨，组内全体教师参与互动。为了提高全员参与度，除了采用随机抽签给予小专题"出谋划策"外，还创设了"15分钟称赞"时间，大家在短时间内找到值得学习和借鉴的某一点畅所欲言，也是对小专题研究的尊重和肯定。整个过程专家较为全方位了解研究进展，之后针对问题、疑惑、未解给出更专业的指导意见和建议。阶段性"大教研"是专题"小教研"的"听诊器"和"加油站"，使下一步持续研究和深入实践迈入新高度。

5. 复盘反思，固化成果

教学反思是一种有益的思维活动和再学习方式，伴随着课堂教学目标落实的过程，监控、分析和解决问题是促进教师专业化发展的有效途径。良好的活动复盘有助于学员们更加系统地参与学习和研讨，让教研真正落地。在大教研活动后，小专题共同体成员进行复盘，对专家建议、同伴谏言等作出"研判"，再经过共同体研讨、分析后，修改和优化活动设计，然后由不同教师在不同班级进行"片段实践""追踪访谈""环节试讲"等，在这个过程中开通导师、首席教师、骨干领衔教师"群组交流热线"，以及时解惑矫正。新课程方案以及新课标都强调要成果导向，因此教师树立成果意识、基于成果导向深入开展校本教研是很有必要的。除了有小专题共同体复盘环节，每学期期末进行一次"大教研复盘总结会"，以此激励教师及时梳理提炼研究成果，分享交流，智慧共享。

（四）以评促研，合作共赢

学校积极发挥评价的导向功能，只有实施多样化的评价、兼顾过程与结果的评价，才能激发教研组活力、激发教师的积极性。基于学习共同体的小专题校本教研对每一个角色都进行分数量化评价，可采用骨干领衔评价和团队互评的匿名方式，纳入教师学期绩效考核，并针对教研优秀主讲人和专题学习共同体，推荐参与学校教育教学工作年会，发挥辐射引领作用。

五、结语

学习共同体视域下的"真问题·小专题"校本教研往往通过对一个单元或一节课进行系统深入的研究，以课例研究带动教研共同体多维思考、多人实践、多轮反思、多轮改进，不同角色卷入研究，转变了思维方式，为教师专业发展提供了清晰的实践路径。以"问题研究"为主线，逐步形成了"聚焦问题—文献梳理—实践研究—反思改进—固化成果"的科研思路，运用了调查研究、文献研究、行动研究等研究方法，提高了教师教育实践能力和教科研素养。开放、自主、协作、探究、循证、讨论、评价的教研方式也转变了教师课堂教学方式，提升了教师课程育人能力。基于共同体的校本教研模式关注团队教师的整体发展，在整体发展中助力个体发展，大家有着共同的愿景和目标，共研共商、同心协力、捆绑发展，加强了团队凝聚力和研究力，有效促进学校教育高质量发展。

参考文献

[1]中华人民共和国教育部.义务教育英语课程标准（2022年版）[S].北京：北京师范大学出版社，2022.

[2]马震寰.在课例研究中提升教研团队教学能力的策略[J].中小学外语教学（小学篇），2023（9）：61-65

[3]张雯，郑海燕.教师共同体校际研修的"学习场"建构[J].教育视界，2023（17）：49-52.

依托"专业实践共同体"撬动教师
专业素养发展

——以"语文成长营"为例

夏 雪

一、教师队伍现状分析

（一）客观分析

学校共有语文教师 94 人。其中，海淀区学科带头人 16 人；区级骨干教师 15 人；一级教师 42 人；高级老师 17 人；教龄 5 年以内（含 5 年）的教师 18 人，6—10 年的教师 15 人，11—15 年的教师 18 人，16—20 年的教师 19 人，20 年以上教师 24 人。分析如下：

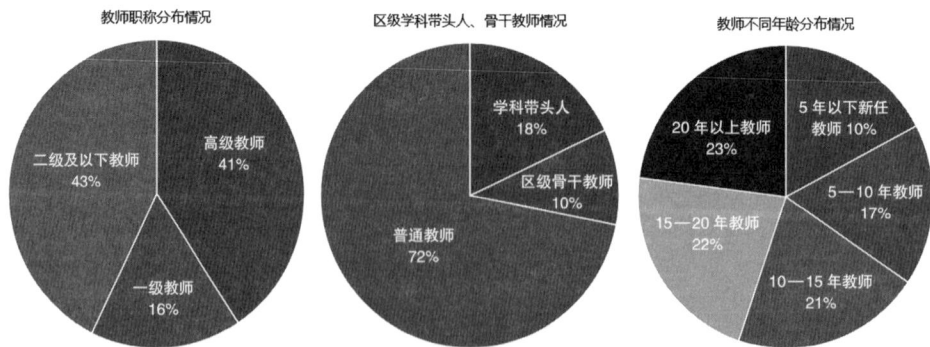

图 1 教师队伍分析

由此可见，学校语文教师在各个年龄阶段的体量分布比较平均，成熟型教师占比小于成长期教师。

（二）课堂分析

通过听课，笔者发现教师的专业素养并不体现在经验上。比如，一位教龄20年的经验型教师在讲授《黄山奇石》（第一课时）时，仍采用了"满堂灌"的授课方式。问其原因，他表示"我问的问题孩子们不能很好地回答，所以我只能自己说了"。于是，我和他分析了他在课堂上提出的问题，发现他在设计学习活动时并没有进行"学情分析"，长期的高段教学经验，让他认为他的提问方式学生应该能明白。所以，不管是新教师，还是经验型教师，都应该保持学习状态，不能"想当然"地进行教学活动。

那么，怎样找到一个适合所有教师成长的方式呢？

二、依托"专业实践共同体"，创建"语文成长营"项目

学校可以依托"专业实践共同体"概念，借助专家、名师及一线教师的智慧，尝试联盟式的教师发展新样态，创建"语文成长营"项目，包括职业成长规划、名师引领、读书沙龙、以课促研等活动，培养各个发展期的教师，促进教师专业素养发展。

（一）建立台账，做好队伍分析

1.合理规划台账条目

根据每位教师的工作情况，建立教师发展台账。该工作台账的目的是记录和跟踪教师培训与发展工作的进展与成果，通过建立一个清晰的记录系统，更好地了解教师培训与发展的情况，并及时作出调整和改进。

比如，针对海淀区骨干教师队伍，我们可以创建一个工作台账（见表1），了解该教师5年内教授的年级，获奖论文，各级各类竞赛课、研究课、观摩课的情况。综合分析后，针对成果丰富的区骨干教师可重点培养，向更高级别的骨干教师方向培养；成果较少的教师需加大关注，为教师搭建更多平台，发挥其骨干教师的引领作用。

表 1 骨干教师工作台账

XXX 小学语文区级骨干教师情况统计 2022.07.26							
姓名	年龄	教龄	连续几届学科带头人或骨干（例：2019—2021 年海淀区骨干 2022—2024 年海淀区学科带头人	来校时间（XX 年 XX 月）	近 5 年教授年级	近 5 年论文主要获奖（按级别从高到低罗列）	近 5 年录像课、公开课、观摩课、研究课（按级别从高到低罗列）	近 5 年竞赛课（京教杯、世纪杯、启航杯）获奖（按级别从高到低罗列）

与此同时，还可建立 5 年以内新任教师台账，5—10 年发展期教师台账等，为更高级别的骨干教师队伍筛选出更多待培养人才，让学校各个层级的语文教师都有发展的机会。

2. 适时分析台账信息

为每位老师建立台账后，我们主要进行两次整体分析。

第一，以一学年为单位进行分析，这种分析是针对个人的分析。教师及时对自己的成长做好记录，一年之后，让每位教师更加清晰地明确个人的成长轨迹，明确努力方向。

第二，以三年为单位进行分析，这种分析是针对团队的分析。借北京市和海淀区学科带头人、骨干教师评选的契机，从学校的角度对每位教师的成长进行整体分析及梳理，了解三年内整个语文团队的发展及努力方向。

这样的队伍分析，为参与"语文成长营"的教师明确了自己的定位和发展方向。

（二）专家引领，"名师"带动"优秀"

专家是引领卓越的代表，也是教学研究的软实力。"语文成长营"活动的目的是带领教师开阔眼界、把握教学热点问题，并且将最新的教育理念落地。因此，学校应该邀请专家型和卓越型教师将自己的教学经验和研究成果通过教研活动传递给教师，教师学习名家名师的研究精神，驱动自身的学习主动性。比如，我们可以举办"语文成长营之特级教师进校园""语文成长营之名师论坛"等活动，通过观摩名师现场课，结合他的主张或教育观点对课堂呈现的环节进行深度剖析，实现自我反思与提升。

2023 年 3 月，海淀区优秀种子教师工作站首个校级工作室在学校正式成立。工作室采用"'卓越'带动'优秀'"的学习共同体的组织方式，专家引领首批优秀种子教师，从科研、实践两方面对教师进行全面指导与培养。种子教师在工作周期内完成一节高质量高水准的研究课或展示课；完成一项课题研究，切实提升科研成果转化；撰写一篇高质量论文，争取发表；以一带多，辐射更多教师，发挥骨干引领示范作用。最终，将工作站的影响辐射给全体语文教师。

（三）师徒结对，促进青年教师成长

如果说骨干教师是学校的中流砥柱，可由名师引领更上层楼，那么青年教师则是学校的未来，"语文成长营"应为青年教师寻找切实可行的提高自身素养的方式和途径。

"师徒结对"是学校的传统，也是学校"专业实践共同体"式教研的雏形。曾经的徒弟经过历练，如今已成为师傅；曾经的师傅，如今又有了新的徒弟。团队可以经组内推荐、校级审核，确定师徒人选和结对组合方式，为青年教师"护航指引"，助力青年教师专业化发展。结对期间，师傅每学期需要听徒弟 5 节课，徒弟需要听师傅 5 节课。在这累计的 10 节课中，师徒互促，共同提升。

（四）聚焦最新课程理念，课堂实践，以课促研

我们深知，课堂是教学的主阵地，也是教师"练兵"的训练场。教师的发展离不开课堂的实践。每个年级组由校级骨干老师组建展示团队，在学校主管和组长的带领下，以最新的课程理念为引领，直面热点问题，通过集体备课、说课、展示、评课等方式开展轰轰烈烈的教研活动。

以学校为例，自 2016 年开始，在核心素养导向下，我们先后开展了"单元教学研究""单元整合研究""统编版教材的横纵项梳理研究""师生交流研究""学科课程群建设研究""验问教案撰写研究""任务群视域下的大单元教学设计的研究"等，力求立足单元整体，围绕阅读、习作、策略主题合理优化单元结构，遵循"语文 +"课程进行有效拓展，注重学生学习活动、学习支架的设计，努力通过设计有效的学习活动打破讲授式教学模式，促进自主学习和

深度学习的发生，培养学生的语文素养，夯实教师基本功，达到锻炼队伍、全员提升的目的。

（五）学无止境，开展读书沙龙活动

莎士比亚说："书籍是全世界的营养品。生活里没有书籍，就好像没有阳光；智慧里没有书籍，就好像鸟儿没有翅膀。"除了扎扎实实的课堂实践，充实思想也很重要。

每学期初，学校可以统一采买专业书籍，教师根据本学期实践和学习，对书中内容进行批注式阅读。每月末，教师采用"线上线下相结合的方式"交流读书感悟，可以朗读感悟深的句子，可以展示自己的批注，还可以形成阅读随笔与大家交流。通过活动，养成教师阅读和相互交流的好习惯，扩大教师阅读视野，丰富阅读内容，努力成为研究型、学者型教师。同时，提升教师理论和实践水平。

三、结语

新时代，教师要具备精深的专业素养、宽厚的文化素养、扎实的学术素养。"语文成长营"项目依托"专业实践共同体"的模式，让教师在不断学习、深入研究的过程中，主动突破自我、提升自我、超越自我。而教师在成就自身的同时，也成就了他人，成就了学校，成就了学生。

小学数学教师专业发展实践共同体建设行动研究

杨光有

在当下教育生态中，建设小学数学教师专业发展实践共同体刻不容缓。对于教师自身成长而言，从新手迈向专家型教师之路艰辛，单靠个人摸索，不仅成长缓慢，还易受限于固有思维。共同体可提供专家引领、资源共享及交流契机，全方位助力教师提升专业素养。

教学质量提升方面，许多教师依赖个体经验教学，面对教学难题，缺乏团队协作剖析、改进。实践共同体开展的课例研修，能让教师在真实课堂中研讨、反思，切实提升教学实操水平，优化学生学习效果。

从教育发展大趋势来看，跨学科融合是必然走向。数学与多学科紧密关联，共同体促使数学教师与其他学科教师携手，共同探索创新教学，丰富教学内容，激发学生兴趣，培育其综合素养，为学生适应未来多元社会奠定基础。

一、共同体建设的背景

近年来，学者们对教师专业发展实践共同体等相关内容进行了广泛研究。20世纪90年代，西方国家关于学习共同体的研究不断深入。美国管理学大师彼得·圣吉在《第五项修炼——学习型组织的艺术与实践》中，详细阐释了如何通过采取学习型组织的战略和行动对策，打造高效团队，这使得学习型组织在各个行业掀起建设潮流，备受社会各界关注。博耶尔等人进一步探讨了学习共同体的含义和特点，指出学校建立学习共同体需成员具有共同愿景，相互沟通且互相尊重。随着研究的推进，世界各地的研究者和实践者都开始聚焦学习共同体的研究与建立。

日本的佐藤学提出将教师学习共同体作为学校发展的有效途径。近年来，国外相关研究从侧重于理论研究逐渐转向重视实践研究，更加关注教师合作文化，并在操作层面进行了诸多积极探索。我国的研究涵盖理论研究和实践经验总结两个层面。理论研究层面涉及对教师学习共同体的基础与特征、意义与价值、运作方式等方面的探讨；实践经验方面主要是教研组在校本教研中的集体运作和发展情况概述等。例如，王小丽、陈艳以某市小学数学教师共同体为研究对象，通过实地调研和访谈，探讨了共同体建设对教师专业发展的影响，发现其能促进教师专业学习和经验分享，提升教学水平和专业发展。MengYeh、Chia-LingChen、Li-YiWang等人以某小学和大学的合作为例，研究结果显示学校和大学之间的合作可促进教师专业学习和经验分享，提高教师教学水平和专业发展。

有学者指出，任何对教育感兴趣的个体之间的结合都被赋予了共同体的称谓，如"教师共同体""学校共同体""教师实践共同体"等。为防止概念泛化，本研究对实践共同体进行如下梳理：实践共同体的理论框架基于社会文化或情境学习理论，关注一群人通过持续互动提升专业知识和技能。该理论的核心概念"合法的边缘性参与"，从全新视角理解"学习"，颠覆了传统的"获得模式"，提倡通过"参与模式"进行社会性学习。学校在明确目标指引下，以解决具体问题为导向，由具有主体性的教师参与的教研组就是一个实践共同体。实践共同体的建立意味着学习生活以实践形式真正发生，它关注个体学习者通过自主、积极学习获得专业成长，通过在共同体中的参与程度获得真实任务，进而不断建构核心身份。同时，强调成员之间知识和资源的共建与共享。作为教研活动参与者，每位成员需主动分享自身经验，基于相互理解和包容，吸纳同质经验，并对异质经验进行协商。

基于上述内容，本研究中的实践共同体指由具有主体性的教师及其团队（包括校长、专家等）共同组成，以实现共同目标为导向、以解决实践性问题为基石、以平等对话为基础、以促进专业发展为目的而结成长期合作关系的教研团队。

教师专业发展是教师专业能力持续提高的过程。教师作为专业技术人员，其职业道德、专业思想、专业知识、专业能力、专业品质等方面，都有一个由不成熟到成熟的过程，即从专业新手发展成为专家型教师的过程。获得教师资格证并不代表已成为合格教师，长期从事教师职业也不意味着其专业性得到充分发挥。本研究中，小学数学教师专业发展指从事小学数学教育教学工作的专职和兼职教师，在职业生涯中，通过不断学习和修炼，在专业知识、能力、情感、意志等方面不断丰富、提升的过程。这是一个充满变化、长久持续的过程，也是教师终身教育的过程。

二、共同体建设的价值与意义

本研究旨在通过建设实践共同体促进小学数学教师专业发展，提高教学质量，并为教师合作学习和教育改革提供实践路径与理论支持。

在组建数学实践共同体方面，教师共同体对教师提出期望，并为其提供观念性、材料性和关系性资源，助力优质课堂教学，推动教师成长为优秀数学教师。在文化和制度建设上，通过打造共融、共进的共同体文化，制定共同体制度，促进教师之间的合作与对话。同时，探索课例研修和学科间课题研究两种模式，为教师合作学习提供有效途径，推动教师相互学习与成长。

三、构建共同体与实践研究

（一）以需求为导向

学校数学学科将数学教师专业发展实践共同体建设作为撬动整体教师队伍发展的有力杠杆。通过问卷调查、师生访谈等工具，面向数学教师、学生、家长等全面调研，广泛汇集数据。运用 SWOT 分析，帮助课题研究团队全面了解小学数学教师专业发展实践共同体建设的内外部情况。例如，各校区教师之间可能缺乏合作学习机制，导致无法进行经验交流和共同研讨，限制了教师相互学习和成长的机会。基于问题和需求导向，确定适当的策略和行动方向。

（二）组建数学实践共同体

依据教师需求，在专业发展这一共同愿景下，五校区的数学教师组成共同体，常态化开展数学教学研究等实践活动。一方面，实践共同体对教师，尤其是新成员提出期望，如期望他们成为科研型数学教师或能够开展高效课堂教学的数学教师等。另一方面，数学实践共同体为教师提供各类资源。按照纳西尔等人的分类，将与教师身份建构相关的资源分为观念性资源、材料性资源和关系性资源。通过共同体中的实践活动，如专家教师的报告以及骨干教师的课堂观摩，教师逐步明晰优秀数学教师的标准以及优质数学课的样态，这属于观念性资源。同时，共同体提供教学环境布置、优质数学教学课件设计以及现代技术合理使用等材料性资源，为教师开展优质课堂教学、成长为优秀数学教师创造条件。在关系性资源方面，共同体为教师搭建相互沟通的桥梁，便于教师与其他成员进行交流，如组织包括讲座和听评课在内的实践活动。

（三）制订文化，形成制度

在 SWOT 分析基础上，本研究制订了共融、共进的共同体文化，作为学校文化建设的一部分，有力促进教师专业发展。在共同体文化建设推动下，形成共同体制度，即每学期双周周二开展共同体活动，活动内容聚焦学生及教师最关切的问题，由此生成"真问题·小专题"式的共同体教研内容。例如，在"十四五"开局之年构建高质量教育体系的大背景下，本学期数学实践共同体做出重大改变，从以往仅围绕重点课时的课堂实践，关注一节课教与学的"得与失"，转向大观念下的单元整体研究，实现从单一走向整体，向体系化迈进。

由"题"入"体"：共同体的研究载体并非随机选取，而是经过全盘综合考量，是平时教研活动中"真问题·小专题"的"研究化"体现（研究化是一种研究状态）。各年级整合教研活动中真问题、小专题的研究内容，发现联系，形成共同体素材，实现研究内容和研究状态从"题"到"体"的转变。

以"体"促"题"：共同体的研究模式为"大观念—单元具体观念—关键问题—学习任务—活动设计"，并将其迁移到真问题、小专题的教研活动中。各年级学习并尝试这种模式，同时，共同体继续研究的内容也可转化为真问题、小专题的研究素材，使共同体以常态研究形式融入平时教研，实现以"体"促"题"。

（四）学科内—课例研修与学科间—课题研究双模式

由于多数教师从个体经验中学会教学，遇到问题时缺乏互助合作，又因集团校因素，部分教师不在同一校区，无法将长期积累的教学方法和经验与学科组老师充分分享，所以难以对教学工作进行相互诊断和批评。这些问题核心指向"合作"与"对话"，而课例研修提供了将两者结合的有效途径。课例研修是一种教师团队在真实情境中开展研究的行动研究方式，在课堂中研究课堂，并进行反思与改进。通过提升教师教学实践水平，进而改善学生学习行为。"三次实践，两次反思"的研修方式为团队提供了充足的时间和空间开展研究，促进互助合作、对话探讨，生成新知。课例研修是提升研修者理论水平与实现智慧统一的有效行为研究方式。研修团队成员的异质性特点，为教师之间异质互补、思维碰撞、知识共生创造了前提，搭建起合作交流的平台。研修团队在开展研讨活动过程中，通过持续反思和实践，建立以"合作"与"对话"为主要形式的研修团队，最终走向共生共长、资源共享的教师学习共同体。

在这种模式下，教师可选取具有代表性的教学案例，深入研究和分析教学设计、教学策略、学生学习情况等方面的问题。教师之间进行反思和讨论，分享有效的教学实践，共同解决教学难题。该模式强调学科内的专业交流和经验分享，有助于教师在学科领域实现专业成长。

数学学科作为基础学科，与其他学科联系紧密且相互作用广泛，如数学在自然科学、工程技术、社会科学等领域应用广泛，能为科学研究提供数学模型和工具，还在其他学科中支持数据分析、统计推断和决策。在小学数学教师专业发展实践共同体建设中，鼓励数学教师与其他学科教师合作，可推动跨学科教学发展，促进学科融合与相互支持。这有助于丰富教学内容，提高学生学习动机和兴趣，培养学生综合素养和创新能力。

因此，在该模式下，教师可选择与其他学科相关的课题，深入研究与合作。通过跨学科合作，融合不同学科的知识和方法，共同探索教学问题，设计创新教学方案。此模式强调学科间的合作和跨学科思维，有助于培养学生综合能力，拓宽教师教学视野。

参考文献

[1]佐藤学. 学校改革：学习共同体的构想与实践[M]. 于莉莉，译. 北京：北京师范大学出版社，2020：6.

[2]杜静，常海洋. 教师专业学习共同体之价值回归[J]. 教育研究，2020，41（5）：126-134.

[3]葛璐，郑友训. 构建实践共同体：教师专业发展的有效路径[J]. 教育探索，2016（11）：141-144.

[4]邱德峰，李子建. 教师共同体的发展困境及优化策略[J]. 河北师范大学学报（教育科学版），2018（2）.

[5]张平，朱鹏. 教师实践共同体：教师专业发展的新视角[J]. 教师教育研究，2009（3）.

[6]吴志勇.运用学习共同体理念构建新型教研模式[J].福建教育学院学报,2020,21(9):126-128.

[7]韦爽.专业学习共同体视角下的教师校本教研模式[J].剑南文学(经典教苑),2012(6):352.

大中小学思政课创新联合体集体备课初探

张丙元　　刘　锐

思政课是落实立德树人根本任务的关键课程，办好思想政治理论课意义重大。统筹推进大中小学思政课一体化建设，切实发挥思政课立德树人关键课程作用，全面增强思政课育人效果，探索大中小学思政课创新联合体建设，发挥跨学段集体备课作用，值得研究。

大中小学思政课一体化建设从本质上在于是否能回答好培养什么人、怎样培养人、为谁培养人的问题；重点在于发挥思政课立德树人关键课程作用，全过程为党育人，为国育才；难点在于如何推进一体化建设，如何通过一体化建设发挥育人作用。习近平总书记 2019 年 3 月 18 日主持召开学校思想政治理论课教师座谈会并发表重要讲话以来，有关方面针对大中小学思政课一体化建设出台了一系列政策、文件和方案。国家层面，《新时代学校思想政治理论课改革创新实施方案》明确了基本要求，课程目标体系、课程体系、课程内容、教材体系建设等；专家层面跟进研究，提供了理论支撑，对思政课内涵、外延进行深入研究，"大中小学思政课一体化建设要以阶梯式发展提升思政课的时代高度"。学校和教师层面，重点是如何创新，如何落实，如何切实增强思政育人效果。

笔者有幸参加北京市关工委组织的"北京市大中小学思政课一体化建设"调研和"关于《习近平新时代中国特色社会主义思想学生读本》专题调研"工作，结合参与的调研、做课、集体备课、报告撰写等多项任务，进行了相应研究。本文立足大中小学思政课一体化建设，聚焦创新联合体集体备课，重点在创新备课联合体架构和运行机制、聚焦立德树人培根铸魂共同育人目标、结合学生生活融通思政教材与读本教学三个方面进行了初步探索。

一、探索创新备课联合体架构和运行机制

由相同或相近区域的学校结成大中小学思政课一体化建设结对校是联合备课体的创新之处，具有较为稳定的架构和运行机制。

每个联合体包含大中小三个学段的学校，中学含高中和初中，是大中小学思政课一体化建设重要组成部分，有市区教育工委、教委和关工委的领导，由各校书记负责，有组织保障；大学主要由马列学院承担，高中由政治教研组承担，中小学由道德与法治学科教研组承担，有专业保障；以思政课教师为主落实联合调研、备课、交流、听课、评课等具体任务，有人员保障；各级教育管理部门和学校落实有关文件，有财力物力保障。课题组深入课堂，累计听课1000余节，对3000多人进行问卷分析，听课调研小结10万余字，有行动保障。

（一）发挥区域优势，共享教育资源

以大学为龙头，积极联合学区共同开展活动，建立了相对稳定的组合体，大中小学共同谋划，共同承担任务，共享资源，互相研讨、互相交流、互相评价、互相促进。凝聚了区域内的力量，发挥了区域内的优势，推广了区域内的骨干教师优秀经验，整合了区域内不同学段资源共享，推动了区域内大中小学思政课的发展。

大中小学思政课老师借此走进区域内不同学段的大中小学互相听课、调研、交流学习，共同备课、听课、评课，结对参加教学竞赛、开展研究课活动、参加教育活动，而且实现资源共享，尤其是大学向中小学开放优势资源，中小学向大学敞开教室，接收实习生等。

课题研究告一段落，区域内创新备课联合体获得了各个学校和老师们的认可，思政课一体化结对学校良好关系保持下来，活动保持下来。创新备课联合体，有些还吸纳了更多的周边中小学，发挥了更多区域优势，促进了更大发展。

（二）聚焦共同主题，大中小学同课异构

思政课创建联合体集体备课组之后，大中小学之间互相通报和介绍各个学段的教材内容，寻找共同点和不同点，锚定结合点。通过梳理，发现现有小学与初中、高中和大学教材各有侧重，呈螺旋上升，很多教学内容存在断续连接，

但很难找到大中小学都有的内容，不是大中学有，就是中小学有或者大小学有。经过初步调研、比对和分析，发现造成这种现状的主要原因一是各学段课程设置不同、范畴不同，比如小学，因为没有地理、历史、政治等专业学科，现有道德与法治教材包含自然科学、人文科学各领域内容。以党史为例，小学有，初中没有，因为初中有历史，高中和大学有，但和小学层次差别较大。

教材中虽然大中小学主题一致的内容不多，但用心比较并不是没有，尤其是在大思政的范围内还是很容易找到的。比如《习近平新时代中国特色社会主义思想学生读本》进课堂、班队会等，因在育人内容、方式和逻辑等方面基本一致，只是具体目标、特点、程度不同，内容和程度呈螺旋上升，较容易找到共同点。于是课题学校聚焦党史、宪法与法律、传统文化、心理健康等教育主题，围绕"长征精神""遵守法治""民族精神""健全人格"等开展了较多的横跨大、中、小学学段、跨学科的联合备课，探索新时代小学思政课教学新途径、新方法，讨论研究不同阶段、不同学科的育人目标和育人特色，推出了具有代表性的课例。

（三）线上线下相结合，打破时间、空间壁垒

大中小学思政课创新联合备课体采取听课调研与教学质量监控相结合、线下听推门课与线上说课相结合等方式推进共研共进。比如大学和中学教师走进小学听四年级研究课《买东西的学问》《合理消费》，将小学思政课教学聚焦学生生活，以问题为导向，即时生成课堂教学情景，通过走进小学感受真实的课堂、真实的师生对话、真实的学生感受，了解了思政课原生态课堂教学的丰富样态和精彩的育人过程。

创新联合备课体通过大中小学共商共建围绕一定主题共同研究问题，解难题开新局。大中小学校，聚焦"长征精神"教学，线上线下相结合集体备课，共同说课，集中展示，各学段的教师代表在组内展示了课堂实录、进行了说课，共同听取专家意见，大中小学同课异构，生动展示了思政课螺旋上升提升学生思想的过程，取得较好效果，展示了集体备课的成果。

当然，线上线下相结合开展集体备课，除了线下听课、说课、集体备课，需要事先集体商议，提前明确集体备课的主题、形式、共同目标与各自特色等，是否需要统一教学设计格式，统一听、评课的标准等，周期相对校内研究课要长，中途变化要多一些，成果共享的形式和责权要更明确。

（四）组内组外相结合，形成三环新发展格局

大中小学思政课创新联合备课体积极参与和探索团组内活动与团组外活动有机融合的思政学科三环新发展格局。内部形成以大学为龙头，中小学为骨干的组内集体备课机制，各校轮流承担任务，交替进行互动，集中探索问题，形成了相对封闭的内循环，促进了彼此发展；外部形成以学区为领导，区域内大中小学思政学科教研组为对象，区域内中小学校加大学为主的思政课重点项目建设、核心教师队伍交流、资源整合为一体的集体备课组织，扩大了区域性合作机制；纵向形成以区县中小学教研室为引领，骨干教师为依托，青年教师为培养重点的泛区域思政学科实践和研究范围。这三个循环，相对独立，互相连通，相辅相成，推动思政课教学质量提升，服务于广大师生。

二、聚焦立德树人培根铸魂共同育人目标

大中小学思政课创新联合备课体通过多次团组集体备课、集中交流，逐渐聚焦探索共同育人目标，提升思政教师育人能力和思政学科育人质量探索系统化教学的新思路、新方法，从而推动区域内课题学校的发展和教师的专业发展。

（一）跳出学科和教材，站在为党和国家育人的高度整体构思，体现思政学科的综合性

大中小学思政课创新联合备课体站在回答好"培养什么人、怎么培养人、为谁培养人"问题的高度，明确育人方向，从落实立德树人根本任务，培养担当民族复兴大任的时代新人的角度进行思考。课题组以中国共产党成立、长征、新中国成立、改革开放、建党100周年等重大历史事件、重要历史人物为主线，聚焦革命精神和爱国精神，推进"四史"教育、革命传统教育和爱国主义教育等。

（二）跳出学段，站在大德育的高度明确目标和重难点，体现思政学科的开放性

跳出学段，摆脱大中小学不同学段的制约，是充分发挥大中小学思政课创新联合备课体作用的重要前提。创新联合备课体需要明确育人目标、范畴和尺度，从促进人的发展的角度统筹考虑，联合行动。再进入学段，结合学生情况完善具体教学目标、重点、难点，就会达到事半功倍的效果。

从小学到大学，在认知能力层面，小学以感性为主，点到为止，初步培养理性思维；中学从感性过渡到理性，具有一定的理性思维；大学以理性为主，具备独立的思维能力，是学生正确理解"中国共产党为什么能、中国特色社会主义为什么好、马克思主义为什么行"的关键所在，使学生努力把习近平新时代中国特色社会主义思想转化为实实在在的具体行动，成长为有理想、有本领、有担当的时代新人。

（三）跳出课堂，立足时代发展和学生生活创新教学形式，体现思政学科的实践性

跳出课堂，立足时代发展和学生生活，从学生熟悉的事物出发，关注学生实际困惑和问题，是大中小学思政课创新联合备课体的重要体现。以"长征精神"教学为例。从学生需求和感兴趣的问题出发，围绕核心问题"长征为什么难？""红军如何不怕难？"结合具体事例展开教学，小学重在奠定情感基础，对"遵义会议的召开及其伟大意义"等重大历史事件及意义不作解读，留作中学、大学学习。生活实践不可少，如何创设环境、组织课堂实践体验活动有讲究。

学校教学设计了搬大米体验长征任重、算冬季长跑距离了解长征道远、讲红军故事感悟长征精神伟大，通过多种方法提升小学生的感性认识和情感体验。中学从学生熟悉的毛泽东诗词引入，到全班齐诵诗词结束。

各个学段同课异构，甚至连经典事例、故事都有重叠，但具体的育人目标不同、程度不同、参与特点不同，学生的认识和情感螺旋上升，最后落到继承和发扬长征精神，切实提升对党和国家的正确认识，坚定理想信念，激发爱国情怀，把长征精神落实在日常言行中，做德智体美劳全面发展的社会主义建设者和接班人。

三、落实《习近平新时代中国特色社会主义思想学生读本》进课堂要求，立足学生生活融通思政教材与读本教学

大中小学思政课创新联合备课体内的学校统一安排思政教师、统筹学科管理，统整教学资源。

（一）抓住共有课程

统一推进大中小学深度合作，探索《习近平新时代中国特色社会主义思想学生读本》进校园、进课堂、进头脑的新路径。例如围绕理想信念教育分别录

制完成了《我的中国梦》和《红军不怕远征难》，探索线上线下相结合的新时代思政课新形式。通过大中小学共同完成"目标—内容—评测"的一体化学习进阶的设计，避免学习"割裂"和"重复"问题。

（二）注重多种形式

通过大中小学思政课一体化、表现性课业评价、现代化教学手段应用等深入研究读本进课堂的效果。引导学生走出课堂，在校园中探索和实践；走出校园，到生活中寻找。统一促进提升教学质量，承担教育部和市、区空中课堂任务；承办区域内道德与法治、美术、语文等多学科联合教研，推广跨校联研、在线直播等；针对"传统文化教学的问题与策略""如何进行宪法教育"等进行创新联合备课体专题讲座，发挥了一定的辐射、示范引领作用。

（三）重视反思问题

尽管大中小学思政课创新联合备课体对于推动区域内学校共同发展和大中小学思政课一体化建设、推进共同育人取得一定成果，但距离推动大中小学思政课一体化建设、提升思政课育人质量总目标和要求尚有较大差距。鉴于创新联合备课体各校体制不同、规模不同，思政课专职教师配备极不均衡，小学思政课专职教师尚有较大缺口，兼职情况较为严重；创新备课联合体在建立长效机制、推进《习近平新时代中国特色社会主义思想学生读本》进课堂、突破资源共享限制、共同推进课题研究等方面还需要长期、深入的研究和探索。

思政课作为落实立德树人根本任务的关键课程任重道远，大中小学思政课教师责无旁贷。相信随着大中小学思政课创新联合备课体的长效发展，定会推动大中小学思政课一体化建设，推进全过程育人，提升育人质量，为党和国家培育更多人才。

参考文献

[1]杨晶. 在把握大中小学思政课一体化建设中推进思政课的内涵式发展 [J]. 福建教育，2023，1424（17）：31-33.

[2]北京市教育系统关工委调研组，北京市大中小学思政课一体化建设调研报告.

[3]李渊博，李学勇.《习近平新时代中国特色社会主义思想学生读本》的一体化学习进阶研究 [J]. 教育科学论坛，2022，566（8）：10-14.

第三章

深化课程建设　助力学生核心素养培养

浅谈"双减"背景下数学教学如何培养低年级学生创新思维能力

周　娜

"创新意识"是"中国学生发展核心素养"中数学学科所承载的"文化基础"下的"科学精神",有助于形成独立思考、敢于质疑的科学态度和理性精神。2022年版小学数学课程标准将创新意识的内涵描述为:"1.主动尝试从日常生活、自然现象或科学情境中发现和提出有意义的数学问题;2.初步学会通过具体的实例,运用归纳和类比发现数学关系与规律,提出数学命题与猜想,并加以验证;3.勇于探索一些开放性的、非常规的实际问题与数学问题。"创新意识具体表现在学生身上是不受课堂模式和教育方式束缚的,勇于大胆地设想和想象,勇于提出质疑,勇于对同一问题有自己的见解,并能通过探究去思索、寻找新的答案。

一、开放型课堂,让创新"有机可乘"

"人工智能之父"马文·明斯基在《创造性思维》一书中说:"数学是关于创造性的学习,而不是关于规则的学习。"孩子天生就爱探索,探索是创造的开始。然而我们的传统课堂在一定程度上限制了学生的探索,如果我们的课堂能够顺应孩子探索,孩子对学习就会有更加浓厚的兴趣。开放的课堂组织形式为学生创造性的学习提供了平台。

日常教学中,设置开放性活动,切实做到真放手、立足学生本位,把课堂交给学生。学生在完成学习任务过程中,调动、整合已有知识储备和解决问题的经验,并在解决问题的同时思考、交流、实践、总结,从而获取新知识、提炼更有效的经验。以"认识米和厘米"这一单元为例，组织学生以小组为单位从多维活动中去认识米和厘米。学生积极探索，主动参与，在教室中展开实践活动，通过猜一猜、比一比、量一量，感受身边的长度单位；找一找教室中的一米，亲身体会一米到底有多长。

此外，孩子们还大胆尝试，积极探索身体上的尺子，根据不同长度的物体选择合适的"身体尺"进行测量：用拃可以量量桌子的宽度，老师的讲桌有一尺长。这样不仅贴合了教学内容，孩子们也对不同长度物体选择合适的长度单位有了自己的理解和感受。整节课事半功倍，教师要做的就是起好引导作用，鼓励学生积极尝试、创造性地解决。给学生留足探索时间，鼓励学生独立思考，并适时组织交流、反馈。同时要等待、善待和期待学生，对于学生的看起来有些稚嫩甚至"胡思乱想"的想法，教师要鼓励他们大胆表达、深入思考，捕捉其中的价值，必要时指出进一步思考的方向，提供学习支持。

二、关注思维表达，使创新"竞相绽放"

数学教学，应重视学生思维的培养和表达，这也是培养学生创新能力的重要途径。以教学"万以内数的加法和减法"为例，在探索三位数加三位数进位加法时，学生借助已有的两位数加两位数进位加法的经验，大多可以算出正确结果，但如何明晰算理呢？我让学生用自己喜欢的方式解决问题并为同学们讲清解题思路。

低年级学生思维以形象思维为主要形式，同时还保留着直观动作思维的形式。由学生承担讲解任务不仅把主阵地交给了学生，更是对学生思维和表达能力的一种考验。学生的思路异彩纷呈，有的连线相同数位的数、有的借助计数器，还有画数位图、列竖式的，根据不同的解决方式可以发现学生独特富有个性的理解。学生经历思考问题、选择解决问题的方式、着手解决问题的过程，就是培养创新意识的过程，也是素养发展提升的过程。

加德纳多元理论表明："每个人的智慧类型不一样，他们的思考方式、学习需要、学习优势、学习风格也不一样，因此每个人的学习方式是不同的。"学生表达的过程，首先是对自己思维的一种审视，边表达边优化。其次，教师适度的点拨可以帮助其提升思路，同时也给了其他同学启发，让思维发生碰撞、交融。在分享交流中，学生思维互相交融，老师对关键点进行点拨，每名学生都能获得自己思路之外的新思路，使自己的思路不断优化、递增。

三、组织开展讨论，助创新"节外生枝"

交流讨论是学生参与教学活动的重要方式，也是激发学生进行创新的不竭动力。开展课堂讨论，可以发挥学生"群体"的学习作用，给学生提供更多自主学习的机会与空间；学生在讨论过程中互相启发、帮助、评价，从而学会合作与交流。除此以外，讨论使学生敢于质疑，敢于与众不同，敢于求新存异，使得学生的创新思维得到发展，创新意识和探索精神得以培养。

在课堂上安排学生交流讨论、小组合作等互动环节，一定要给足学生独立思考的时间，只有经历了独立思考、解决问题的过程，学生在交流讨论环节才能真正有的说、立得住。以教学万以内的数比较大小为例，课堂上我们请学生"自主探索比较 1580、812、3200 的大小"，有的学生借助一年级经验用不同大小的圆表示不同数位的数，有的学生对齐数位，比较各个数位上的数，也有的利用条形图通过比高矮的方式判断数的大小，还有的学生尝试用数轴解决这个问题。自主交流环节，学生一方面寻找与自己相似的方法，进行比较、完善；另一方面他们也在比较不同方法，"我想看看谁的办法最直观，一眼就能看出来哪个数大哪个数小"。学生通过互动学习，交流讨论，不仅让情感在分享中交融，更使得知识在讨论里增值，学习兴趣自然越来越浓厚，批判性的思维能力和创新意识也在不断提升。

四、创设成功体验，为创新"不断续航"

学生的表现欲直接影响到课堂的参与程度，每一个学生都有展示自己的欲望，都想体验成功的喜悦，低年级学生体现得尤为突出。在教学中应设法为学生安排"成功"的机会，使每一个学生都能够体验到成功的愉悦，感觉到自我的价值，品尝到其中的乐趣，进而成为创新发明的动力。

课堂上，学生能够自主探索解决的问题，老师务必要做到"袖手旁观"；当学生遇到"疑难杂症"时，教师要沉得住气，不轻易对学生的思路、方法做出评价，更不能在学生答案不着边际时急于出面代替。适时给予鼓励、启发和引导，让学生享受寻找正确答案的愉悦，养成积极探索的习惯，从而培养创造意识。课堂分享环节，教师不要吝啬夸奖，同一道题，不同学生思路不同、方法不同，却"殊途同归"，这便是学生的创新意识在发挥作用，对一些创造性思维，教师应给予充分肯定，哪怕学生的想法有一些不成熟的，或者是错误的见解，都值得我们肯定和赞扬，鼓励他们在学习上要刻苦钻研、勇于创新，做学生思维的引路人。

创新精神是一个国家和民族进步的动力和灵魂，它推动着人类科学的真正进步，所以社会发展需要创新型人才。创新意识作为核心素养是数学育人目标的重要表现，培养创新意识是中小学教育的基本任务，作为低年级数学教师应从入学抓起，不断摸索培养学生创新意识的方式方法，拓宽训练学生创新思维的渠道，在组织教学时创设开放的课堂，重视学生的主体地位，鼓励学生积极探索，不断培养学生的创新意识，为培养全面发展的人才不断努力。

参考文献

[1]中华人民共和国教育部. 义务教育数学课程标准（2022 年版）[S]. 北京：北京师范大学出版社，2022.

[2]赵波涛. 试论小学数学教学中创新思维的培养 [J]. 速读（旬），2018（11）.

[3]董奇. 儿童创造力发展心理 [M]. 杭州：浙江教育出版社，1998.

[4]刘红慧. 基于深度学习的小学数学有效教学策略 [J]. 西部素质教育，2022（17）.

低年级趣味作业的实践探索

高云飞

一、小学英语低年级作业设计现状

作业设计是一门艺术。作业是为完成既定的学习任务而进行的活动，是课堂学习内容的强化和延伸，是把知识技能等应用于生活的重要途径。一、二年级的学生具有活泼好动、善于模仿，但注意力不集中的特点，特别是对于刚踏进小学阶段的一年级小学生来说，他们的语言储备能力有限，学习一门新的外语对于他们来说存在难度，通过作业激发他们的学习兴趣、鼓励其发挥优势、体验英语学习的成功与快乐、提高我们的教学质量尤为重要。当前英语作业的布置存在以下问题：

（一）作业布置单一随意

受传统教学模式的影响，"读、背、听、练、看"等已经成为英语家庭作业的固有模式，下课随意布置情况屡见不鲜。例如，把今天刚刚讲的歌谣唱5—7遍，或者背唱歌谣。这样未经思考设计，随意布置作业的现象不仅会让学生对作业要求感到疑惑，还会抑制学生语言综合能力的发展，也不利于提高学生学习语言的积极性和创造性。

（二）作业内容低质无效

受低年级认知能力的影响，学生的语言学习内容确实有限，教师布置作业的素材多为教材内容。比如，指读今天学的单词或者句子若干遍，但是片面地指读教材内容难以达成会话课的交际语用，单一的学习材料也会让学生感到枯燥乏味，完成该作业的动力不足。此外，教材一般不是最新的时事材料，需要教师从课外有选择地进行补充。

（三）作业要求模糊不清

在认知能力上，教师和一、二年级的学生存在着很大的差距。有些教师在布置作业时，缺乏充足的学情分析，布置一些要求模糊的作业。例如，唱熟今天的歌谣、读懂今天的故事。何为"唱熟"？何为"读懂"？低年级学生没有一个清晰的评判标准。模糊不清的要求导致学生模糊地完成作业，难以达成课时学习目标，单元学习目标更难实现。

此外，《海淀区义务教育阶段学科作业设计与实施指导意见》指出，当前存在作业量较大，形式较单一，实践性、开放性和趣味性不足等问题，对于低年级学生来说，妙趣横生的作业形式和内容尤为重要，不仅要让他们看得懂作业要求，而且还要吸引他们积极去完成。

因此，小学教师应该立足时代，及时更新、转变教学观念，了解学生的心理特点和认知规律。立足教材，深挖教材，基于单元主题意义，设计新颖创意的趣味性作业，激发低年级学生的学习兴趣，达到乐学、趣学的目的。

二、小学英语作业趣味设计的内容

（一）画作业，促表达

"画作业"是以图文结合的画报为载体，学生绘制与主题相关的图片内容并注上文字。小学阶段，学生形象思维占主导地位，抽象的英语知识不利于学生的理解。"画作业"鼓励学生将单词和图画结合起来，符合小学生爱玩爱画、具象记忆等心理和思维特点，激发了学生的兴趣，能发展其创造性思维和个性化表达，有利于提高他们搜集处理信息、获取创造新知、团结合作、参与社会活动和综合语言运用的能力。画作业有不同的形式，其中包含按要求涂画和自由绘画。

1. 按要求涂画

以人民教育出版社新起点英语（一年级起点）一年级上册 Unit 5 Colours 为例，在学完颜色词汇 black、yellow、red、green 和 blue 之后，教师设计创作根据提示给图片涂色的作业。作业素材来源于真实的生活情景，还鼓励学生根据语言提示进行语言输出。借机，也可以布置开放式绘说作业，供学生选做。学生将双眼所见的带有颜色的事物进行简单描绘，并借助上一个任务中的 I see...

语言框架进行表达，目的是关联学生的真实情境，助力学生尝试真实表达，发挥学生个性。

2. 开放式绘画

以人教版新起点英语（一年级起点）一年级上册 Unit 4 Numbers 为例，在学完第一课词汇之后，布置了画数字的作业，并让学生借助语言结构 One is...的结构进行介绍。这个作业是让学生学完词汇之后，根据前面文具、五官和动物的话题，绘制数字画，然后再用英语进行介绍，有的孩子会说 One is a pencil，有的孩子会说 One is a ruler。这些是对所学旧知的综合运用，表述丰富且具有个性化、灵活性。基础较好的学生，不仅用到了前面几个单元学到的旧知，还使用了其在课外所学的词汇。这样的形式帮助学生学习了新的语言知识，有助于学生创造性地发挥。以新起点英语（一年级起点）二年级上册 Unit 4 Community 为例，在学完第一课词汇之后，将自己头脑中的真实社区或是理想社区通过绘画直观呈现出来，并借助画作进行英语介绍。这也为操练本单元第二课时询问并回答出行计划的功能句 Where are you going to?　I am going to...做支持准备。

（二）巧动手，重探究

巧动手，指的是我们可以在作业中布置动手操作类的作业。在"做"的过程中，多种形式参与到教学实践当中，学生感知到浓厚的英语学习氛围，增强对知识的理解应用。

以人教版新起点英语（一年级起点）一年级上册 Unit 5 Colours 第二课时的会话课作业为例，为了帮助学生操练用于询问并回答颜色的功能句 What colour is it?　It's ...，笔者设计了如下作业（见图 1），其中第 2、3 项为使用透色板观察动物的颜色变化，引导学生一步步深入探究动物颜色的变化，使操练过程从机械操练过渡到意义操练。本单元的第四课时为认识三原色的配色混色原理（见图 2），旨在鼓励学生拿起手中的透色板或者水彩笔去发现颜色、创造颜色。实际上，第二、第四课时的作业存在着衔接关联，第二课时两个透色板的使用实际为第四课时理解三原色的配色混色原理的作业奠定了基础，体现了课时之间的连贯性，学生从已知学习新知，富有动力。

图1 会话课作业单

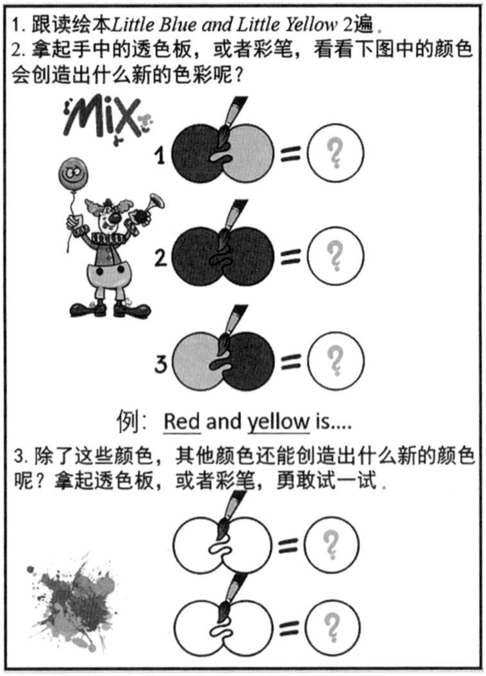

图2 认识三原色配合混色原理作业单

（三）精创编，启思维

小学低年级的英语学习以听、说、读为主，注重学生语言感知能力和表达能力的培养。英文歌曲是笔者在日常教学中用来吸引学生的重要资源。在学唱完简单的歌谣之后，鼓励学生对其进行创编演唱，能够培养学生的创新思维，有助于发展学生的高级思维能力。

以人教版新起点英语一年级上册为例，每个单元都配有两首歌谣和伴奏。以 Unit 6 Fruit 为例，第一课时词汇课主要是学习 pear、apple、banana 和 orange 这4个水果词汇，该课时的歌谣为：I like pears. I like apples. I like bananas. I like oranges. 考虑到现在学生的语言基础，大部分学生已经熟练掌握了课本上的这四个词，因此笔者在教学过程中还补充了其他水果词汇作为拓展，例如strawberry、pineapple、grape。基于以上情况，第一课时的作业设计为：（1）跟唱课本歌谣5遍。（2）用 I like×××（水果词）句型创编歌谣，并且唱一唱。该单元的第3课歌谣为：Apple round，apple red. Apple juicy，apple sweet. Apple，apple，I love you. Apple sweet，I love to eat. 歌谣内容涉及对苹果形状、颜色、特点的介绍，综合复习了第五单元的颜色词，还补充了用于形容水果的 round、juicy、sweet，教师通过生词扫障处理之后，在学生理解并且会读的基础上，可以给学生布置创编歌谣的作业，用上述语言结构描述其他水果。比如有的学生对 pear 进行了创编：Pear round，pear yellow. Pear juicy，pear sweet. Pear，pear，I love you. Pear sweet，I love to eat。英语歌曲响起来了，课堂知识巩固了，课外知识也不知不觉地学习了，孩子们在欢声笑语中就把作业做了。学期末，笔者还会组织学生进行歌曲演唱比赛，从而激发并维护学生的学习兴趣，这样便达到了在趣味学习中培养高阶思维的能力。

（四）链生活，重体验

学习语言是为了交际，为了运用。精心设计的作业能把课本中的知识变成生活中的语言。同时，作业可以增加学生参与学习、应用知识技能、接触社会以及实施开展某个课题等实践活动的机会。课堂中，每位学生的参与度是有限的，而这一缺陷可在作业中得到弥补。

学完 Unit 4 Numbers 中 1—10 这 10 个数字之后，笔者布置了这样的实践类作业：随身携带一个小本子，留意观察你身边的数字，随时随地把它们记录下来，尝试用 I spy... 来说一说，之后在课堂上与他人一起分享。学生对这样的作业非常感兴趣，素材来源十分丰富，有学生记录了爸爸妈妈的电话号码，有学生记录了路上的车牌号，有学生记录了自己家的单元门号，还有学生记录了超市里的价格标签等，做到了全员实践，这样有趣的形式保障了学生的语言输出。一年级下册 Unit 6 的单元主题是衣服，本单元学习完之后，布置了用"I have...（颜色）...（服装名称）""I like my clothes"句式来介绍自己所喜欢的服装的实践活动作业，同伴欣赏完之后用"I like your ...（颜色）...（服装名称）"句子进行互评，不仅培养了学生的语用，还实现了教学评一体化；不仅给予了学生利用所学语言展示自己服装的机会，还把课堂还给学生，让他们成为评价的实施者。

（五）分层次，有分类

当前学生的语言能力参差不齐，认知水平有高有低，为了兼顾不同学生的水平差异，教师在设计作业时需要充分考虑学生的兴趣偏好和优势特长，提供不同难度、不同类型的作业。如授课，要兼顾复习巩固、拓展延伸、综合实践等不同类型，新授课偏向复习巩固类作业，拓展阶段会兼顾拓展延伸类作业，对于与生活联系性更紧密的单元主题，例如一、二年级教材中的水果、颜色、数字、圣诞节等，笔者会根据实际需求，布置综合实践类的作业，鼓励学生利用所学进行实际运用。

此外，根据学生的个体差异，教师在布置作业的时候会布置1—3项作业，有必做有选做。这样分层作业的形式既保障水平较弱的学生巩固新知，又够到水平较高学生的"最近发展区"，确保多数学生乐学、爱学、趣学，有利于学生的个性发展。

当然，"双减"要求下，我们也要秉持适度性的原则，即数量适度和难度适度。其中，在作业的数量适度方面，国家教委关于贯彻《关于减轻小学生课业负担过重问题的若干规定》中特别指出，要按照教学计划的规定量布置课外作业，做到：一年级不留书面课外作业，二、三年级每天课外作业量不超过30分钟。低年级学生动笔涂画的作业设计尽可能地放到学校辅导时间完成，听说作业可以带回家里，但是切记不要超过10分钟。在作业的难度方面，由于学生英语知识水平和能力存在着差异，老师要科学合理地设计作业，控制作业的难易程度。

（六）趣表演，促输出

英语学习离不开口语操练，加上低年级学生活泼又善于模仿的特点，在低年级我们可以设计课本剧表演的作业。考虑到该作业涉及小组合作完成，"双减"背景下学校在课业时间之后有专门的课业辅导时间，因此该作业可放到课业辅导时间完成。

教师先给学生分好组，每个小组设置一名组长负责记录角色，角色设定由小组成员商议得出。在表演之前，教师可以先与一些表演天分特别好的同学进行示范。教师可以在师生示范时适度进行改编、扩编，以增加英语作业的趣味性。

以人教版新起点英语（一年级起点）一年级上册 Unit 4 Numbers 的 Story Time 为例，故事讲述了 Bill 的妈妈送给 Bill、Andy、Lily 和 Joy 一盒巧克力，孩子们数完后进行分享的过程。因为分法不当，Bill 分到了 5 颗巧克力，Andy 分到了 2 颗巧克力，Joy 分到了 3 颗巧克力，原故事就这样结束了。这个故事旨在培养学生的问题解决能力，鼓励学生使用原文 One for... 想想最佳的分法是什么。原故事通过小组合作产生新的想法，再借用已学语言去改编并续写，让学生发现英语学习趣味无穷。

三、小结

低年级处于语言的启蒙阶段，要尽可能地给学生带来更多快乐，不要让英语作业成为学生的负担，打击了他们的积极性和兴趣。而应该按照英语新课程标准理念，心中始终装着学生，根据他们的特点和需求，为他们精心设计实用又有趣味的作业，逐步培养学生的英语学习兴趣和语言运用能力，不断提升学生的英语素养。

参考文献

[1]白云. 基于核心素养下的英语作业设计——让小学英语作业智趣飞扬[J]. 小学教育参考，2019（24）.

[2]张寿兰. 小学英语作业分层教学活动研究[J]. 教学管理与教育研究，2017（23）.

[3]朱敏. 提升小学英语作业质量的有效性设计研究[J]. 知识文库，2020（8）.

学习任务群视域下小学语文学习实践活动设计的研究

耿　娟

随着 2016 年 9 月《中国学生发展核心素养》研究成果的公布，中国学生发展的核心素养已成为部编版义务教育语文课程设计的出发点。因此，作为小学语文教师，必须立足于发展学生的语文核心素养，建设语文高效课堂。这种高效课堂的语文学习活动，应该努力呈现一种开放式的课堂学习特点，在教师的指导下，学生进行分工合作，主动去阅读获取语文知识，在语文阅读实践中，成为学习的主人。

一、厘清语文学习实践活动的概念

在 2022 版新课标中明确指出，义务教育语文课程内容主要以学习任务群组织与呈现。设计语文学习任务，要围绕特定学习主题，确定具有内在逻辑关联的语文实践活动。以语文学习实践活动设计的教学方法正是基于建构主义理论基础上的一种教学方法。它通过设计学习活动引导着学生完成对所学知识的建构。在一个个学习活动的驱动下，学生的学习主动性得到了发挥，培养了他们自主学习的能力。因而，具有一定的科学性和合理性。

（一）实践活动表现形式

实践活动最终表现为学习任务，学习任务即学习者要完成的具体的学习内容、形式、支架、操作流程及活动成果等。实践活动的形式应该多样，并和实践活动的内容相适应。实践活动可以是个体能完成的，也可以是依靠群体协作才能完成的。

（二）实践活动的形式

实践活动可以围绕着某个问题的探究、某项任务的完成来设计、组织，采用教材阅读、学习资料整合、参观考察、调查研究、质疑、交流讨论、实验探究、学习成果展示等多种形式。

（三）实践活动的目标

实践活动的目标指向要培养的必备品格和关键能力，指向学生在该学段学习中学科核心素养培养要达到的水平。活动任务应当与学科内容紧密相关，实践活动的内容是课程标准规定的某个学习单元的部分或全部的学习内容。活动主题要明确，程序要清晰。高质量的学习活动需要将新知识的学习与学习者的学习兴趣和学习需要联系起来，实践活动需要在特定的情景中进行。让学生在可以理解的、与生产生活实际或自然紧密联系的、尽可能真实的生动的学习情景中开展实践活动。通过实践、实验探究活动，在解决问题过程中建构知识，更新知识结构，促进关键能力和必备品格的形成。

（四）实践活动的设计要求

实践活动要解决的问题或任务的复杂性（难度）要和学生的实际水平相适应，是学习者可以运用已有的知识基础和认知能力，通过自己的努力、学习伙伴之间的合作、教师的启发指导和帮助能够理解和解决的。学习活动也要有一定的挑战性，能引发学生的高级思维活动，各项学习活动的要求和复杂程度要有层次，呈递进式安排。

二、开展有效的语文学习实践活动

针对小学语文学习实践活动的设计，我们将以学习任务为导向，以支架为抓手，让学习活动落地，在学生开展学习实践活动的过程中全面发展学生的核心素养。

（一）批注式阅读的学习活动

什么是批注式阅读？通俗地讲，就是利用课文的空白处来完成批注的过程。从"学生—课文—阅读—批注—感悟"的一步步、一环环来分析，可以让学生在完成阅读计划的过程中，用一些亮色的线条、符号等把自己对文段的理解与思路进行整理。学生在不断批画的过程中，实现人与文字的对话，人与作者的对话，人与编者的对话。同时，学生在批注式阅读的过程中，发展自己的阅读个性，提高自己的细读文本阅读水平和阅读感悟能力。

如在《陀螺》一课教学中，老师紧抓表现心情的语句，将批注式阅读的学习活动贯穿始终。入课部分就分析梳理学生批注，找到了基础点、兴趣点和问题点，从而了解学情，确定本课阅读方向——学习第9—12自然段。交流批注后，借助学习单梳理批注，纵向看发现心情变化，探究心情变化原因；横向看发现心情变化与看待陀螺的态度，突破难点。活动中促进学生梳理批注，从单点思维到多点思维、从碎片思维到结构思维的转化，促进学生整体思维。在一系列学习活动中，通过任务链引导学生二次批注阅读，深化理解，并在关联阅读中突破重难点，促进学生整体思维。

（二）读写结合式的学习活动

著名教育家叶圣陶先生多年前提出"课文无非是个例子"，这个例子不仅是语文知识的例子，还是写作的例子。无论是词语的运用、修辞的选择，还是事例的选择、文章的构思，都需要老师带领学生走进文章细细地品读和琢磨，进而形成良好的语言表达能力。因此，在教学中要坚持阅读与写作的结合。读写结合对于提高语文教学质量具有强大的生命力，这是一种有效的学习活动。

"补白"是指充分利用文本留白，创设情境，给予学生想象的时间与空间，走进文本，超越文本的课堂练笔。比如部编版六年级上册《穷人》一课中的课后习题：沉默中，桑娜会想些什么呢？联系课文内容，写一写桑娜的心理活动。

这一补白内心活动的练习，实际上是让学生联系上下文揣摩桑娜的人物形象，深化对桑娜内心矛盾的描写，这样更能体现出主人公的善良。这样的补白活动，可以帮助学生深入走进人物内心，体会人物的情感。学生补白的过程，也是和文本、作者产生共鸣的过程。由读到写，由文本自身到学生的感悟，激发了学生写作的兴趣。

总而言之，只有阅读和写作并驾齐驱，学生才能构建出更加系统的语文知识点，阅读和写作就好像是语文的双翼，只有具备了较强的阅读和写作能力，才能在语文知识的天空中展翅翱翔。

（三）角色扮演式的学习活动

角色扮演式的学习活动，是一种能充分调动学生自主性，亲身感知课本角色的一种学习活动形式。笔者观察到，学校教师往往在戏剧冲突较强的课文，或者对话更丰富、角色性格更鲜明的课文中开展这样的学习活动。在这种并不陌生的学习活动中，学生可以更好地培育对作家情感和人物思想的理解，也能够更好地感知人物选择和走向，在灵活的学习活动当中，既培养了语文学习的兴趣，又增强了阅读能力和核心素养的形成。

如《自相矛盾》是五下第六单元的一则寓言故事，语言简练，逻辑缜密，道理深刻。教师铺设创作剧本并进行表演的大情境，通过出示剧本搭设支架、完善剧本内容、表演展示等方式理解主要内容。思维训练是本单元的语文要素，也是本篇课文教学的重点所在。教学中扣准"誉"字铺设班级剧场的情境为例，通过三次"誉"的演绎，将楚人和路人的思维过程以及心理独白的形式呈现出来，第一次楚人之"誉"通过带入楚人角色表演夸赞矛和盾，理解楚人的夸赞并推理出他的想法。第二次的"誉"发生在故事的高潮，也就是楚人为何"弗能应也"。教师直接引导学生小组合作开展剧本表演，添加楚人和路人的思维过程，并以内心独白的形式呈现并表演出来，通过对人物的动作语言进行想象和推理，进一步还原思维的过程，感受逻辑关系，落实本单元中的语文要素。第三次的"誉"链接现实并挑战。让学生观看以脑白金为代表的自相矛盾的广告形式，将矛盾无限升级，思维永无止境。讲授此课时，教师应紧扣本单元主题"思维的火花，跨越时空，照亮昨天，今天和明天"，指向更为丰富的现实和未来，引导学生发现矛盾存在的价值。

自相矛盾小剧本：	时间：两千年前
时间： 人物： 地点： 起因： 经过： 结果：	人物：楚人 路人 五3班同学 地点：楚国集市（五3班教室） 楚人有鬻盾与矛者 （心理独白： ）誉之曰：_____ 又誉之曰：_____ （心理独白： ）或曰：_____ 其人弗能应也。

整节课学生兴趣盎然地写剧本，修改剧本，演绎自己的剧本，趣化整个学习过程，从"找"到"读"，再到"演"和"评"，层层深入，不断还原真实的学习体验，在学习语言的同时发展动作、形象逻辑推理等思维，让剧本表演承载了更多的作用，实现了角色扮演式学习活动的多元教育功能。

（四）大问题引领学习活动链式的学习活动

在"主体质疑，自主建构"的教育教学思想下，如何让课堂真正变成学生思维交锋的主阵地是我们应该思考的问题。"大问题"能使课堂教学的思路变得更清晰，更有层次感。把课堂还给学生，让学生成为学习的主角。何谓"大问题"？指的是直指本质、涵盖教学重难点、具有高水平的、以探究为主的问题。在关注学生数学素养形成的今天，我们要构建以大问题为导向的研究过程中的师生对话关系，从而构建新型的、适合学生成长的语文课堂教学模式。

发布单元学习任务时要以"语文要素"为基础提出单元问题，这一问题的设定不仅要能概括整单元的学习重点，具有探究价值，而且便于学生在各课时达成小目标。以部编版语文教材四年级下册三单元为例：四下第三单元是"现代诗歌"单元，其阅读训练要素为"初步了解现代诗的一些特点，体会诗歌表达的情感"，表达训练要素为"根据需要收集资料，初步学习整理资料的方法"和"合作编小诗集，举办诗歌朗诵会"。这一单元是比较特殊的一个学习单元，它既是一个普通的教学单元，同时又是综合性学习单元——轻叩诗歌大门，是统编教材编排的第二次"综合性学习活动"。同时，整个单元又不同于五六年级的综合性学习单元的编排，而是以"与单元整合"的形式来设计的。为此，在进行阅读教学的同时，我们需兼顾综合性学习活动的安排，关注单元教学内容之间的关联性和整体性。阅读教学中，了解现代诗特点、体会情感、激发兴趣，为学生在综合性学习活动中收集资料、整理资料铺垫基础。同时，综合性学习活动中收集到的现代诗，也可以放到阅读教学中进行对比阅读等，两者相辅相成，相互促进，同步提升。因此，结合学生学情，贯穿整个单元发布任务设计了如下学习"大问题"：广泛收集、阅读现代诗，感受魅力；通过学习自主创作，激发兴趣。

（五）游戏式学习实践活动

游戏式课堂学习活动是教师以促进学生"乐学"为目的，围绕活动主题、学习内容和语文教学任务精心设计的具备完整游戏环节、带有游戏性质且能让学生拥有游戏体验的一种学习活动类型。游戏式学习活动更看重活动内容的趣味性和学生之间的积极互动与交往，重视丰富有趣的游戏环节设置以及游戏氛围的营造，多采用立足于儿童个性化发展的表现性评价。在语文课堂上开展契合学习主题的游戏活动，有助于调动学生的学习积极性，提高学生的活动参与度。

众所周知，"识字教学"不仅是小学生母语启蒙教育中的"第一课"，而且是他们在小学语文学习活动中的一项"基础常态课"。无论是从学习情趣还是从活动过程来说，"识字教学"对于小学生的语文学习将会产生直接而又深远的重大影响。正因为如此，作为启蒙者和引路人，我们要本着"以生为本、以学为主"这一指导思想，应当而且必须高度重视并认真对待，坚持以"识字教学"为教学出发点，善于通过各类途径和方式，把小学生逐步引向"善教乐学"的良性发展之路。

识字的途径是多元且丰富的，我们应该充分调动学生的积极性，在游戏化的学习活动中让学生更加主动积极地参与进来。

综上所述，学习实践活动注重思维能力的持续发展和提升，可以更好地激发学生的探究动机和兴趣，有利于培养学生积极的思维品质。活动过程中让学生自主去探究，去讨论，去发现，去实践，既尊重学生个体思维差异，又激发学生的主动性，有助于学生在自我追问、自我发现中提升思维能力，发展核心素养。

新课标背景下小学体育教学中实施表现性评价的研究

何立洪

一、问题提出

新课标非常重视教学方式的改革，强调从"以知识与技能为本"向"以学生发展为本"的转变。这样的转变除了在教法与学法上做出重大改变，更要重视综合性学习评价，重视学习评价的激励和反馈功能，注重构建评价内容多维、评价方法多样、评价主体多元的评价体系。

体育课如何把新课标对学生进行综合性学习评价进行落地，必须从单元整体设计入手，采用大单元的整体设计思路，对照大目标、大任务、大主题进行教学设计和实施，教学方式"以学生发展为本"，根据学生的年龄和身心特点，通过创设丰富多彩、生动有趣的教学情境，将学生的自主学习、合作学习、探究学习有机结合，将集体学练、小组学练与个人演练有机结合。

笔者在小学四年级跳绳单元教学中运用表现性评价进行实践，旨在通过前期实践，积累评价经验，探索大单元评价的有效路径和方法，开发评价工具，设计评价标准，为其他教师的教学实践提供参考。

二、表现性评价概述

（一）表现性评价的内涵

表现性评价指教师让学生在真实或模拟的生活环境中，运用先前获得的知识解决某个新问题或创造某种东西，以考查学生知识与技能的掌握程度以及问题解决、交流合作和批判性思考等多种复杂能力的发展状况。

（二）研究对象

在学校四年级随机抽取 1 个教学班，共 48 人，作为研究对象，测试了 1 分钟跳绳，并了解了上学年的体测成绩。

（三）研究方法

1. 文献资料法

在选题之前，笔者查阅了关于单元教学方面的文献 53 篇、表现性评价方面的文献资料 37 篇，为此次研究提供了研究线索和理论依据。

2. 问卷调查法

采用自制问卷，在单元设计前进行调查，了解学生们的年龄、身心特点、运动经验等，为实施单元设计及表现性任务的设计做好充分准备；并在单元课教学后再进行问卷调查，了解学生学习体育技能的一些收获和不足，完善单元设计、调整表现性评价目标及表现性任务设计。

3. 访谈法

组织学生座谈，了解他们喜欢用什么样的评价方式，并有什么样的收获和体验；拜访研究相关领域的专家，寻求帮助和解答疑问。

4. 实践研究法

选取 ×× 区 ×× 小学四（13）班学生 48 名，在跳绳单元教学中运用表现性评价进行教学，并对全过程进行记录。

三、研究过程

（一）单元整体的表现性评价教学设计

1. 学习对象特点分析

学段特点：四年级学生身体发育处于平稳期，速度、灵敏、力量等身体素质指标相比三年级学生均有提高。

班级学习特点：四（13）班共 48 人，女生比男生多 2 人，学生模仿能力、集体观念较强，能够积极主动地参加活动，思维比较活跃，女生柔韧性比较好，男生较弱，但力量素质明显高于女生。

学习兴趣：四年级学生非常愿意接受新鲜事物，对于有挑战性的、新颖的学习内容有较高兴趣。

身心素质基础：他们喜欢游戏、合作意识较强，注意力能够集中，具备了一定的自我约束能力，且有了一定的自我评价和集体活动意识，能够遵守集体活动的规则、要求，能较好地控制和调节自己的行为，但对动作细节的感知仍比较模糊。

学习本单元内容的基础、优势与不足：学生们单人跳绳基础不错，并脚跳、单脚交换跳、开合跳等都掌握得很好，但同学之间没有用一根绳进行双人跳的基础，且在不同跳法的转换上会有一定的难度。

2. 单元学习目标设计

运动能力：学生了解双人跳绳的名称及其基本的健身价值，能说出与同学节奏一致的练习方法和不同跳法转换的有效方法；能够掌握两人一绳，同摇同跳、同摇单跳的相互转换方法；发展弹跳能力、灵敏性、协调性等身体素质，提高反应力和心肺功能。

健康行为：养成独立做准备和整理活动的意识和习惯，预防运动损伤，如在每次连续跳绳后要进行短时的踏步、绕肩、甩臂等放松活动。

体育品德：培养学生不怕吃苦、克服困难的品质；增强学生密切协作的意识和能力；提高学生与同伴交流、沟通和处理问题的能力。

3. 单元表现性评价任务及标准

表现性任务名称：双人跳跳乐。

表现性任务描述：在不同音乐的伴奏下两人用一绳同摇同跳、同摇单跳相互转换。

表现性任务条件：

a. 学生单人并脚跳、单脚交换跳基础好。

b. 两人身高、能力水平相近。

c. 能够主动分析问题，并能找到解决问题的有效办法。

4.表现性任务标准及等级设计

表 1 表现性任务标准及等级设计

等级	运动能力	健康行为	体育品德
优秀	在不同音乐的伴奏下二人能够做到同摇同跳、同摇单跳，节奏一致，转换方向正，动作协调、放松、自然	1.养成独立做准备和整理活动的意识与习惯，预防运动损伤，如在每次连续跳绳后要进行短时的踏步、绕肩、甩臂等放松活动 2.始终保持积极的学习兴趣和态度 3.在学练过程中能够控制自己的情绪、适应锻炼环境 4.能够主动分析问题，并能找到解决问题的有效办法	能够克服困难、坚持不懈；能与小同伴交流、沟通，团结合作；能主动积极地展示自我
良好	在无音乐的伴奏下二人能够做到同摇同跳、同摇单跳，节奏一致，转换方向正，动作协调、放松、自然	1.养成独立做准备和整理活动的意识与习惯，预防运动损伤，如在每次连续跳绳后要进行短时的踏步、绕肩、甩臂等放松活动 2.保持积极的学习兴趣和态度 3.在学练过程中较能控制自己的情绪、较能适应锻炼环境	能够克服困难、坚持不懈；能与小同伴交流、沟通，团结合作；能主动积极地展示自我
合格	二人能够做到同摇同跳、同摇单跳，节奏较一致，转换方向正，动作协调、放松、自然	1.养成独立做准备和整理活动的意识与习惯，预防运动损伤，如在每次连续跳绳后要进行短时的踏步、绕肩、甩臂等放松活动 2.在他人不断鼓励下保持积极的学习兴趣和态度 3.在学练过程中在别人的帮助下能够控制自己的情绪、适应锻炼环境	能够克服困难、坚持不懈；能与小同伴交流、沟通，团结合作；能主动积极地展示自我

（二）实施表现性评价的实践探索

依据新课标的要求以及学校的课程安排，本单元共设 6 次课，每天一节，并为学生留家庭作业进行自主练习。在第一次课前进行测试，第 6 次课后进行小组考核，进行互评。

1.单元实施前的解读

在单元教学开始前，充分利用课余时间向学生进行前期问卷调查，并对学生进行表现性学习任务、目标、评价指标和规则的详细解读，使学生清楚地知道此次学习目标、表现性任务、任务条件，以及评价标准，做到心中有数，见表 1。

2.异质分组，成立团队，选出队长，起队名，创口号

除了解读任务和目标，还要根据前期体测成绩进行异质分组，把跳绳成绩好的与成绩一般的组成互助组，两人互相帮助，互相提高，也让成绩好的同学更加有责任心。同时，成立了 8 人一组的小队，让同学们选了队长，还起了队名和口号，这对于改善学生之间的关系、增强班级凝聚力有很大的帮助。两人一绳虽然是两个人的运动，但还可以进行拓展，运用音乐让学生根据音乐节奏

进行创编，提高学生的合作能力以及创造力。

3. 根据学生能力设计某次课的评价表

评价表的内容依据核心素养，评价指标具体清晰明了，并具有可测性，见表 2。

表 2　表现性任务评价表第三次课评价表

评价内容	标准	评价			
运动能力：同摇同跳，同摇依次转换跳：同摇同跳（5次）+跳转+空摇（5次）+同摇依次跳（5次）	同摇同跳	30秒计时（个数）			
	同摇依次跳	同侧手跳	异侧手跳		同向跳
	跳转方向正	90度	70度		45度
	动作连贯、协调、配合默契				
健康行为：能够主动分析问题，并能找到问题的有效解决办法	我能发现问题并能找到解决问题的办法	我能发现问题并能找到解决问题的办法	我能发现问题并能与同学商量出解决问题的办法	我能发现问题并能向老师或其他同学寻找帮助	我不能发现问题也不能寻求帮助，也没有解决问题的办法
体育品德：1. 遵守规则 2. 能与小伙伴互相配合 3. 能够鼓励小伙伴	遵守规则				
	能与小伙伴互相配合				
	为小伙伴鼓劲加油				

4. 课上课下相结合

由于课上 40 分钟时间很短，要想通过短短几节课就让学生熟练掌握技能不太可能，需要其在课下进行自主练习。

在课上有展示及当小老师的环节设计，激发学生们的学习热情和积极性。

课下，学生采用自主学习方式，并填报学生自我评价表，见表 3。

表 3　学生自我评价表

评价内容	自评	家长评	总分
是否主动练习	☆☆☆☆☆	☆☆☆☆☆	
每次至少练习 20—30 分钟	☆☆☆☆☆	☆☆☆☆☆	
今天是否有进步	☆☆☆☆☆	☆☆☆☆☆	

四、单元表现性评价的实施效果

（一）依据体育核心素养设计目标、任务及标准

以双人跳短绳教学内容为载体，以体育核心素养运动能力、健康行为、体育品德导向下的育人目标为指导，参考《义务教育体育与健康课程标准（2022年版）》设计单元评价指标，通过单元表现性任务与表现性目标，开展双人跳短绳的大单元学习的表现性评价。

（二）实施表现性评价，从目标着手，以单元定位

设计表现性任务没有固定格式，教师要学会利用、整合、拓展资源，构建真实、立体的任务情境，以引发和应对学生不同的反应和表现，不拘泥于教材，拓宽学生的成长空间。单元每课时有侧重地设计1—2个维度评价指标，根据课时评价的侧重点设计活动，从高处设计，小处落实，对于一线教师来说会更容易操作。

（三）表现性评价让教师思考"为什么这么设计？"

表现性评价让教学设计的起点从"教科书"转向"学习目标"，更关注学生的实际获得。教师不是停留在评价方法的层面上，要从学生的表现中把握不同学生的思维方式及特点，并加以诠释。这对我们已有的学生观、教学观都是一次升级更新，作为教师要一直不断思考"学生学了什么，他将如何运用"等问题。

（四）表现性评价激发了学生持续学习的动力

通过不同难度的任务激发学生学习热情、合作意识、团队凝聚力。把本身不是很难的单人跳绳技术，如开合跳、并脚跳、单脚交换跳等，通过小组合作变成一个很好玩的团队项目。要想实现团队的整齐一致性，个人技术要过关，让学生充分体会个体的重要性。为了小组完成任务，学生会自觉、主动地利用课上、课下时间进行练习，从而养成锻炼的好习惯，提高核心素养。

通过表现性任务的设计使学生能够主动学习、主动参与，小组通过不同音乐、不同位置的变化调动每个小组的积极性。在课堂上，教师指导练习方法、明确动作要求；在课下，小组利用大课间、课外活动的时间主动进行创编动作的练习，不断挑战自己。在创编的过程中，同学们积极讨论、改进，再练习再讨论再改进，在探究发现、合作交流的过程中逐步形成综合学习、实践探究的意识，掌握综合性学习的方法，形成综合能力。

五、结论与建议

针对评价标准，老师要在学习单元前为学生们提供评价样例，便于学生理解标准。标准也是层层递进的，既让老师做到心中有数，又让学生了解需要掌握的程度及达成目标，不断地进行突破，从而完成一个个课时小目标，最终实现单元大目标，提高学生的核心素养，养成体育锻炼的好习惯。

参考文献

[1]李健，魏敬，王震雨. 基于单元学习的表现性评价任务设计与实施——以小学三年级立定跳远教学为例 [J]. 体育教学，2021，41（5）：45-47.

[2]王慧莉，吕万刚. 表现性评价在体育教育专业体操类专项课程思政建设中的应用研究 [A]；第十二届全国体育科学大会论文摘要汇编——专题报告（学校体育分会）[C]. 2022：236-238.

[3]王慧莉，吕万刚. 表现性评价在体育课程思政建设中的应用研究——以体育教育专业体操类专项课程为例 [J]. 体育学刊，2022，29（1）：103-110.

[4]章扬安，王勇. 基于学科核心概念的单元教学设计 [J]. 体育师友，2021，44（5）：18-19+33.

[5]张邱萍. 高中体育课体育品德素养的表现性评价探讨 [J]. 体育教学，2021，41（10）：49-51.

[6]时卫宏. 浅议基于体育核心素养的表现性评价策略 [J]. 基础教育参考，2021（8）：79-80.

大概念教学策略及作业设计

——以"向日葵"一课为例

李淑颖

一、研究背景

传统教育依据具体学科内容进行划分,不可否认,这种按学科划分教学内容的方式有助于学生对知识的掌握与吸收。然而,课程体系的过度细化,不可避免地造成学科之间彼此孤立。这不仅不利于学生从局部到整体地理解和把握知识,也在一定程度上阻碍了学生自主探究能力与创新意识的培养。尽管小学阶段的综合培养理念已受到社会各界关注,但现有的课程内容与形式仍较为单一,学生动手实践机会匮乏,问题解决能力有待提升。

因此,教师有必要改变课堂现状,从侧重于知识与技能输入的传统教学模式转向以学生为主体的主题单元教学设计。这一转变,对于落实新课标中美术学科核心素养至关重要。那么,如何确定单元整体教学的具体目标?专家们将目光投向了"大概念"。

二、研究的架构

(一)概念的界定

大概念,在不同文献和研究中也被称为大观念、核心概念或论题等。按照适用范围来区分,大概念主要有学科大概念与跨学科大概念这两种类型。学科大概念，是学科知识体系的核心精髓，它深刻地反映了学科的本质，处于学科知识架构的中心位置，涵盖了具有广泛适用性与强大解释力的原理、思想及方法。

具体到美术学科大概念，其具有显著特征。它能够精准地反映出美术学科的主要观点和独特的思维方式，如同一个庞大的知识收纳库，可统摄大量丰富的美术学科知识。在面对各种复杂的美术情境时，美术学科大概念展现出卓越的普遍性和广泛的解释力。无论是对经典美术作品的深度剖析，还是在全新的艺术创作场景中，它都能发挥作用，具有持久且可迁移的应用价值，为美术领域的学习、研究与创作提供了关键的指引。

（二）大概念下的美术主题单元架构

寻找教材中课程，经过整合形成主题，采用美国教育专家威金斯提出的逆向设计模式开展单元设计。通过预期目标、评估证据、学习活动的设计来确定和落实大概念，通过教学过程的实施帮助学生建构大概念，并通过作品的展示、使用来完善和修正大概念的形成，使得学生的核心素养培育得到落实。

三、研究的实施

（一）"像美术家一样创作"的大单元教学设计

单元课题	向日葵	学习对象	四年级	课业类型	丙烯绘画
阶段一	预期成果				
基本问题（大概念）提出指向学科本质、启发思考的基本问题	如何使用丙烯工具来表现向日葵	小问题 基于"基本问题"，结合各环节内容，分别提出有启发性的小问题	主题：如何创作出一幅关于建党一百周年美术展览的向日葵作品 欣赏：凡·高的作品《向日葵》与生活中的向日葵在色彩上有什么不同？ 技法：如何运用色彩及笔触创作向日葵作品 构思：如何用向日葵这一题材表达建党一百周年 创作：如何更好地描绘自己心中的向日葵 展评：如何展示向日葵作品		

续表

概念与术语	教学重点或知识点				
大单元设计思路	课程分析： 本节课属于"造型·表现"学习领域，与第10、11、13课联系紧密。《画家凡·高》一课的探究学习，学生需要了解画家凡·高及其作品的艺术特色，能用语言或文字表达感受；《向日葵》一课，学习同类色与邻近色，提高色彩造型表现能力及个性艺术表现的意识；《画水果》一课，尝试水粉写生，表现不同色相的水果，感受色彩变化的美。三课之间层层递进，教师力图通过三节课的学习、体验，唤起学生的创作欲望。 本课在"画家凡·高"和"画水果"之间起着承上启下的作用，旨在引导学生在对凡·高绘画风格了解的基础上，重点以他的作品《向日葵》为学习对象，探究学习利用同类色与邻近色的色彩知识与技法，表现向日葵姿态的美感和色彩的层次变化，从而感悟艺术家对生命、光明和幸福的渴求。 纵观整套教材，"造型·表现"领域中色彩知识及其写生内容有序地分散穿插在各册教材中，由易到难、由简到繁；保证学生学习的知识内容丰富而具有连贯性，并随着年龄的增长逐层递进与提升，体现出对学生美术知识技能与学习能力的均衡培养。				
国家课标	《义务教育美术课程标准（2022年版）》中倡导："艺术·表现"学习领域要求学生能运用传统或现代的工具、材料和媒介，创作平面、立体或者动态等表现形式的美术作品，表达自己的所见所闻、所感所想，学会以视觉形象的方式与他人交流，进而增强形象思维能力，涵养热爱生命和生活的态度。				
单元目标	知识与技能：学习运用同类色、邻近色的知识表现向日葵；能够用丙烯颜料完成一幅关于建党一百周年美术展览的向日葵的绘画作品。 过程与方法：通过欣赏、合作、探究，表现出向日葵多种姿态的美感。 情感态度与价值观：感受向日葵色彩、形态的美感，体会美术样式之美，形成关注生活、热爱自然的情感态度，感悟艺术来源于生活并高于生活的道理。				

阶段二		评价证据					
		主题	欣赏	技法	构思	创作	展评
评价方案	主要环节	设定主题 理解意义 多个意向 互动改进	学会鉴赏 运用鉴赏 个案研究 深化认知	学习技法 掌握步骤 思考临摹 学习风格	收集素材 参照范本 绘制草图 形成报告	优化草图 大胆创作 实施反思 不断完善	展示交流 梳理轨迹 撰写总结 真实评价
	评价对象（作业）	选题意向	欣赏报告	临摹或练习	创作草图	完成作品	小结与测评
	权重	10%	10%	20%	10%	20%	20%
	学习档案袋	10%					

阶段三	学习计划		
1.设置情境，生成主题		概念与术语：	
小问题＋学习目标	教师活动	学生活动	设计意图
小问题：如何创作出一幅关于建党一百周年美术展览的向日葵作品 学习目标：明确主题的意义，联系个人情境、社会情境确定创作题目 教具学具和画材：油画棒、签字笔、任务单	问：在建党一百周年美术作品展览上，如何创作一幅向日葵为题材的作品呢？（出示任务单）	学生完成任务单上的内容	发布任务、激励学生

教得乐 教育文库 北京卷

2. 欣赏名作，研究大师的人生和艺术观		概念与术语：教学重点或知识点	
小问题 + 学习目标	教师活动	学生活动	设计意图
小问题：如何创作出一幅关于建党一百周年美术展览的向日葵作品 学习目标：选一位自己喜爱的美术家，学会用四步法欣赏作品，并写出欣赏小报告	任务一：探索色彩 任务单一 1. 凡·高作品《向日葵》主要运用了什么颜色来表现的？请你用油画棒将这些颜色画在下方空格处。（注：同一色系的颜色画在同一方框内，时间为2分钟） 	学生完成任务单一内容，并上台汇报	探究分析"向日葵"的不同绘画技法，运用同类色、邻近色以及丰富的笔触表现不同姿态的向日葵
教具学具和画材：PPT，任务单一、二，签字笔	任务二：探究姿态、笔触 任务单二问题： （1）欣赏凡·高作品《向日葵》，画面中向日葵的姿态（朝向）有什么特点？ （2）请你仔细观察，作品中圈出的向日葵花头是用什么样的笔触表现的？请写在下方空格处	学生完成任务单二的内容，并上台汇报	

3. 借鉴经典，学习技法，熟悉工具材料，临摹作品		概念与术语：教学重点或知识点	
小问题 + 学习目标	教师活动	学生活动	设计意图
小问题：如何运用色彩及笔触创作向日葵作品 学习目标：能用同类色、邻近色的色彩知识及用笔技法、要求完成丙烯向日葵作业	教师示范运用同类色和邻近色，以及用不同的笔触表现姿态各异的向日葵 绘画步骤： （1）讲解构图 （2）绘制花瓣，整体上色 （3）深入刻画 （4）调整完成作品	学生观看，加深对同类色和邻近色的理解。学生观察，并感受创作的方法与思路，选择喜欢的构图进行艺术创作	通过直观演示，进一步引导学生运用同类色和邻近色的知识以及不同笔触表现向日葵的美感
教具学具和画材：丙烯工具、油画框、静物台、一次性桌布、两幅范作、围裙、调色纸、水桶、画架、胶钉	讲解：小问题、材料、工具、技法和安全要求 示范：技法操作的方法、步骤与要求 布置：技法学习任务 评价：完成技法任务的标准（评价量规）		

4. 收集素材，构思构图，调研采风、筛选信息、创意构想		概念与术语：教学重点或知识点	
小问题 + 学习目标	教师活动	学生活动	设计意图
小问题：如何运用色彩及笔触创作向日葵作品 学习目标：收集有关向日葵的素材，根据所学样式风格绘制创作草图并改进	（1）选取你喜欢的向日葵的姿态及角度 （2）通过观察、构图、探究等多种策略启发学生开拓思路，完成草图的绘制 （3）对草图进行修改完善 检查：收集形式和内容图片素材的完成情况	1. 小组合作探究，收集素材 2. 根据主题完成创作草图的绘制	通过欣赏收集作品，感受向日葵的美，开阔学生眼界，为接下来艺术创作提供素材。打开学生的思路并落实到草图
教具学具和画材：任务单、油画棒	讲解与讨论：通过多种策略启发引导、打开思路 布置：思考小问题，根据所学样式画多个草图；写"创作意图"并与草图互动 组织：对草图的反思、讨论和改进 评价：完成构思任务的标准（评价量规）		

续表

5.寻找材料，动手创作，根据所学样式风格完成美术作品		概念与术语：构图、色彩、姿态	
小问题＋学习目标	教师活动	学生活动	设计意图
小问题：如何更好地描绘自己心中的向日葵 学习目标：借鉴名作，能创造性地运用自己喜欢的构图及色彩创作一幅"我心如葵，永远跟党走"为主题的作品	（1）指导学生完善构思创意，用丙烯技法创作实践 （2）指导学生制订丙烯向日葵的创作计划，从构图、色彩、姿态等着手 （3）组织学生技法实践，创作体验，教师课堂小组巡视指导 （4）指导学生对创作过程进行展示评价	（1）学生完善修改构思创意稿 （2）学生学会选择构图、姿态等 （3）学生运用丙烯技法表现向日葵 （4）学生进行创作交流	学生学会观察，从体验和感受中积累感性经验和创作素材
教具学具和画材：丙烯工具、油画框、静物台、一次性桌布、围裙、调色纸、水桶、画架、胶钉			
6.完成作品，展示反思：展示作品和学习成果，做好评价与结课		概念与术语：展览展示	
小问题＋学习目标	教师活动	学生活动	设计意图
小问题：如何展示向日葵作品 学习目标：能客观地小结自己所绘向日葵的创作活动，做好学习档案袋，积极参与布展和展览活动	（1）引导学生欣赏各类作业展示形式，出示任务，以建党一百周年美术展为主题，设计出展览的方案效果示意图 （2）评价与总结。教师提出评价量规，指导学生自我评价	（1）学生欣赏了解作品展示形式，完成展览展示效果设计图 （2）学生"我心如葵，永远跟党走"作品展示与交流，完成自我评价	创设真实的情境，通过自评、互评，培养学生的语言表达能力及鉴赏能力
教具学具和画材：画架、幕布、丙烯工具			

（二）学习档案袋设计

第一课时：主题欣赏凡·高《向日葵》

（1）小问题：如何在校园为庆祝建党一百周年美术作品展览中创作一幅向日葵作品。

（2）学习目标。

知识：了解向日葵的结构特点，知道向日葵的花语及内涵。

技能：明确学习及创作任务；能分析出凡·高作品《向日葵》的艺术特点及表现手法。

（3）过程与方法。

过程：明确学习任务—了解向日葵的结构特点—了解向日葵的内涵—分析凡·高作品《向日葵》的艺术特点及表现手法。

方法：通过"明确学习任务—了解向日葵的结构特点—了解向日葵的内

涵—分析凡·高作品《向日葵》的艺术特点及表现手法"几个环节明确学习内容任务，掌握向日葵的相关知识及艺术表达方式。

（4）情感态度与价值观。通过真实性情境任务的引入提高学生探究、创作的积极性；体验自主探究、合作学习的乐趣。

（5）学习任务。

为庆祝建党一百周年美术作品展览创作一幅向日葵作品。

任务一：如何为庆祝建党一百周年美术作品展览创作一幅向日葵题材的作品？

任务二：提供名作，讲解美术欣赏方法。

《向日葵》学习单	
向日葵的结构特点是什么？ 向日葵的花语是什么？ 凡·高笔下的向日葵是什么样的？给你什么样的感受？	
欣赏作品	探究分析
	1. 凡·高笔下的向日葵在色彩上与生活中的向日葵有什么不同？ 2. 凡·高笔下的向日葵姿态都是一样的吗？画家运用了什么样的笔触来表达的呢？
	你想创作出一幅什么样的向日葵来表达对它的感受？ 请尝试用油画棒把它画下来

（6）评价量规。

自我评价量表	
根据学习完成情况进行自我评估，在适当处打"√"	
我能仔细研究资料，分析资料内容，和老师、同学共同讨论、分析并表现出向日葵，完成任务单所有内容	10分
我通过仔细研究资料，能分析出《向日葵》的艺术特色，完成任务单所有内容	8分
我仔细研究了资料，完成了大部分任务单的内容	5分
我完全没有参与学习，且没有完成任何任务	0分
师评	

第二课时：技法探究"如何像画家凡·高学习，用丙烯创作向日葵"

（1）小问题。

如何像画家凡·高学习，用丙烯创作向日葵。

（2）学习目标。

①学习运用同类色、邻近色的知识表现向日葵；用丙烯材料画向日葵。

②过程与方法。

通过欣赏、探究、演示等教学方法，引导学生探究向日葵的姿态和色彩，表现出多种姿态向日葵的美感。

③情感态度与价值观。

情感：感受向日葵色彩、形态的美感，体会美术样式之美；表达对表现对象的喜爱。

态度：形成关注生活、热爱自然的情感态度。

价值观：感悟艺术来源于生活并高于生活的道理。

（3）学习任务。

任务一：探索色彩

任务单一

1. 凡·高作品《向日葵》主要运用了什么颜色来表现的？请你用油画棒将这些颜色画在下方空格处。（注：同一色系的颜色画在同一方框内，时间为2分钟）

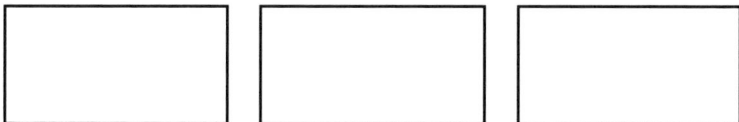

任务二：小组合作，欣赏作品，完成任务单

任务单二问题：

①欣赏凡·高作品《向日葵》，画面中向日葵的姿态（朝向）有什么特点？

②请你仔细观察，作品中向日葵的花头是用什么样的笔触表现的？请写在下方空格处。

（4）评价量规。

分值	第二课时评价量规	最高水平	10分
0	你没有达成任何细则所描述的标准		
1—4	了解同类色和邻近色的相关知识，学习运用同类色、邻近色的知识表现向日葵		
5—7	向画家学习运用同类色和邻近色表现向日葵的方法，表现出多种姿态向日葵的美感		
8—10	向画家学习运用同类色和邻近色表现向日葵的方法，表现出多种姿态向日葵的美感，并能够通过色彩表达出自己的情感		
师评		得分	

四、开展成果展示运用，完善大概念

大概念的单元学习，将学会迁移作为长期目标，通过迁移让当下的学习在未来的生活中产生意义。以展示运用来赋予美术创作生命力，让美术作品"产生价值"。如《向日葵》这课中，本人结合学校举办的建党一百周年美术作品展览，将"向日葵"这一主题应用于此次的展览中，让人耳目一新。

五、研究的思考与展望

教育部门与教育者着重指出，必须改变当前课程结构中过度偏重学科本位、科目繁杂且缺乏整合的现状。在此背景下，构建科学的美育课程体系，并将美育全面融入学校的各类课程，已然成为学校美育工作推进过程中的必然走向。在课程实际实施阶段，笔者留意到，学习内容倘若安排得过于紧凑，学生就很难从单一学科思维顺利转换为跨学科思维；反之，若内容设置得过于松散，又会破坏知识学习的连贯性。而交流与合作这一环节，不仅能够增进学生之间的情感，还能助力学生相互学习，促使他们转变思考方式，从多个角度去理解知识点。

基于上述情况，本次开展的大单元教学设计，通过深入探究大概念、单元设计以及作业等专题，对以往课堂中单纯聚焦知识摄取和技能训练的模式进行了革新。如此一来，学生在学习过程中能够融入自身情感，将所学的知识与技能和日常生活紧密相连。实践证明，基于大概念的单元学习，极大地激发了学生的学习兴趣，有效提升了他们的合作与交流能力。不过，这一领域仍存在广阔的研究空间，亟待本人持续提升专业素养，勇担新时代美术教师应尽的职责，为美术教育事业的发展贡献更多力量。

素养导向视角下培养学生发现和提出问题的实施路径

刘　璟

一、促进学生发现和提出有意义的数学问题的价值

"创新意识主要是指主动尝试从日常生活、自然现象或科学情境中发现和提出有意义的数学问题",这是 2022 版义务教育数学课程标准中关于创新意识这一核心素养的描述。爱因斯坦曾提出,提出问题比解决问题更为重要,因为这需要创造性的想象力。在数学教学中,培养学生发现和提出问题的能力,对于激发学生的创新意识和科学研究态度具有重要意义。

小学数学教学中,学生在发现和提出问题上面临的主要困难包括:

(一)教材局限性:教材中的问题模式单一,限制了学生的创造性思维

教材常以"提出问题—尝试解决—获得方法"的结构呈现,问题有一定的局限性,且形式单一。如在计算教学内容中,提出的问题往往为"一共有多少个?还差几个?"等。这样的问题阻碍了学生进一步的开拓与发展,长期学习后会发现,只要是学习数的运算内容时,他们往往也局限于"一共有多少?""平均每人分到几个?"。这些带有"程序化"的问题导致学生不论遇到什么生活情境或自然现象都从这种固有的模式上发现和提出问题,使得提出的问题逐渐淡化了探究的需要,也弱化了对创造性思维的发展。

(二)情境创设困难:难以创设出有利于学生发现和提出问题的情境

一个好的问题情境不仅可以激发学生的学习热情,还可以有效促进学生产

生有价值的问题。但是，"好"的问题情境该怎样进行创设呢？这成为老师们创设问题情境的难点。例如在进行一年级"方向与位置"的教学时，有的学生问："我们的上面是哪个班？""我前面有黑板吗？"等。类似的问题不能促进学生开展对方向与位置的探究，只是简单地以问句的形式呈现。可见，已有的创设情境的经验与方法已经不能为新时代的教与学方式提供支撑，因此，明确问题情境需具有的要求与创设情境所需要的思考路径是老师们首先要解决的。

（三）指导策略缺乏：教师在指导学生发现和提出问题上缺乏有效策略

生活问题往往不能作为数学问题，所以在教学活动中采用引导语"你能提出什么问题"加以引导，或者引导学生从已有的数学经验中想一想曾经印象深刻的信息，再或者指导学生对具体问题进行观察、比较等。学生提出的问题或难于聚焦；或较为局限、具体，限制学生思维；或不具研究价值，无从验证或只需资料查阅等。可见，如何指导学生发现和提出有效的数学问题还需要在已有经验的基础上进一步探索更为有效的指导策略。

二、促进学生发现和提出有意义的数学问题的实践

（一）构建学习活动的任务序列，规划可促进学生发现和提出问题的空间

认知心理学从问题空间的角度对问题发现的内涵进行了阐述，认为问题发现是为不理想的起始状态设置一个相对理想的目标状态的过程，也就是找出初始状态与目标状态之间的差距的过程。圆是学生在小学阶段第一个认识，也是唯一一个需要研究的曲边图形。以对"圆"学习过程中构建的任务序列为例，教师尝试从"大观念"的视角出发，在单元整体把握下规划了能够促进学生发现和提出问题的空间，在关注学生对圆认识的初始状态，明确本单元在对圆认识的目标状态的基础上帮助学生在寻找初始状态与目标状态的差距中促进他们发现并提出有意义的数学问题，如图1：

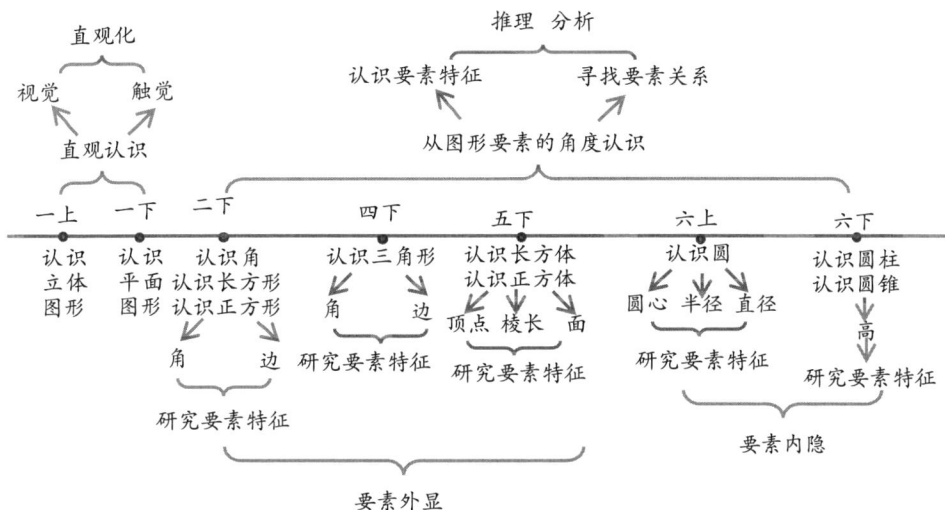

图1 小学阶段图形认识内容分布

　　基于对内容的梳理,明确了学生在对圆认识之前已经积累了通过研究图形要素所具有的特征及关系认识图形。但直边图形的要素都外显于图形本身,学生可以通过直观的观察、测量、折叠等动手操作获得其特征与关系,但是圆的要素——圆心、半径、直径则内隐于图形之中,学生需要自主寻找圆的要素,也就是学生在认识圆、探究圆特征时所需要的目标状态。

　　问题发现的过程就是找出初始状态与目标状态之间差距的过程。因此,在教学过程中,通过对圆单元任务序列的设计暴露从初始到目标之间的差距,并根据差距为学生提供发现问题和提出问题的空间,如图2:

关键问题	学习任务	课时
圆是如何形成的？ 什么是刻画圆的核心要素？	任务1：寻找生活中的圆并发现提出问题 任务2：画一个圆，知道圆心、半径	1课时
圆与其他图形的区别和联系是什么？	任务3：车轮为什么是圆的？ 任务4：圆有哪些特征？	1课时
	任务5：井盖、碗口等为什么是圆的？ 任务6：反思井盖等应用了圆的哪些特征？	1课时
	任务7：怎样补全铜镜？	1课时
如何获得圆的周长和面积的公式以及圆周长与半径（直径）、面积与半径（直径）的关系？	任务8：梳理学习足迹，哪些活动印象深刻？ 任务9：自主规划设计"怎样得到圆的周长？" 任务10：自主规划设计"怎样得到圆的面积？"	1课时
	任务11：研究圆周长和直径的关系 任务12：研究圆面积和半径的关系	4课时
	任务13：了解圆周率	1课时
如何解释生活中与圆有关的现象，解决有关的实际问题？	任务14：再次回到生活，解释生活中的圆？ 任务15：解决有关圆的实际问题	2课时

发现和提出有意义的数学问题

将学生发现并提出的问题生成学习活动任务

图2 "圆"单元任务序列设计及发现提出问题的任务空间

通过圆认识在小学阶段对图形领域的整体把握，利用关键问题"圆是如何形成的？什么是刻画圆的核心要素？"既唤醒了学生已有认知经验，又根据学生对圆认识的初始状态明确了他们将要达到的目标状态，鼓励学生通过对生活实例的观察与思考，发现并提出与圆有关的数学问题，并在教学过程中将其生成活动任务，为学生后续的探究提供支撑。在这样的过程中，学生不仅具有了发现和提出问题的依据，也感受到自己发现并提出的问题可以成为他后续学习的素材，培养学生的问题意识。

（二）挖掘问题情境，构建"情境场"，在观察与比较中促进问题提出

问题情境内蕴召唤结构，其知识之间存在着相互牵引的张力，可一与多、动与静、有序与无序、有限与无限、抽象与具体、一般与特殊、对称与非对称等。在实践过程中，我们发现由一个独立情境引发低年级学生发现并提出有意义问题虽然困难重重，但是如果提供一个由多种情境共同建立的"情境场"，则有助于学生从联系的角度挖掘情境中的相同之处，从而发现并提出有意义的数学问题。如在二年级开展的"估计看台有多少人"的数学实践活动中，教师结合学校开运动会时小观众坐满看台的真实情境，再引入与之类似的鸟巢看台坐满观众的情境，和与之有所区别的图书馆书架摆满图书的情境，将这三个情境组合起来，构成了一个由两个类似情境和一个拓展情境组成的"情境场"，如图3。

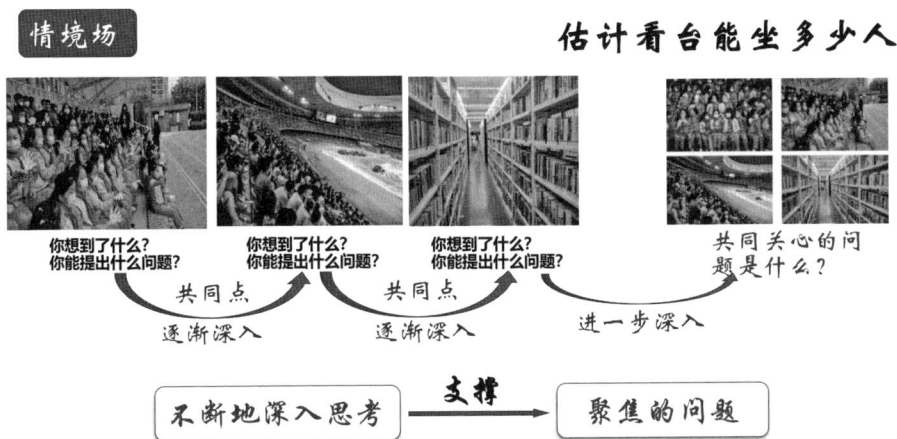

图3 "估计看台能坐多少人"情境场构成与关键性引导问题

在构建"情境场"的同时提出两个关键性引导问题："你想到了什么？能提出什么问题？""看这三组照片，共同关心的问题是什么？"

学生通过将三个现实生活情境关联在一起，寻找其所蕴含的共性，逐渐深入思考，发现并提出有意义的数学问题。这三个看似独立的生活情境之间其实存在着相互关联、相互牵引的张力，这就体现出了由多个情境所构造出的相似结构。这样的情境结构可以有效地激发学生发现和提出问题，并在对情境进行内在认识的活动中，通过"再发现"充实、确定情境中蕴含的隐性且相同的内容信息，使其具体化，由此发现并提出有意义的问题。

发现和提出问题有助于创新意识的培养，学生在逐渐形成数学眼光的过程中自主产生新问题，进而探索新途径，再产生新问题，探索新途径，循环往复，使学习成为一种长期的过程，也是促进教师"教"与学生"学"不断发展的过程。

参考文献

[1]中华人民共和国教育部. 义务教育数学课程标准（2022年版）[S]. 北京：北京师范大学出版社，2022.

［2］EINSTEIN A, INFELD L.The evolrtion of physics[M]. New York：Sinon & Schuster, 1938：95-96.

［3］宋运明，夏小刚，张学杰. 对小学数学教科书中"提出问题"提示语编写的思考和建议——基于四种版本教科书的统计与分析 [J]. 课程·教材·教法，2011（4）：52-57.

［4］李怀军，张维忠. 问题提出融入课堂教学的困境与突破 [J]. 课程·教材·教法，2020（11）：92-98.

［5］陈丽君，郑雪. 问题发现过程认知阶段划分的探索性研究 [J]. 心理学探新，2011（4）：332-337.

项目式学习融入小学语文革命题材类
文本教学中的策略探究

——以海淀区某校六年级语文组针对革命题材类文本的教学为例

石　玥

2021年7月，中共中央办公厅、国务院办公厅印发《关于进一步减轻义务教育阶段学生作业负担和校外培训负担的意见》（以下简称《意见》）。在作业设计方面，《意见》致力于构建学校良好教育生态，优化校内作业设计，切实减轻学生作业负担。随着"双减"政策稳步推进，我国教育领域全面发展并取得显著成就。

其中，革命传统教育类文本教学受到国家相关部门及学界研究者关注。当前，小学语文教学中缺乏有效的高段革命传统教育类文本教学策略。这不仅导致此类文本教学价值缺失，也无法落实语文课程立德树人的育人目标。革命传统教育是中华民族独特精神标志之一，也是体现国家意志的重要载体，有助于学生打好中国底色、根植红色基因、培养高尚道德品质。因此，探索有效的高段革命传统教育类文本教学策略至关重要。

笔者认为，将项目式学习融入小学语文革命题材类文本教学是有效途径。此类文本需让学生获得"文"与"道"的双重滋养，且高段学生需具备较强思维能力，项目式学习与之契合。它注重提高学生高阶思维能力，有助于此类文本系统学习，促进红色革命类文本学习的系统性，有效解决语文人文性与工具性融合问题。所以，探索基于项目式学习的小学语文高段革命题材类单元教学策略具有重要价值。

一、《课标》解读及概念介绍

（一）《课标》对革命文化的解读

《义务教育语文课程标准（2022 年版）》明确了语文学科的课程性质，语文课程具有一定文化功能。课标提出要"积淀丰厚的文化底蕴，继承和弘扬中华优秀传统文化、革命文化、社会主义先进文化"等。革命文化尤其注重体现艰苦奋斗、理想信念和无私奉献等革命传统，其载体形式包括无产阶级革命家和英雄人物的代表性作品、生平事迹以及体现革命文化的纪念日等，以此充分发挥英雄人物的榜样作用，提高民族凝聚力。

（二）项目式学习

项目式学习是学生在教师指导下，为完成一个相对独立的项目，通过开展小组讨论、实践操作等学习活动，最后用可见成果展示学习过程的学习方式。项目式学习强调以真实情境中的问题为任务驱动，将学习内容以项目活动形式呈现，学生充分利用最优化学习资源合作探究、发展创新，实现综合能力及核心素养培养。

二、已有研究概述

（一）有关小学语文革命传统教育类文本的已有研究

目前学界对小学语文革命传统教育类文本的研究主要集中在编排特点、教学价值和教学策略三个方面。

在编排特点上，众多研究者进行了梳理。与一般文学作品相比，中国革命传统教育题材类作品具有强烈的时代性、政治性和民族性，以文学艺术形式铭记历史。陈先云（2017）指出此类文本编排特点是循序渐进、滋润渗透，且注重新时代的继承和发展。

对于教学价值，张卫其（2021）认为此类文本具有文化自觉和内生价值两大价值。

在教学策略方面，张小凤（2021）提出在价值引领中感悟革命精神、立足课文，在言语实践中走近英雄人物和聚焦要素。

（二）有关小学语文项目式学习的已有研究

学界对小学语文项目式学习的研究主要集中在结合核心素养的项目式学习研究、基于单元整体教学的项目式学习分析和信息技术支撑下的项目式学习这三个相对宏观的方面。

不少学者分析如何通过项目式学习促进学生核心素养培养。吉文佳（2021）指出教师可在教学中设计驱动性任务推进学生项目式学习过程。李晓丽（2022）认为整合优化学习内容、创设教学情境、跨学科学习和开设生活课程可有效促进学生在项目式学习中培养核心素养。同时，也有学者聚焦单元整体教学的项目式学习。段天才（2021）指出基于整体单元，小学语文项目式学习的实践路径包括任务路径、单元路径和主体路径，从而构建学习共同体。当下，研究信息技术支撑下的项目式学习的学者众多。史克祥（2023）点明随着互联网和人工智能技术发展，信息技术支撑下的小学语文项目式学习可实现精选学习主题。

综上所述，目前学界对小学语文革命题材类单元教学和项目式学习研究较为充分，但将项目式学习运用到小学高段语文革命题材类单元中的研究仍有欠缺，亟待补充。这为本文留下研究空间。本文将在前人研究基础上，结合笔者六年级语文教学经历，探究将项目式学习融入小学语文革命题材类文本的教学策略。

三、教学策略探析

本文结合教师教学实际，以海淀区某校六年级语文组针对革命题材类文本的教学为例，探索基于项目式学习的小学语文高段革命题材类单元教学策略。以小学语文六年级下册四单元教学为例进行阐述。

（一）聚焦课标，问题驱动策略

聚焦课标，问题驱动策略是指在基于项目式学习的小学语文高段革命题材类单元教学中，教师以课标为基准，精准把控教学内容，与学生共同生成项目核心问题的策略。

在小学语文六年级下册四单元教学中，教师首先精准研读《义务教育语文课程标准（2022年版）》（以下简称《课标》），明确本单元重点及教学方向。对于革命题材类内容，《课标》指出要"弘扬中华民族传统文化，突出社会主义核心价值体系的带头地位，弘扬以爱国主义为核心的民族精神"。

在本单元教学中，教材以"理想和信念"为人文主题，编排了四篇课文、综合性学习以及语文园地。教师将本单元教学分为三大板块，贯穿项目式学习，核心主题设定为"这盛世，如您所愿"。单元起始课揭示单元主题，布置任务"我为革命英雄塑像"，预习综合性学习活动"奋斗的历程"，并围绕主题布置搜集资料任务。单元中的四篇课文从不同方面展现"人生自古谁无死，留取丹心照汗青"的英雄气节和民族精神，有助于学生树立远大理想、培养高尚道德情操，着重体现语文核心素养中的"文化自信"，有利于传承和弘扬中华优秀革命文化。第三版块鼓励学生迁移运用所学方法，开展综合性学习，根据小组阅读任务和评价标准，进行分享交流和诗集制作。教师积极引导学生体会革命文化中的艰苦奋斗、理想信念和无私奉献等革命传统，充分发挥英雄人物的榜样作用，提高民族凝聚力，积淀丰厚文化底蕴，传承和弘扬中华优秀传统文化、革命文化、社会主义先进文化。

深入研读《课标》后，教师在单元起始课揭示学习主题"这盛世，如您所愿"，同时提出本单元学习的核心问题"你最敬佩哪位革命英雄人物？"。在单元核心问题驱动下，师生开展项目式学习。学生在各个子项目中深入了解革命英雄，探寻核心问题答案。例如，教师带领学生开展"我为革命英雄塑像"子项目，学生围绕核心问题选择英雄人物后，在塑像过程中查阅人物相关资料，细致描绘人物形象，该子项目旨在基于历史现实，充分提高学生创意思维和自主学习能力。

（二）组建团队，合理策划策略

组建团队，合理策划策略是指在基于项目式学习的小学语文高段革命题材类单元教学中，教师掌握班级学情，师生共同商议形成项目式学习团队，进行精细分工后对项目合理策划的策略。

在小学语文六年级下册四单元教学中，教师积极引导学生分组，组建项目式学习团队。《课标》明确提出"积极倡导学生自主、合作、探究的学习方式"。小组合作学习是我国义务教育阶段课程改革的重要内容，以提高学生学习积极性、主动性及合作学习能力为主要目标。团队构建并非仅停留在分组层面，有效的团队构建是一个完整闭环。在本单元项目式学习中，教师在引导学生分组基础上，对团队进行有效监督和指导，如形成团队分工明细，将分工细化到每个步骤，形成团队公约，促进教师对各团队严格把关。

组建项目式学习团队后，团队负责人带领团队对项目或子项目进行策划，并形成纸质策划书，将项目构想以策划书形式呈现。教师审阅后提出修改建议和方案，团队修改后实施项目计划。以六年级下册四单元教学中的一个项目团队为例，该团队组队后进行合理策划并提交策划书。从策划书中可见，团队以单元主题"这盛世，如您所愿"为核心，以课本中综合性学习要求为方向开展项目，主要任务集中在形成"这盛世，如您所愿"诗集。团队核心成员查阅大量资料，认真完成负责版块，形成高质量诗集。

（三）多元展示，汇聚成果策略

多元展示，汇聚成果策略是指在基于项目式学习的小学语文高段革命题材类单元教学中，项目完成后，师生对项目成果进行多样化展示，汇总形成项目最终产品集的策略。

在小学语文六年级下册四单元教学中，围绕单元核心问题"你最敬佩哪位革命英雄人物？"，教师为学生搭建充分的项目式学习空间，促进学生围绕核心问题自主选择学习方式，形成属于自身的项目成果，让语文成为"立人"课程，使学生收获知识与塑造心灵同步发展。经过四单元项目式学习，学生形成多样项目成果，大致可分为三类。第一类是绘画类项目成果，如英雄人物塑像、小幅手抄报、大幅人物海报等；第二类是报告类项目成果，如纸质版诗集、朗诵版"咏颂中国"展示等；第三类是数字媒体资源类，如整理张思德纪念网等。项目式学习的重要意义在于项目成果汇集，多元展示后形成的项目成果汇集成为资源库，对学校学科建设具有重要价值。

四、结语

综上所述，本文结合教师教学实际，以海淀区某校六年级语文组针对革命题材类文本的教学为例，提出基于项目式学习的小学语文高段革命题材类单元的三大教学策略，即聚焦课标，问题驱动策略；组建团队，合理策划策略和多元展示，汇聚成果策略。其中，聚焦课标，问题驱动策略为基础，单元核心问题为此类文本教学明确价值定位，引导学生在语言建构与运用中体会革命文化精神和意义，培养革命情怀，为学生核心能力生长奠基。组建团队，合理策划策略为过程，学生通过项目式学习培养自主学习能力，实现文道统一。多元展示，汇聚成果策略是应用，将学生项目成果融合形成项目成果集。

参考文献

［1］陈先云. 谈谈部编小学语文教科书革命传统教育题材类课文的编排及应注意的问题［J］. 教材研究，2017（12）.

［2］张卫其. 革命文化题材类课文的教学价值、落脚点及教学方法［J］. 教学月刊小学版（语文），2021（3）.

［3］史克祥. 信息技术支撑下的小学语文项目式学习活动探析［J］. 中小学信息技术教育，2023（1）：67-68.

［4］李晓丽. 基于核心素养的小学语文项目式学习设计与实践［J］. 语文世界（教师之窗），2022（6）：65-66.

［5］段天才. 基于整体单元的小学语文项目式学习［J］. 教育理论与实践，2021，41（35）：60-62.

［6］吉文佳. 基于核心素的小学语文项目式学习设计与实践——以《探索恐龙世界》为例［J］. 教师博览，2021（21）：45-46.

［7］张小凤. 小学革命传统教育类课文的教学策略［J］. 新课程导学，2021（3）：7-8.

基于大概念的小学音乐单元教学设计研究

王天然

2021 年 7 月 24 日，中共中央办公厅、国务院办公厅印发《关于进一步减轻义务教育阶段学生作业负担和校外培训负担的意见》（以下简称《意见》）。《意见》明确提出要"有效减轻义务教育阶段学生过重作业负担和校外培训负担"（以下简称"双减"），"落实立德树人根本任务，强化学校教育主阵地作用，整体提升学校教育教学质量"。因此，学校教育教学的提质增效是"双减"政策得以落实的关键因素。2022 年 3 月，教育部印发《义务教育课程方案和课程标准》，"素养导向""育人为本""课程综合"成为本轮课改的重点。课程方案指出，探索大单元教学，积极开展主题化、项目式学习等综合教学活动，以促进学生举一反三、融会贯通，加强知识间的内在联系，促进知识结构化。足以见得，基于学科大概念的单元教学符合我国新时代教育目标的基本要求，是学校教育提质增效的重要手段。基于"双减"政策，重视以学科大概念为核心，使课程内容结构化，以主题为引领，使课程内容情境化，指向学科核心素养落实的"大概念"视角下的单元整体教学势在必行。

何为"大概念"？正如《追求理解的教学设计》一书中所说："大概念并非是一个包含了很多内容的、庞大、从某种意义来说相对模糊的词语。大概念也不是一个'基础'概念。相反，大概念是学科的核心，他们需要被揭示，因此我们必须深入探究，直到抓住这个核心。"大概念教学就是以大概念为核心目标的教学，指向培育解决真实性问题的素养。其实，大概念教学就是以素养为培养目标重新定义教学，重塑学习样态。

以下是笔者在基于理论学习的基础上，在小学音乐学科第一、第二学段音乐教学中，基于"大概念"的单元教学设计路径与方法的初步探索。

一、深入分析教材，提取学科大概念

浙江大学教育学院刘徽教授曾在《"大概念"视角下的单元整体教学构型——兼论素养导向的课堂变革》一文中将大概念的提取路径大致总结为八条：一是从课程标准中直接提取；二是从学科核心素养中提取；三是依靠专家思维；四是概念派生，可以通过派生或总结的方式产生大概念。这四种方式是自上而下提取的，难点在于教师能否准确理解大概念，并根据学生和教师的实际情况进行细化，与教材、课堂教学进行有效对接；五是思考学习教学和真实世界的联通点，提取具有生活价值的大概念；六是将知识技能目标向上提炼为大概念；七是剖析学习难点从而发现大概念；八是通过分析评价标准，对学习行为和结果进行反思，提取大概念。这四种是自下而上提取的，难点在于是否能沿着正确的方向上升到大概念的层面。

作为一线音乐教师，在深度领会了课程标准、学科素养的内涵后，需要深挖教材，将音乐中的大概念通过教学内容的组织使大概念落地，且根植于课堂教学中。依据音乐美学中音乐的形式美法则，任何有机体都是在一定的规律、法则下组织形成的一样，音乐的这些要素及基本组织形式也不是任意堆砌的，而是按照一定的规律组织起来的，在组织过程中处处彰显着"统一"与"变化"。通过这一概念的建立，能够把音乐中零散的知识联系在一起。在教材中，众多的知识技能点，如速度的快慢，力度的强弱，相同、相似乐句等知识技能，我们在教学中都会教给学生，也必须教给学生。但只学会这些是远不够的，因为只掌握这些零散的知识点，无法形成对音乐的整体性认识，无法理解音乐是如何在统一与变化中发展，进而实现表情达意的。这也是艺术形式中的统一与变化原理在音乐这一艺术门类中的具体体现。从更本质的哲学层面来说，这是符合唯物辩证法中对立与统一的原理。学生通过音乐本位中"统一"与"变化"的学习，使他们的认识上升到对立与统一这一哲学层面的"大概念"，其育人意义和价值就超越了艺术学习本身，升华成为学生看待世界的一种相对普遍的认识论和价值观，它超越当下课堂具有持久理解的学习价值，实现了我们现在所追求的深度学习，直指培养核心素养的育人目标。在这一大概念下，尝试用现有教材中的内容，从"重复"与"对比"是音乐发展的基本手法这一学科小概念入手，进行主题单元的教学设计。

纵观全套教材，这一内容在各个音乐作品中无处不在，只是它是否明显、是否典型，或者说各个作品表现出的侧重点不同。下图是从人民音乐出版社义务教育教科书小学音乐（北京版）全套十二册中筛选出的一些较典型的作品并按照教材内的顺序进行了排列：

	年级	一		二		三		四		五		六	
		上	下	上	下	上	下	上	下	上	下	上	下
教学素材	演唱	《粉刷匠》《小蜜蜂》《火车开啦》《布娃娃弹琴》	《玩具兵进行曲》《口哨与小狗》	《洋娃娃和小熊跳舞》《音乐是好朋友》《这是什么》	《森林水车》《调皮的小闹钟》《在钟表店里》	《老爷爷赶鹅》《哦，苏珊娜》	《祖国祖国我们爱你》《甜甜的秘密》	《蓝色的雅特朗》《小螺号》	《我是少年阿凡提》《木瓜恰恰》	《外婆的澎湖湾》	《小鸟小鸟》	《五星红旗》	《魔法师的弟子》
	欣赏	《布谷》《牧童》《彝家娃娃真幸福》《法国号》	《跳圆舞曲的小猫》《司马光砸缸》《快乐的啰嗦》	《共产儿童团歌》《小动物唱歌》《郊游》《哈里啰》	《三只小猪》《加伏特舞曲》	《乒乓变奏曲》《维也纳的音乐钟》	《牧童短笛》《雪橇》	《思乡曲》	《那不勒斯舞曲》	《土耳其进行曲》《晨景》	《北京喜讯到边寨》	《明天会更好》	《卡门序曲》《红旗颂》

二、自上而下确立单元总目标及各学段目标

通过梳理教材，进行大概念的提取后，对标音乐学科四大素养，确定单元总目标。首先是能够自然自信地演唱歌曲或参与综合性艺术表演，了解"重复"与"对比"这一音乐发展手法，并理解其在情感表达、表现意图上的作用。其次，能够通过体验、探究、合作等方式，发展音乐欣赏与表现能力，了解音乐形式与内容的联系，理解作曲家的创作意图与作品的思想内涵。此外，能够积极主动地从"重复"与"对比"这一音乐发展思维出发，进行听、唱、创等音乐实践活动，从而提高音乐审美能力，树立终身学习的愿望。

在单元总目标的框架下，按照新课标中的学段划分，将其进行单元分层对应不同学段，其中分层单元（一）对应第一学段1—2年级，分层单元（二）对应3—5年级，分层单元（三）对应6年级。结合各学段的内容要求、学业要求、学生情况，设置分层单元目标：

单元总目标	1. 自然、自信、有感情地演唱歌曲或参与综合性艺术表演，了解"重复"与"对比"这一音乐发展手法，并理解其在音乐情感表达、表现意图上的作用 2. 通过体验、探究、合作等方法，发展音乐欣赏与表现能力，了解音乐形式与内容的联系，理解作曲家的创作意图与作品的思想内涵 3. 积极主动地从"重复"与"对比"这一音乐发展思维出发，进行听、唱、创等音乐实践活动，提高音乐审美能力，培养积极乐观的心态，树立终身学习的愿望		
单元分层	（一）	（二）	（三）
对应学段	低	中	高
单元目标	1. 能够自然自信地演唱歌曲，了解音乐中重复及变化重复的创作手法；在指导下，能判断出乐句的相同、相似及不同 2. 通过聆听、模唱、律动等活动积累感性经验，在歌曲学习及欣赏活动时，感受与表现乐句的相同、相似及不同 3. 乐于参与听、唱活动，在教师引导下能够体会相同、不同乐句带来的不同音乐感受，体会音乐传达的快乐情绪	1. 能够自信、有表情地演唱歌曲或音乐主题，了解重复与对比是音乐发展的基本手法；在指导下，能够判断乐段、乐部间的"重复"与"对比"关系，并依据判断结果，为作品画出结构图 2. 通过识读乐谱，模唱视唱，分析音乐要素，画图形谱、结构图等方式，对作品音乐结构进行整体把握 3. 积极地参与听、唱或综合性艺术表演活动，在教师引导下初步理解"重复"与"对比"在音乐情感表达、表现意图上的作用，进而培养乐观、向上的审美情趣	1. 能够自信、有感情地演唱歌曲及音乐主题，了解常见结构、体裁形式与表现意图的关系；在指导下，能够运用"重复"与"对比"原则进行简单旋律编创等音乐实践活动 2. 通过了解创作背景等音乐历史与相关文化知识，主动探究音乐形式与内容的联系，理解作品的创作意图 3. 积极主动地以"重复""对比"这一音乐发展思维进行听、唱等学习活动，养成欣赏音乐的良好习惯，以及积极乐观的生活态度，树立终身学习的愿望

三、依据学习内容，确定具体实施路径

在确定了各学段的分层单元目标的基础上，以教科书内的教学材料组织具体单元的实施设计，确定在某一学期中，本学习内容如何落地的单元教学设计。以三年级上册为例，选用了三年级上册第七单元《老爷爷赶鹅》《乒乓变奏曲》《维也纳的音乐钟》这三首作品为本学期内该主题的学习单元。三首作品风格鲜明、体裁迥异，曲式结构也各不相同，但是它们都运用了"重复"和"对比"这种音乐发展手法，并集中体现了乐段间的对比重复、重复与对比相结合的三种形态。在单元总目标和学段目标的指引下，本单元的学习预计使学生能够初步理解以下几点：为了表现不同的音乐情感或形象，音乐需要有"对比"出现；为了强化某些情绪或形象，音乐需要有"重复"；为了实现作曲家表情达意的创作构思，它们的组合形式可以多种多样；"重复"与"对比"的多少，是影响音乐发展规模、音乐表现承载力的重要因素。具体学习目标为：能够自信、自然地根据不同音乐情绪演唱歌曲或音乐主题，能较好地完成综合艺术表演；能够从音乐本体的角度出发，通过听、唱、动，初步理解乐段间的"重复"与"对比"。此外，能够体会音乐传达的快乐情绪，形成积极乐观的心态。

单元内各课时的进阶关系如下：

音乐中的ABC

（音乐中的"重复"与"对比"）

第一课时《老爷爷赶鹅》	→	初识音乐中的"对比"	→	A B
第二课时《乒乓变奏曲》	→	领略音乐中的"重复"	→	A A1 A2
第三课时《维也纳的音乐钟》	→	玩味音乐中的"对比"与"重复"	→	A B A C A D A

四、派生下位概念，设立平行教学单元

如若仅从"重复"与"对比"是音乐发展的基本手法这一个学科小概念进行学习，远不足以支撑学生建立起"对立统一"这样的大概念。因此，应从大概念派生出的许多学科小概念中入手，深入挖掘教材，设立一些其他的，与之有先后顺序，或者与之平行的学习单元。例如以人音版三年级上册第三单元中的美国民歌《噢！苏珊娜》、欧美儿歌《美丽的黄昏》、单簧管独奏《单簧管波尔卡》和第六单元中的大提琴独奏《天鹅》四首作品，以及一节综合实践课组成的重组单元"音乐中动静之美"。通过对不同国家、不同风格的四首作品的学习，使学生感受体验音乐营造的动与静的意境之美，并通过最后的综合实践课，将前四节课的所学所用通过任务的形式，运用在真实的生活场景中。在艺术实践活动中以感受、分析音乐要素为抓手，探究动静之美的创作手法后进行表现与创造，并在真实的生活场景中加以运用。

重组单元内的四首作品，虽然国家、风格、体裁各不相同，但是从不同角度较集中地表现出音乐中动与静的不同样态，对于学生体验、感悟理解音乐中的"动静之美"，理解作曲家如何用诸多音乐要素营造出动静相宜的音乐氛围有积极作用。单元内各课时的进阶关系如下：

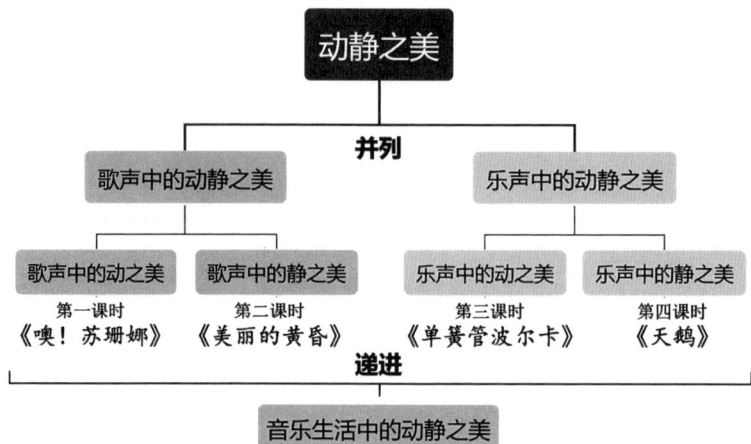

五、结语

落实"双减"政策，重视以学科大概念为核心，以主题为引领，使课程内容结构化、情境化，指向学科核心素养落实的"大概念"视角下的单元整体教学对保证课堂教学质量和提升教学效率起到了重要作用。基于学科大概念的单元教学是学校音乐教育提质增效的重要手段。因此，教师在教学时，可以从深入分析教材，提取学科大概念；自上而下确立单元总目标及各学段目标；以教材为依据，确定具体实施路径；派生下位概念，设立平行教学单元这四个方面入手，全面提升教育教学质量，为教育高质量发展赋能。

"双减"政策下小学体育教育的高质量发展策略研究

杨永薇

一、"双减" 政策下小学体育教学的内涵阐释

（一）"双减" 政策核心任务解析

"双减"政策聚焦两大核心任务：减轻学生过重作业负担，解决课业任务量过大、布置不合理问题；降低校外培训负担，遏制学生课外过度补习现象。在教育规模扩张与升学竞争加剧的背景下，传统教育模式通过增加作业量和课外培训提升成绩，导致小学生课业压力过重，学习兴趣与个性发展受限。

（二）小学体育教学的政策定位

"双减"政策旨在推动学校回归素质教育本质，践行以学生为本的教育理念。小学体育教学作为素质教育重要组成部分，不仅承担增强学生体质的责任，更肩负培养运动技能、体育精神与健全人格的使命。政策实施为小学体育教学提供了发展契机，使其在学生全面发展中发挥更重要作用。

二、"双减" 政策下小学体育教学的发展机遇

（一）学校教育主阵地作用强化

"双减"政策实施后，体育教育受到高度关注，学校在体育教育的资金投入与资源配置显著增加。政策明确要求中小学提升课后服务质量，将体育活动纳入教育体系，为小学体育教学高质量发展提供制度保障与方向指引，有效拓

展了体育教学空间。

（二）多元评价体系逐步构建

"双减"政策推动教育评价从"唯分数论"向多元评价转变。传统单一的学科成绩评价标准忽视学生综合素养，政策实施后，体育教学重要性凸显。学校和教师开始重视体育课程占比，通过提升体育教学质量促进学生身体素质与综合能力发展，构建更科学的学生评价体系。

（三）素质教育生态优化

"双减"政策规范校外培训市场，非营利性机构提供多元课程，为学生参与体育活动创造条件。同时，政策强调学生综合素养培养，为中小学体育教学营造了良好的发展环境，促进学校、家庭、社会协同育人。

三、"双减" 政策下小学体育教学存在的问题

（一）理论与实践教学失衡

当前小学体育教学普遍存在重实践、轻理论的现象。多数体育课堂以室外训练为主，忽视体育理论知识传授，导致学生对运动原理、动作规范认知不足，运动损伤风险增加，影响体育教学的安全性与有效性。

（二）教学方法单一僵化

受传统观念影响，部分学校体育课程地位边缘化，存在排课少、被占用等问题。体育教师教学方法陈旧，以队列训练、课间操为主，内容单调重复，难以激发学生学习兴趣，无法实现体育核心素养培养目标。

（三）教学资源配置不足

学校对体育课程资金投入有限，导致体育场地不达标、器材配置落后且更新不及时。部分学校体育器材种类单一、数量不足，无法满足学生运动需求，制约体育教学活动开展，影响学生运动体验与教学质量。

（四）教学安排缺乏科学性

部分体育教师忽视小学生认知特点与学习规律，未注重理论基础教学，直接让学生模仿动作。这种教学方式导致学生难以掌握动作要领，学习兴趣下降，阻碍体育知识的系统学习与技能提升。

（五）师资队伍专业性欠缺

部分小学体育教师专业素养不足，存在文化课教师兼任现象。非专业教师

体育知识储备有限，教学中易出现指导不到位、动作示范不规范等问题，无法给予学生有效指导，严重影响体育教学质量与学生体育能力发展。

四、"双减" 政策下小学体育教育高质量发展策略

（一）优化教学目标，提升教师意识

小学阶段是学生体育兴趣培养与习惯养成的关键期。体育教师应结合学生特点与需求，制定精细化、分阶段教学目标，从基础技能到综合能力逐步提升。同时，教学内容选择应注重趣味性与合理性，以学生兴趣为导向，激发学生参与体育活动的积极性。

（二）创新教学方法，增强教学针对性

采用分层教学、游戏化教学等多样化教学方法，根据学生个体差异制定教学计划。分层教学针对不同水平学生设置教学内容，满足个性化学习需求；游戏化教学将体育技能融入趣味游戏，提高学生学习兴趣与课堂参与度，提升教学效果。

（三）加强师资建设，提高教学水平

学校应重视体育教师队伍建设，严格教师选聘标准，确保教师具备良好身体素质与专业素养。定期组织教师参加专业培训与教研活动，更新教学理念，提升教学技能。同时，完善体育教学资源配置，为教师教学提供有力支持。

（四）革新教学观念，营造良好氛围

学校与教师需转变传统教学观念，提升体育课程地位。通过举办体育比赛、开展体育文化活动等方式，营造校园体育氛围。利用校内宣传资源普及运动知识，增强学生对体育的重视，引导学生积极参与体育活动。

五、结语

"双减"政策为小学体育教育高质量发展带来机遇。通过优化教学目标、创新教学方法、加强师资建设等策略，可有效解决当前小学体育教学存在的问题，提升教学质量，促进学生全面发展。未来，需持续深化体育教学改革，完善教育生态，推动小学体育教育迈向更高水平。

参考文献

[1]朱云.双减政策下中小学体育教育的重要意义[J].运动－休闲：大众体育，2021（18）.

[2]张然，张楠."双减"政策下学校体育高质量发展的内在困境与优化路径[J].体育文化导刊，2022（9）.

[3]唐新宇，郑新，李继宇，等."双减"政策背景下中小学生课外体育活动的SWOT分析[J].科学大众.科学教育研究，2022（6）.

小学语文低年级"非纸笔"作业设计初探[①]

叶姗姗

"双减"背景下，学生的主体性得以彰显，过去"以教为中心"的教学模式已经逐渐转向"以学为中心"，关注具体学情，重视学习方法策略的学习和运用。因此，笔者在教学实践中有针对性地开展个性化"非纸笔"作业设计，探究单元整体架构下的小学低年级语文"非纸笔"个性化作业设计的途径和类型，在实践探究中，逐步形成系统性、实践性、综合性、分层性的个性化作业设计。

一、单元作业活而专，要成"体"

在"双减"政策背景下，真正做到减负增效，就需要设计科学、有效的作业，帮助学生巩固知识、提高能力、发展思维、形成素养。经过研究，笔者提出小学低年级语文"非纸笔"作业设计应该走单元整体设计的思路。

（一）创设单元大情境

统编语文教材采用了"人文主题"与"语文要素"双线编排单元的方式，将语文的工具性和人文性统一起来。在单元作业整体设计时，理解透彻单元人文主题，抓准语文要素，设计指向单元人文主题或者语文要素的大任务，从而驱动本单元的学习，促进核心素养的落实。

例如：统编版二年级上册第四单元依托语文课程标准，基于单元整体设计的理念，立足学生语文核心素养的发展，对本单元的作业进行整体设计，努力

---

① 本文系海淀区教育科学"十三五"规划课题"单元整体架构下的小学语文个性化作业研究"（HDGH20190406）部分研究成果。

体现开放性、创新性、实践性、分层性。本单元围绕"美丽中国行——争做最佳小导游"的"大情景"安排了"走进家乡""游览家乡"进而化身为小导游"赞美家乡"三个模块的内容，经历"学法—习法—用法"的过程，达成积累词语、仿说句子和开展学科实践活动的目标。

除了创设"大情境"外，特殊时期，也要为低年级学生设计特殊情境化作业。疫情防控居家学习期间，我们创设了符合低年级心理特点的"情境化"的"非纸笔"作业设计，学生在情境的环绕下，愉快地学习。

（二）加强课时作业间的统筹和关联

1. 单元内课时作业间要有关联性和进阶性

在进行单元整体作业设计时，要加强课时作业之间的关联性，还要体现进阶性。通过关联性、进阶性的作业，帮助学生巩固、拓展课堂知识，形成知识框架，最终达到能力突破的目标。

例如：二年级上册第四单元围绕单元核心学习目标"积累词语，转化运用句式仿说""开展学科实践活动，赞美家乡"，笔者设计了一体化的单元不同课时的作业，力求体现关联性和进阶性，检测单元目标的达成，形成诊断性评价，促使学生在完成作业的过程中提高语文素养和能力。

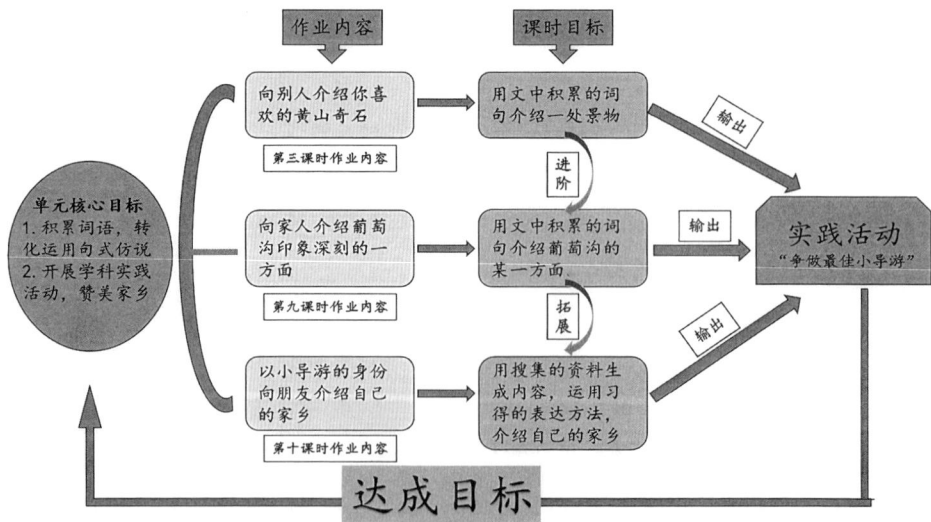

图 1 一体化的单元不同课时作业

2. 设计有趣的作业支架

日常课堂教学中，有效的支架可以帮助学生理解教学重难点，同样，课后也需要作业支架帮助学生高效完成作业。单元学习初，在布置单元大任务时，就给学生提供这一支架，学生根据支架，在后面的课时作业时逐步完善。在课时作业中，创设小的学习支架，促进单元整体作业的完成。如《黄山奇石》第二课时的作业支架：

作业：
以小导游的身份把你喜欢的奇石讲给家长听。

拓展学习：
试着搜集"奇松"或"云海"的视频、图片等资料，抓住它们的特点展开想象设计一段导游词，用自己喜欢的方式呈现，在"小导游交流会"上进行分享。

第一层作业比较简单，是对课文内容的深入理解、延展课堂的情境，继续回家以"小导游"的身份把你喜欢的奇石讲给家长听。

第二层作业为综合性拓展作业，紧扣本课的情境延展出去，更具开放性：试着搜集"奇松"或"云海"的视频、图片等资料，抓住它们的特点展开想象设计一段导游词，在"小导游交流会"上进行分享。我们由黄山的相关内容延展到学生熟悉的家乡景物，引导学生根据课堂上习得的方法和获得的能力转化成内化的语言。

我们发现：若学习行为是由学生发起、调控、完成的，效果会完全不同。这样的作业设计在实施的过程中，学生愿意去完成、主动去完成，恰恰检验了学生课堂学习的效果，促成学生对本课所学知识的巩固、迁移和运用，体现了作业的实践性、选择性、多样性。

二、融合作业精而巧，要有"趣"

如果能调动学生多种感官协同活动，让学生在多样的作业形式上尽情发挥，使不同层次、不同个性的学生在完成作业的过程中发展自己、超越自己，不仅使知识得到巩固，能力得到提高，学生的思维还能得到最大限度的激活。而多学科的融合性作业，特别适合低年级的学生。

（一）画一画、贴一贴

学完课文后，可以让低年级的学生把所学的内容画下来，以形象的直观性促进理解的准确性。还可以引导学生去生活中找一找，如一年级识字单元的识字小报，学生将生活中"寻"到的本单元的生字裁剪下来，贴成独一无二的"识字小报"，让学习变得有趣。

（二）唱一唱

"古诗词"作业与 STEAM 教育相融合，一改往日的读一读、背一背、默一默，学生可以用自己喜欢的方式呈现古诗。比如，现在的学生多才多艺，运用为古诗配曲、古诗配画，用英文翻译古诗，为古诗词编舞，古诗手指操等个性化形式进行呈现。此外，有的学生边背诗边用沙画呈现诗中场景，还有的将古诗情境画面创作于厨房的拼盘中；喜欢编程和 AI 的学生，竟把古诗融在自己的程序里，这样，学生的学习积极性被充分地调动起来，让他们更乐于去学习和思考，自然而然的，一些问题也就迎刃而解了。

（三）演一演

低年级学生好动，喜欢在学中玩，玩中学，教师可以根据学生的这个特性，选择一些适合表演的课文内容，让学生演一演喜欢的角色，去模仿、体验情境。

（四）玩一玩

可根据文本的特点及情感的渲染开展配音朗诵会、最美朗读者活动，设计观察类、推演类、实验类、调查类等类型的作业，如一年级的拼音作业，为了让学生记住拼音字形，可以让学生在生活中用各种方式摆一摆拼音，于是，扭扭棒、橡皮泥、软陶、乐高、豆子、碎纸等都成了学习的工具，玩中学，学中玩，一举多得。

我们从小而细的个性化"非纸笔"作业设计入手，最大限度地解放学生的手、脑，让学生走出课堂，到无边的智慧海洋里去拾珠吸露，还给低年级儿童自主学习的空间，才能使课后作业更受学生喜爱、更具实效性。

三、作业评价勤而准，要有"情"

（一）个性化"非纸笔"作业评价

低年级的"非纸笔"个性化作业，当然离不开个性化评价，即来自老师、同学和家长多方面的评价。人天生有向善向好的心理，希望得到肯定与赏识，儿童亦如此。"好孩子是夸出来的"，善于夸奖学生的老师一定是深受学生喜爱甚至爱戴的好老师，夸奖用得好，会激发学生无数的学习热情，让学生忘记学习的辛苦，乐此不疲。笔者在批阅完学生的作业之后，一般会给出个性化的评价。教师习以为常的个性化评价，能改变一个学生对学习的态度，不失时机变换花样的赏识学生的作业，你的课堂就会好玩起来，作业就会好玩起来，为学生所期待和神往。

（二）趣味化"非纸笔"测试

"双减"背景下，小学低年级将全部实施无纸笔考试。基于学科素养，巧设探究情境，评价过程"真实有趣"。如一年级上下学期"无纸笔测试"情景化项目。一年级新生犹如初出茅庐的新兵，期末的"无纸笔测试"就是他们的"训练营""小战场"。游戏项目涉及拼音、字形、背诵课文、阅读、口语交际等内容，是对学生一年级语文学习知识能力的全面考查。

表1 "无纸笔测试"情景化项目

乐进训练营（一上）		智夺小高地（一下）	
挑战项目	活动内容	挑战项目	活动内容
考眼力	1. 找相同偏旁的字 2. 找相同结构的字 3. 图文识字	备军粮	1. 用生字扩词 2. 辨析同音字
听口令	听一段100字以内的小片段回答问题，根据提示提取显性信息	筑工事	用所给的句式造句
巧合作	1. 生字卡片对对碰 2. 反义词大比拼 3. 课文内容接龙赛	爬高山	课文接龙背
唱军歌	有感情地朗读课文、儿歌	破封锁	听一段150—200字的片段内容回答问题
发电报	简单介绍本学期最喜欢的一本课外书和书中的一个人物	巧渡河	向别人推荐一本书，并说明推荐理由
作汇报	看图说一两句完整的话	占高地	看图说话

在这个过程中充分利用儿童的生活经验，让学生活动起来，使枯燥的测试内容变得生动，使冷漠的理性知识变得富有情感，使学生意识不到这是考试，而能全身心地投入，在亲身经历体验运用语文知识的过程中，更能让学生体会到语文学习的趣味性、实践性和综合性。

总之，在探索小学低年级语文"非纸笔"作业这条道路上，我们都是初学者，还需要借助"双减"之船桨，继续探索与研究，大胆实践，让学生在好玩而有趣的个性化作业之海洋里尽情遨游，提升素养，茁壮成长。

参考文献

［1］苑艳艳.单元作业整体设计　撬动课后学习方式的变革——"双减"背景下小学语文作业设计的思考与探究［J］.中小学信息技术教育，2022.

［2］江丽珠."双线并进"主导下的单元整体教学——以统编教材三年级下册第八单元为例［J］.语文课堂，2019.

［3］李吉根."语文好玩"的思考与探究［J］.小学语文教与学，2019（4）.

［4］许敏峰.低年级语文无纸笔测试的探索［J］.上海教育科研，2022（1）.

小学语文汉字教学策略探索之我见

张明慧

汉字，作为中华文化传承的核心载体，宛如一条坚韧的纽带，紧密串联起中华民族上下五千年的文明。在学生人文底蕴的培育以及核心素养的发展进程中，汉字教学发挥着不可替代的关键作用。它不仅是学生打开语文知识大门的钥匙，更直接关乎学生语文素养的养成以及语文学习兴趣的激发。在"双减"政策全面推行的大背景下，小学语文教学被赋予了新的使命——引领学生深入欣赏汉字的独特美感，充分感受汉语文化的迷人魅力，进而实现汉字教学的提质增效，促使学生全身心地深度参与汉字学习活动，为其核心素养的提升营造优良环境。

一、小学语文识字教学现状剖析

"双减"政策如同一盏明灯，明确照亮了校内外教育工作者的前行方向，减轻学生课业负担成为当务之急。识字教学，作为小学语文教育大厦的基石，其传统教学模式却弊病丛生。往昔那种逐字逐句的刻板讲解、机械重复的记忆背诵以及千篇一律的反复仿写，恰似沉重的枷锁，不仅无情地耗费了学生大量宝贵的时间，更让原本充满趣味的学习过程变得单调枯燥，如同嚼蜡，极大程度上消磨了学生对汉字学习的热情与兴趣。

事实上，汉字绝非普通的符号，它属于表意文字的范畴，汉字书法所呈现的字形，本身就是一门精妙绝伦、美轮美奂的艺术。与那些干瘪生硬的抽象符号相比，汉字犹如一个深邃的立体空间，其中深深蕴含着先人的文化理想、审美情感以及中华民族悠远的历史记忆，堪称一座取之不尽、用之不竭的文化宝库。汉字教育，承载着中华民族的深厚情感、深邃思想与人生哲理，融汇着独特的民族精神。其与生俱来的丰富美感与深刻情感内涵，能够在学生的学习过程中，如春风化雨般给予美的熏陶，引发强烈的情感共鸣，成为推动学生汉字学习的强大动力。汉字教学绝非仅仅局限于笔画的简单分析与机械记忆，它更是一个引导个人深度理解汉字丰富文化意涵的过程，对于个人的成长而言，具有塑造优雅气质、涵养高尚精神等诸多积极作用。

鉴于此，教师必须主动承担起传播汉字之美的重任，积极向学生展示汉字的美感与文化，助力学生更为精准、深入地掌握汉字的音、形、义，让语文课堂处处洋溢着浓厚的文化气息，成为传承中华文化的前沿阵地。

二、文化趣味融入识字教学的可行性与意义阐释

回顾过去，人们在很长一段时间内，对中国文字与文化之间千丝万缕的紧密联系关注严重不足。受汉语工具论思想的深刻影响，人们常常不自觉地将汉字的定义狭隘地局限于脱离文化内涵的音符或符号序列之中，从而割裂了汉字与文化的天然纽带。然而，2022 版新课标犹如一声响亮的号角，明确指出，语文课程要在真实的语言应用情境中培养语言文字运用能力，引导学生热爱国家通用语言文字，热爱语言文字，通过积极的语言实践，积累语言经验，体会语言文字的特点和应用规律；同时，通过培养高雅的审美情趣、培养思维能力、提升思维品质、形成自觉的审美意识等，积累丰富的文化底蕴。这一系列要求充分彰显了教育主管部门对汉字文化教学的高度重视与明确认可。

著名学者马林诺夫斯基曾深刻指出，语言既包括发音的风俗习惯，也涵盖精神文化，它不仅仅是工具，更是文化的重要组成部分。基于这一理论，汉字教学应当深入挖掘汉字丰富的文化内涵，通过巧妙设计，激发学生对汉字文化知识的浓厚兴趣，引导学生逐步认识汉字所承载的博大精深的文化，使学生在潜移默化之中接受中华文化的熏陶，深刻体会中华文化的源远流长与博大精深。推动学生健全个性的发展，增强其文化意识与认同感，充分发挥汉字教学的文化功能，是每一位语文教师义不容辞的责任。

三、识字教学渗透文化趣味的策略探索

（一）感悟汉字文化内涵，引导学生感受文化意趣

汉字，作为"外师造化，中得心源"的象形文字，具有独特的魅力。它不仅能够直观地传达博大精深的文化精义以及丰富真挚的人类情感，还具备独一无二的审美特质，完美契合中正平和、凝重严谨、重心稳固的总体美的原则。在教学过程中，教师应充分借助各种形象直观的教学手段，深度挖掘象形字、指事字的特征，生动重现汉字的发展演变历程。通过这种方式，深入探寻汉字的文化内涵，极大地激发学生学习汉字的热情，让学生真切领略祖国语言文字的无穷魅力，为其后续的语文学习筑牢坚实基础。

例如，中国作为历史悠久的农业大国，古代农业技术曾长期处于世界领先地位。这一独特的历史背景，使得许多汉字与农耕文化紧密相连。以"禾"字为例，其字形恰似一棵苗壮成长、即将成熟的庄稼；"香"字中，上部的"禾"代表小麦成熟后散发的诱人香味，下部的"日"则形象地表示盛麦的容器；而"稻"字，左边部分直观地代表庄稼，右边的"舀"既起到表音作用，又生动描绘了手拿着杵在石臼里舂米的具体动作。在教授这些汉字的过程中，远古时期的农耕文化得以生动鲜活地展现，汉字仿佛化作一幅幅栩栩如生的画卷，清晰呈现先民辛勤耕种与喜获丰收的场景，帮助学生轻松领悟汉字的文化机理与构字智慧，使学生在趣味盎然的学习中感受中华文化的深厚底蕴。

（二）教学中引经据典，实现对学生的文学熏陶

在识字教学过程中，教师若能合理巧妙地引入典故或成语，将如同为课堂注入一股清泉，有效渗透文化意趣。为进一步增强学生对中华民族经典文化的认同感与自豪感，教师可精心策划，有意识地为某个特定汉字补充典型的文化语料，搭建起学生与古人对话的桥梁，让学生在跨越时空的共鸣中，主动承担起传承文化的使命。

以王维的《竹里馆》为例，诗中的"篁"字意为竹林。《说文解字》卷五《竹部》对其注释为："篁，竹田也。从竹皇声。戶光切。"教师可借此绝佳契机，引导学生深入探究古老的竹文化。"竹"作为中国传统文化中备受推崇的四君子之一，其纤细挺拔的身姿、坚毅自律的品格、崇尚简朴的特质，恰恰象征着君子刚毅博大的胸襟、俊逸洒脱的体态、谦逊节制的风范以及不畏寒雪的

坚强意志，因而深受古代众多文人墨客的喜爱与传颂。魏晋时期，竹林七贤常择竹而饮，以歌为乐，尽显高雅情趣；郑板桥对竹子更是情有独钟，不仅喜爱画竹，其咏竹名句"咬定青山不放松，立根原在破岩中。千磨万击还坚劲，任尔东西南北风"更是千古流传，成为后世激励人们坚韧不拔的精神力量。古人对竹的钟爱达到了"宁可食无肉，不可居无竹"的程度。采用这种引经据典的识字教学方法，不仅能够显著提高学生的识字效率，还能极大地丰富汉字的文化内涵，让学生深刻领略汉字背后蕴藏的深厚文化魅力，使学生在识字过程中接受文学的滋养与熏陶。

（三）增加识字学习载体，有效渗透文化意趣

要切实提升学生识字教学的效果，大幅扩大学生的识字量，仅仅依赖课本的有限内容显然远远不够。在教学过程中，教师一方面应当积极拓展识字教学的内容边界，精心挑选各类丰富多元的素材，进一步拓展学生的文化视野。另一方面，可巧妙地融入传统蒙学元素，为识字教学注入新的活力。仔细分析语文统编教材不难发现，低年级教材在一定程度上借鉴了古代蒙学读本的精华，只是在内容上根据现代教学需求进行了合理取舍，并结合现代表现习惯进行了适当改造，例如"人之初""韵之歌"等课文。教师可深入研究教材编写特点，充分利用这一优势，有针对性地适当增加识字学习载体，如引入更多经典的蒙学读物片段、民间故事、传统儿歌等，让学生在丰富多样的学习素材中感受汉字的魅力，有效渗透文化意趣。

（四）开展丰富实践活动，加深学生文化体验

教师可精心组织学生参与丰富多彩、形式多样的实践活动，为学生搭建起一座领略汉字之美、感受文化魅力的桥梁。例如，在元宵节、中秋节等传统节日，教师可匠心独运地策划猜字谜游戏，充分利用节日的欢乐氛围，极大地提高学生的参与积极性，让学生在轻松愉快的游戏过程中，深切感受汉字文化的独特魅力。小学生通常对游戏充满浓厚兴趣，像搭积木、七巧板等益智游戏都是他们所喜爱的。教师可巧妙借助这一特点，在合体字教学中，创新性地利用游戏开展教学活动。合体字在汉字体系中占比较高，而独体字则是合体字的基础字根，且大部分合体字属于形声字。教师在形声字教学中，可根据汉字的形旁将汉字进行科学归类，依据不同偏旁将学生合理分组。深入分析声旁可知，声旁不仅具有表示读音的功能，还蕴含着实际意义，与形旁之间存在着紧密的内在联系。教师可巧妙利用积木作为教具，将不同的声旁与形旁分别写在积木

上，引导学生通过亲手搭积木的方式，直观地理解汉字的形成过程，使学生在充满趣味的游戏中将合体字的逻辑线索与情感线索有机融合，从而加深对汉字文化的理解与体验。

汉字，承载着悠悠华夏文明，其文化寓意丰富深邃，魅力永恒不衰。然而，长期以来，在传统教学理念的束缚下，教师在教学过程中往往过于侧重音、形、义等基础知识的讲解，却严重忽视了文化情感的深度导入，导致学生难以真正触及汉字的奇妙之处，无法领略其蕴含的博大精深的文化内涵。这一现状既无法充分发挥汉字教学的真正价值，也与新课程改革的目标背道而驰。

在当前全新的教育环境下，小学语文教师应当积极响应"双减"政策的号召，勇于创新教育方法，精心设计教学内容，广泛开展多样化的汉字教学活动，引领学生深入感受汉字的美感与文化，让学生在识字写字的过程中充分享受学习的快乐。学生在充满趣味的活动中，将积极主动地探索实践，使汉字学习不再成为沉重的负担，而是转变为课后舒缓身心压力、感悟文化气息的有效途径。相信通过教师与学生的携手共进、共同努力，小学语文汉字教学必将真正实现提质增效的宏伟目标，为学生的全面发展奠定坚实基础。

参考文献

[1]刘净微. 小学汉字教学的重要性及优化策略——评《汉字教学理论与方法》[J]. 语文建设, 2022（2）: 82.

[2]朱红梅. 汉字理论在小学汉字教学中的运用——评《汉字的三维属性与汉字教学》[J]. 语文建设, 2021（22）: 82.

[3]罗会根. 把握汉字之美渗透文化意趣——浅谈小学语文识字教学的提升策略[J]. 语文教学通讯 D刊（学术刊）, 2021（7）: 47-49.

[4]周建华. 字理识字, 演绎汉字的魅力——浅谈小学低年级的形声字教学[J]. 语文教学通讯 D刊（学术刊）, 2020（9）: 47-49.

[5]崔增亮. 汉字学与小学识字教学[M]. 北京: 人民教育出版社, 2015: 241-255.

[6]蒋勋. 汉字书法之美[M]. 桂林: 广西师范大学出版社, 2017: 139.

新课标下小学数学阅读能力培养策略浅谈

张　旭

数学是一门注重逻辑思维的学科，也是小学课程体系的重要组成部分。在数学学习过程中，数学语言的学习不可或缺，但其语言具有抽象性等特殊属性，因此学生必须具备良好的数学阅读能力。教师在教学中应关注学生数学阅读能力的培养，引导学生在阅读中发现问题、提出问题、分析问题、解决问题，这也是《义务教育数学课程标准（2022年版）》对数学课程提出的四方面基本目标。

苏霍姆林斯基曾说："让学生变聪明的方法，不是补课，不是增加作业量，而是阅读、阅读、再阅读。"在小学数学教学实践中，常出现这样的现象：明明是一道简单的数学题，部分学生却频繁出错。究其原因，在于这些学生未能理解阅读材料中的数学语言，无法提取关键信息以解决数学问题。依据课标要求，学生需要学会用数学的眼光观察现实世界、用数学的思维思考现实世界、用数学的语言表达现实世界。因此，若想切实落实数学核心素养，助力学生实现独立自主学习，就必须重视数学阅读教学。

一、数学阅读的特点

数学阅读与一般的文科阅读存在相同之处，二者都需要对阅读材料进行认读、理解、分析，并掌握一定的阅读技巧。然而，由于数学语言具有符号化、逻辑化、严谨性和抽象性等特点，数学阅读又展现出自身的独特性，主要体现在以下几个方面：

（一）数学阅读与文科阅读的语言不同

文科阅读使用的是自然语言，其涵盖范围极为广泛，具有很强的包容性与流通性。数学阅读则属于逻辑语言范畴，逻辑语言虽借助自然语言进行表达，但更强调抽象性与精确性，侧重于陈述和阐释，是一种更为缜密且富有逻辑性的语言。数学语言具有独立性，不受人种、民族、地域等因素的限制，能够在全球范围内流通，是全人类共有的智慧财富。

（二）数学阅读与文科阅读的内容不同

文科阅读的内容主要是文字阅读，多以单一文字或两种语言文字并列呈现。语言元素在不同情境下会表达不同含义，这就要求学生结合具体语境认读、理解自然语言。数学作为研究数量、结构、变化及空间模型等概念的学科，其阅读形式更为丰富，借助了更多元的阅读元素，主要包括：（1）文字阅读，即对数学学科中的文字进行文本解读、信息加工；（2）图表阅读，即对数学表格进行解读和信息提取；（3）符号阅读，即对数学公式、数学概念中的符号进行解读和语言表述。相较于文科阅读，数学阅读需要在自然语言的基础上，运用逻辑语言提取并整合有效的数学信息。

（三）数学阅读与文科阅读的思维方式不同

文科阅读重视情感表达，一般涵盖认读能力、解读能力和鉴赏能力三个层次。在文科阅读中，对文字的感知与辨识需要充分调动学生的形象思维，学生要综合运用分析、比较等思维方法进行理解和记忆。而数学学科的发展呈现出从具体到抽象、从初级到高级的特点，相较于文科，其情感表达相对匮乏。在数学阅读过程中，学生需要重点关注文本中的数学语言，尤其是符号语言和图形语言，这一过程有助于推动学生的思维从具体形象思维逐步向抽象逻辑思维转变。

二、数学阅读能力的具体表现

数学阅读并非一般概念上的文本阅读，除包含常规文本阅读外，还涉及众多数学元素。这意味着数学阅读要求学生具备假设、证明、概括、归纳、判断、推理等一系列能力。

（一）信息提取能力

信息提取是解决数学问题的第一步，也是关键前提。信息提取指从数学阅读中带着问题寻找并提取有效数学信息的过程。鉴于数学阅读的特点，除数字外，还需从文字、图表、符号等材料中提取信息。信息提取是数学知识理解的外在表现形式之一：提取单一信息，通常用于解决"是什么""有多少"这类数学问题；提取多个信息时，则需要从零散素材中提取有效信息并加以比较。

（二）信息整合能力

信息整合能力是指将文本、图表、符号等信息，通过筛选、分析、加工，转化为有利于解决问题的数量关系或算式的能力。获取信息是解决问题的前提，但面对错综复杂的信息，信息整合才是解决问题的关键。这需要对相关信息进行梳理、排列，或按一定标准分类，抽象出不同信息的共同特征；也可以采用几何直观的方式呈现信息；还能够根据理解对信息进行增删。对信息的处理与整合，不仅有助于提高学生解决问题的能力，还能促使他们以数学的眼光看待世界。

（三）问题解决能力

问题解决能力是指在数学阅读过程中，完成信息提取和整合后，能够找到解题整体思路，形成自己的判断，并有理有据地解决问题的能力。教师在课堂活动中，应营造轻松的学习氛围，为学生提供思路引导，帮助学生将所学知识运用到学习和生活中，让学生切身体会数学与生活的联系，鼓励学生通过独立思考解决问题。

三、数学阅读的现状

在课标的引领下，课程教学改革与时俱进，对小学数学教学提出了诸多新要求，也更加重视学生数学阅读能力的培养。然而，当前小学数学教学中，数学阅读教学的发展现状不容乐观。究其原因，主要可归纳为以下两个方面：

从学生层面来看，数学阅读主要存在三种倾向：其一，数学阅读趣味性缺失。小学生好奇心旺盛，面对数学阅读中未经润饰的专业名词，易觉枯燥乏味，在处理数学问题时常出现理解障碍，难以展开有效思考。其二，数学阅读呈现碎片化特征。学生仅聚焦于数学课本及练习册中的阅读内容，忽视课外阅读拓展，致使其认为课堂所学知识与生活实际严重脱节。其三，阅读方法不科学，导致学生数学阅读效率低下，通过阅读获取知识变得困难重重。因此，在小学阶段培养学生数学阅读能力，需尊重其认知规律与年龄特点，采取针对性措施提升能力。

　　从教师层面而言，存在以下问题：一是对数学阅读重视不足。部分教师受传统教学模式束缚，在课堂教学中较少关注数学阅读教学，这在一定程度上制约了课堂教学活动的开展。二是缺乏科学的数学阅读教学方法。部分教师误认为数学阅读只需让学生自由阅读，且将阅读能力培养归为语文教学范畴，因而缺少对学生的针对性数学阅读指导。由此可见，在课程标准的指引下，小学数学教师增强教学意识、推进教学方法改革已刻不容缓。

四、数学阅读的策略

　　鉴于以上阅读现状，提升学生数学阅读能力已刻不容缓。这需要教师与学生共同挖掘数学阅读素材，激发学生的阅读意识。提升小学数学阅读能力可从以下几个方面着手：

（一）激发学生对数学阅读的兴趣

　　俗话说"兴趣是最好的老师"，鉴于小学生具有强烈的好奇心和探索欲，教师需要整合教育资源，调动学生的积极性，将生硬的问题转化为趣味化、生活化的内容。因此，在实际教学中，教师应结合小学生的年龄特点，把生活中熟悉的事物或学生感兴趣的事情融入课堂，以此激发学生的学习兴趣，引导学生主动关注数学阅读内容，将抽象的学习内容直观化呈现，进而提升学生的综合阅读能力。

　　当然，在调动学生积极性时，创设的问题情境需与课堂要解决的问题紧密结合。例如，在"数的认识"教学中，单一的数数方式很难吸引学生注意力。此时，教师可以先以学生感兴趣的动画片《喜羊羊与灰太狼》作为导入，引导学生关注画面中的数学信息，让学生数一数画面中共有多少只小动物。接着，鼓励学生分享自己的数数方法，有的学生一个一个数，有的学生两个两个数，还有的学生三个三个数。然后，教师组织学生对多种数数方法进行对比，引导学生思考能有什么发现。在这一教学过程中，借助学生熟悉的动画片，有效提升了学生对数学阅读的兴趣，使学生乐于分享自己的发现，保障课堂活动顺利推进，取得事半功倍的教学效果。

（二）借助课前预习

　　数学阅读贯穿于课堂教学的各个环节，教师需精准把握每一次教学契机。

通过课前预习，学生能够对课堂内容形成初步认知，明确自己感兴趣的知识点，并产生疑问。课堂上，教师可围绕这些疑问，激发学生的好奇心，组织学生自主建构并内化阅读素材，进而提升其数学理解能力。因此，教师应鼓励学生在课前进行自主学习，在阅读过程中深入思考，以此实现阅读能力的提升。

以"长方形的周长"教学为例，教师可提前为学生布置预习任务，要求学生尝试测量身边物品的周长，并在测量过程中思考"什么是周长""需要测量物品的哪些部位""如何测量物品的周长"等问题。课堂上，教师应给予学生充分的时间与空间进行交流分享，引导学生发现周长是封闭图形一周的长度。例如，在测量数学书的周长时，实际测量的是数学书封面，其封面一周的长度即为封面的周长，帮助学生从具体图形中抽象出周长的本质。学生由此认识到，由直线组成的图形可直接用尺子测量；由曲线组成的图形，则可借助小绳沿图形边缘绕一圈，再测量小绳长度，从而得出曲边图形的周长。通过课前预习，学生对周长已形成一定感知，课堂学习中可能会出现与原有认知相悖的情况。教师可通过循序渐进的引导，逐步解开学生的疑问，使学生在探索过程中深入理解周长这一抽象概念。

（三）把握课堂讨论中的阅读指导契机

课堂讨论是教学过程中极为重要的实践活动，语言表达能力也是数学阅读能力的重要体现。因此，教师在课堂上应组织学生积极参与讨论，引导学生开展师生互动与生生互动，促进思维碰撞。同时，通过组织汇报，深入分析学生理解错误的原因，帮助学生在这一过程中逐步掌握提取有效数学信息的方法。

以北师大版一年级上册数学教材第二单元为例，学生在学习比多少的内容时，会遇到这样一道题：小男孩给在农田里干活的爸爸妈妈送水，爸爸妈妈都喝了一部分，问题是：谁喝得多？这道题旨在考查学生能否正确提取解决问题所需的有效信息。部分同学仅看到妈妈剩得多、爸爸剩得少，便错误认为妈妈喝得多；另一些同学则关注到杯中的水与剩余水量的关系，意识到剩下的水越多，喝掉的水就越少；剩下的水越少，喝掉的水就越多。教师应及时捕捉此类课堂生成资源，鼓励学生自主表达：有的学生能结合"喝的水越多，剩的水越少"的生活经验分享观点，有的学生则通过画图直观呈现喝掉的水量与剩余水量的关系。学生在表达观点与倾听同伴见解的过程中，逐步构建起属于自己的思维路径。反之，若教师直接告知学生正确答案与思考过程，学生缺乏质疑与反思的经历，这无异于仅"授之以鱼"。

（四）培养学生的数学阅读习惯

在编制教材时，考虑到小学生的性格特点和年龄特征，教材中的很多数学信息并非单纯的文字，还包含大量图片信息及图文结合的内容，这符合小学生的认知规律。然而，由于小学生经验不足、认知有限，读题时常常遗漏关键信息，进而无法解决问题。因此，教师必须重视培养小学生的数学阅读习惯，这是解决问题的基础。

例如，在学习面积时，受周长知识的负迁移影响，学生对面积的理解往往会受到干扰。调查发现，因为学生仅有测量长度的经验，所以他们常认为测量长或宽就能代表面的大小。部分学生虽知道长方形面积可用长 × 宽计算，但并不理解面积公式的含义。教师可引导学生回顾周长的学习过程：用手指测量并数有几拃，用铅笔测量并数有几根铅笔，这些都是用短的工具测量较长物体的方法。经过思考，学生意识到测量对象已发生变化，逐渐产生用小的面测量更大的面的意识。有的学生用橡皮的面测量纸的面，并数需要几个橡皮的面；有的学生在纸上画小格子，通过数格子数量来测量纸的面积。通过直观呈现度量工具，学生逐步构建起对面积的认知。这使得在后续课堂学习平方厘米、平方分米和平方米等面积单位时更加顺利。培养学生良好的数学阅读习惯，不仅能提升其数学阅读能力，也有助于学生数学素养的提高。

五、结论与展望

综上所述，学生数学阅读能力的培养离不开教师对教材和学情的整体把握。叶圣陶老先生曾言："教是为了不教。"数学阅读作为教与学的重要环节，在课标的指引下，若想提升小学生的数学阅读能力，教师需摒弃传统枯燥的教学理念，从多维度入手，让学生真正成为课堂学习的主体。教师应鼓励学生运用自身的思维与方法理解并解决问题，将数学知识与生活实际紧密结合，重视课堂中的数学阅读教学，持续强化学生数学阅读能力的培养，切实落实课标对小学教学的要求。

参考文献

[1]中华人民共和国教育部.义务教育数学课程标准（2022年版）[S].北京：北京师范大学出版社，2022.

[2]王凤清.怎样提高学生学习数学的兴趣[J].时代青年：教育，2013.

[3]连清琴.对小学数学阅读与问题解决的思考[J].考试周刊，2020（5）：2.

[4]翁日尔.基于问题解决的小学数学信息处理方法培养例析[J].福建教育学院学报，2021，22（12）：80-82.

[5]金辉.小学数学阅读能力的强化路径分析[J].数学学习与研究，2020（11）：2.

第四章

创新教学模式　促进创生交互课堂形成

小学语文作业评价方式的实践探究

郭明珠

"自主学习"是古代教育思想的重要内容，而作业作为"居学"的一种形式，突出了自主、选择和育人的理念，能检验学生的自主学习水平。这与"双减"政策所倡导的减轻学生过重作业负担、优化作业布置方式、激活学习内生动力、推动教与学协同发展理念高度契合，二者共同指向学生的全面成长与教育质量的提升。

从单纯关注知识结果转向对学生综合素养进行整体性评价，新课标下语文作业评价的作用在于帮助学生发掘自身潜力，认识自我、展示自我，进而推动学生全面发展。因此，需聚焦作业评价，持续完善"学作评一体化"体系。

一、遵循原则，明确正确方向

围绕作业评价，实施以核心能力为导向的"学作评"，需遵循以下基本原则：

1. 引导性原则

教师应引导学生学会自主分析，掌握错误修正方法，促使学生积极主动学习。

2. 鼓励性原则

教师需因材施教，依据不同学段、不同性格学生的特点，通过作业评价，让学生感受学习乐趣，从而提升学习积极性。

3. 可操作性原则

作业评价应秉持"以评为本，以学生为主体"的理念，完善评价体系，运用切实可行的手段达成教学目标。

4. 互动性原则

在课堂作业评价中融入互动元素，推动教师与学生共同构建知识体系，以提高学生的综合素质。

二、多管齐下，助力学生发展

（一）突显主体，由单一走向多元

传统评价体系以教师为主导、学生为中心；在新课程理念的指引下，教师在作业评价中的角色发生转变，学生、家长等多元主体积极参与到作业评价中。

1. 引导自评，促进反思总结

学生自我评价是有效的学习方式，能够提升学生的思维水平，促进学生对知识的掌握。由于在线教学的限制，难以频繁进行在线评分，因此，"自评"能最大限度弥补在线评分的不足。

自评包含两种形式：

第一种是学生完成家庭作业后，对作业完成情况进行自我评价。例如，完成线上习作作业后，学生可依据评价标准，通过画"☆"进行评价；若发现不足，可在课后自行修改。

第二种是教师先对作业进行打分评价，学生再参考教师评价进行二次自我评价，以此强化反思。如初次评价为四星的作业，学生修正错误后可获得五星评价，在这一过程中，学生通过自我评价，主动反思学习状况。

此外，小学语文作业评价标准从静态转向动态，充分考虑学生在语文学科学习过程中的差异，可有效提升学生完成作业的积极性，实现事半功倍的效果。

2. 引导互评，促进相互交流

新课标倡导学生相互帮助、共同进步。因此，在"学作评"过程中，除学生自我评价、教师评价外，还应增加学生之间的评价。

互评不仅是课堂评价的方式，更是课堂协作学习的重要组成部分。小组协作作为一种能够调动课堂积极性、充分发挥学生主观能动性的教学方法，能让学生在课堂上充分交流、分享观点，并通过小组互动深入探讨重要问题，进而促进思维发展，检验课前学习效果。

　　以五上四单元《圆明园的毁灭》为例，学生课下完成自学任务，课堂上通过小组合作学习相互补充，交流作业并进行评价，还可互相完善。这种作业评价方式在其他课文学习中同样适用。如六上三单元《竹节人》，因课文篇幅较长，若安排自习会压缩共学时间，而采取课前自学、分类整理，为课上深入学习做准备，课上全班共学汇报则是对作业的及时评价。

思考：为什么说"圆明园的毁灭是中国文化史上不可估量的损失，
也是世界文化史上不可估量的损失"？

活动一：自主学习，完成任务单

　　1.自由阅读2—5段，图画关键词，体会辉煌和侵略者的残暴，批注感受。

　　2.查找并筛选资料，借助资料，体会作者的情感，深化理解。

　　3.完成学习单。

			关键词（文中或者自己概括的）		你结合的资料		我的感受	我的发现
			自学	共学补充	自学	共学补充		
不可估量	辉煌	布局						
		建筑						
		文物						
	毁灭							

《竹节人》学习单

阅读任务2：体会传统玩具给人们带来的乐趣。

　　学习提示：

　　（1）细读相关段落，思考：你从哪些方面体会到竹节人给你带来的乐趣？

　　（2）先自主学习，然后小组交流，分享你的发现。

　　（3）推选一个小组代表汇报你们组的讨论结果。

	哪些方面	关键词句	你感受到什么（四字词语）	阅读方法	我的发现
体会乐趣（阅读目的）					

再如，课堂上开展模拟演讲比赛，将表现性评价与星级评价相结合，为最终演讲做准备。

在疫情防控居家学习期间，线上网络学习小组的组建，让学生更积极参与线上教学，通过互相交流、评价，既能取长补短，又能培养团队合作意识，还能及时发现自身不足，加深对知识的理解，实现共同进步。

3. 家长评价，促进家校沟通

家长参与学生家庭作业评价，既能增进家长与教师之间的交流，又能让学生感受到家长的关心，从而极大激发学生的学习热情，促进自我评价，提升自我认知，增强评价意识。

（二）关注学段，评价体现针对性

1. 个性图案，调动积极性

低学段学生对事物的认知多基于外观感知。在作业评价中，可利用生动图形吸引他们的兴趣，如小红花、小星星、笑脸、大拇指等。在线上学习期间，通过举办包含"争星榜"和"荣耀榜"的闯关赛活动，多样的图案形式能充分激发学生的参与热情，学生通过累计摘星、收获徽章，学习动力十足。

2. 个性评语，重视激励性

对于中高学段的学生而言，生动图案难以激发他们的兴趣，他们更渴望得到教师的认可与思想交流，此时教师的个性化评价往往能发挥良好效果。

（1）激励性评语。

激励性评价以积极的方式给予学生自信与指导。例如，批改作业时，教师不直接打"×"或给出正确答案，而是书写"你一定能行，老师相信你！"等激励性评语，既维护学生尊严，又激发学习积极性。

（2）点拨性评语。

根据作业类型给予适当提示。如在需改正处书写"你看这样写是不是更好"等评语，还可与学生展开更广泛交流，如推荐阅读书目，拓宽学生学习视野。

（3）期待性评语。

作业评价也是培养学生的重要途径，通过对作业评价提出新期望，赋予作业温暖的人情味，使其成为师生知识与情感交流的桥梁。如"要是你的字能更好看一点，那就更好了"等评语，往往比单调的等级更能激发学生的学习热情。

3. 关注差异，合理分层次

在"双减"背景下，秉持减负增效理念，创新学习内容与形式，减少学生学习负担，并探索有利于学生发展的作业类型。布置分层作业的同时，进行分层评价，只要学生完成相应层次作业，便给予肯定。例如，评价作文时，不应只关注优秀学生作品，还应鼓励习作不断进步的学生分享修改后的作品，以此提升学生自信。

（三）重视实践，落实活动即评价

1. 课前丰富积累

学生的学习习惯至关重要，需持续引导强化。利用课前精彩三分钟，鼓励学生收集科技、名著等知识，既能丰富认知，又有助于培养良好的阅读习惯，这也是习惯评价的良好契机。

2. 课中深入文本

对学生的评价应注重整体性与综合性，以提升学生的综合素质，因此在教学中要加强过程性评价。以统编版一下《咕咚》第二课时为例，针对一年级学生理解角色心理活动困难的问题，创设情景，引导学生进行角色转换，通过模仿动作、朗读台词等课文角色表演活动，帮助学生深入理解人物内心，激发阅读兴趣。在表演过程中，教师可通过辨听学生语调，判断其对文本的理解程度，也可引导学生依据角色特征进行"表演型"评价。

3. 课后链接生活

语文教学应实现人文性与工具性的有机统一，将课堂所学延伸至课外实践，充分发挥作业的巩固作用。结合学生生活实际，开展知识综合应用等学习活动，将课堂知识迁移到实践中，检验学习成效。

（1）做一做。

在统编版六年级上册第三单元《竹节人》教学中，针对学生对"竹节人"的浓厚兴趣，教师布置分层任务：完善竹节人说明书、制作竹节人并讲解操作、对竹节人进行创意创作。这些作业设计让学生在学习中掌握阅读技巧，在实践中体验乐趣。

在综合语文实训课程中，学生还可依据评分表格投票，评选出最具战斗力、最帅气的竹节人。

（2）讲一讲。

学习《故宫博物院》后，学生可自行规划一日游行程，并完成分层讲解任务：补充文中景点讲解词、探索其他名胜完善解说词、实地参观并录像解说。学生带着任务查阅资料、实地参观，并通过腾讯在线开展微课分享，加深对知识的理解与运用。以五年级上册第四单元为例，围绕爱国情怀主题，开展"浓浓爱国情"主题演讲活动，学生在学习课文后，梳理爱国人物与事迹，为演讲积累素材。

（3）画一画。

《二十年后的家乡》是一篇以爱国情怀为主题的习作，旨在引导学生描绘未来家乡，表达对故乡的憧憬与热爱。结合单元情景教学，在课堂作业讲评后，开展"以作品为基础，绘制最美家乡"手抄报活动，并在班级文化墙展示，组织学生参观并担任小导游讲解，锻炼表达能力的同时，培养家国情怀。

（4）比一比。

在"互联网+"时代，借助网络平台提高作业评价的交互性，如上传音频、交流阅读经验。整本书阅读后，开展挑战赛，通过云端打卡读书心得、绘制读书手抄报等方式进行作业反馈。

（5）秀一秀。

对于成绩优异的学生，教师可展示其优秀作品，并配以赞语评价。优秀作品展示不仅能激励优秀学生，也能让其他学生发现差距、明确不足，进而努力提升作业质量。

三、把握理念，展望评价前景

新课标下的小学语文作业评价能够全面反映学生的成长过程，充分发挥学生个性，营造轻松愉快的学习氛围。同时，有效监控学生成长，持续激发和引导学习，助力学生健康快乐发展。因此，教师应积极探索适合学生的评价方式，推动学生更好发展。

参考文献

[1]庄秀芳.小学语文作业星级评价的探索[J].小学教育，2022（1）：170-172.

[2]甘芸芸."精准教学"理念下小学语文作业评价改革的探索[J].理论探讨，2020（4）：13.

［3］张爱霞. 小学语文作业评价与分层设计初探体会［J］. 教学探索，2017（2）：115.

［4］姚晓. 新时期语文作业评价的再思考［J］. 文学教育. 2022（4）：158-160.

［5］祝进伟，杨友华. 注重语文作业评价功能　促进学生良好习惯的养成［J］. 2019（10）：1-2.

［6］张大梅. 作业评价是小学语文教学不容忽视的环节［J］. 2019（10）：65.

［7］史丽. 新课程理念下小学语文作业评价优化方式探微［J］. 2022（10）：197.

［8］孙莹莹. 对小学语文作业设计与评价的几点思考［J］. 2022（8）：165-166.

［9］刘聪慧. 小学语文作业评价多元化之我见［J］. 2017（8）：351-352.

［10］孙小珍. 小学语文作业评价体系研究［J］. 2021（5）：194-195.

让学生成为习作的主人

——以部编版语文四年级上册第五单元为例

白雪梅

当下，很多教师费尽心思指导学生习作，却收效甚微；提出多条修改建议，学生却不知如何下笔。翻看学生习作，个人特色少之又少；作文本上大多是教师的批阅痕迹，学生的修改痕迹寥寥无几。如何提高教师对写作本质的认识，改变传统的习作教学，开发出更为丰富多样、富有意义的写作新形式？如何让学生在课堂上保质保量地完成习作任务？在"大语文"时代，如何真正提升学生的习作表达能力？这些都是当下我们面临的课题。

叶圣陶老先生指出，作文教学最终目的是让学生"自能作文，不待老师改"。《义务教育语文课程标准（2022 年版）》对第二学段提出，观察周围世界，能不拘形式地写下自己的见闻、感受和想象，注意把自己觉得新奇有趣或印象最深、最受感动的内容写清楚。基于此，教学语文四年级上册第五单元时，我秉持"让学生真正成为习作的主人"这一理念，紧扣语文要素，通过读与写的交互、有"思维结果"的评价，将学生习作能力提升落到实处。

一、精准分析，明确定位

四年级上册第五单元是习作单元，以培养习作能力为核心，以"把事情写清楚"为主线，围绕"我手写我心，彩笔绘生活"这个主题，安排了精读课文、习作例文、交流平台、初试身手及单元习作，旨在通过一系列阅读和习作活动，引导学生认识和掌握把一件事情写清楚的方法，并运用到习作实践中。

（一）单元内容的横向关联

1. 从选材角度看

四篇课文通过多元化的记事题材、写作方法，引导学生体会和表达多姿多彩的生活；初试身手中"跑步""过生日"等贴近儿童生活，以儿童日常生活中的场景、事物作为表达对象，为后续习作提供了选材范本和素材遴选的依据。

2. 从布局谋篇看

精读课文和习作例文都在落实"把一件事情写清楚"，但各有侧重。《麻雀》按照事情发展顺序，多感官交互;《爬天都峰》"明线""暗线"相结合；而习作例文《我家的杏熟了》则是把主人公在具体场景中的动作、语言、神态结合起来写;《小木船》是一件具有时间跨度的事情，需要"多个过程"的结合，围绕"题眼"关注详略得当。这对学有余力的学生提出了更高的习作要求。这些习作知识，需要引导学生对课后题进行深入的阅读探究来习得；这些习作知识的运用，需要借助"初试身手"和"习作"进行丰富的言语实践来落实。

（二）语文要素的螺旋进阶

本单元指向阅读的语文要素是"了解作者是怎样把事情写清楚的"，指向习作的语文要素是"按照一定顺序，把一件事写清楚"。这是继三年级上册"观察"、三年级下册"想象"后第一次集中指向"写事"的习作单元。

梳理部编教材可以发现，教材对于叙事类习作的训练是有序、呈进阶展开的，能力培养呈螺旋式上升。

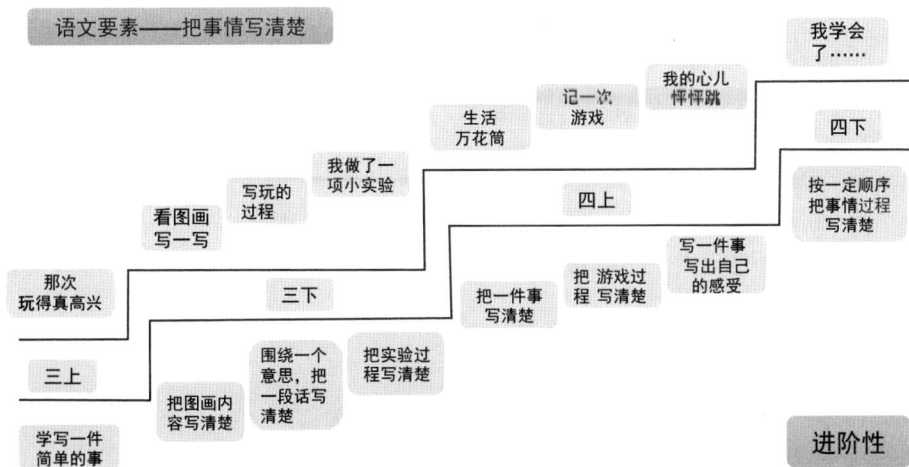

图1 三、四年级阅读语文要素进阶图

借助本单元的鲜活语境，贯通先前同类单元的读写要求，不难发现，"把事情写清楚"是一个渐进化的教学过程，教学必须瞻前顾后，将前后知识经验彼此打通，形成结构关联，才能让学生的写作学习拾级而上。

（三）单元学情分析

"写事"，对于四年级学生而言不陌生。从三年级上册学会写日记开始，已经为今天的习作积累了一定的素材。在学习本单元前，老师和学生一起阅读"生活万花筒"，借助丰富的标题，帮助学生打开思路。

明确写作要求后，学生进行预作，随后对学生进行访谈："在你预写的过程中，你遇到最大的困惑是什么？"根据学生的预作和访谈，发现：

表 1　学生习作能力"已知—未知—策略"对照表

	已知	未知	策略
选材	1.100% 的学生能够选取发生在自己身边的、亲身经历或看到的事情 2. 选材比较丰富，发生的地点有教室、家庭、公园、操场、社区等；涉及的人物也很广泛，有家人、朋友、同学、陌生人等	无	以"多彩生活展出来"习作展评活动为学习任务，依托精读课文、习作例文，借助学习单，评价表等学习支架，自主、合作交流等学习方法，品读精彩段落，感受作者是怎样将事情写清楚的，并提炼表达方法；尝试运用习得的方法把自己所写事情的重点部分写清楚，写生动，努力使自己的作品让读者喜欢
有顺序	1. 91% 的学生都按照事情的起因、经过、结果写一件事 2. 9% 的学生按照时间顺序记录事情	大多数学生对于写作顺序的认知比较单一	以"多彩生活展出来"习作展评活动为学习任务，依托精读课文、习作例文，借助学习单，评价表等学习支架，自主、合作交流等学习方法，品读精彩段落，感受作者是怎样将事情写清楚的，并提炼表达方法；尝试运用习得的方法把自己所写事情的重点部分写清楚，写生动，努力使自己的作品让读者喜欢
写清楚	1. 75.7% 的学生知道在写事情时要写清人物语言、动作、心理活动等 2. 90% 的学生能将整个事情写完整	1. 并不清楚重点内容怎样写才能算是写清楚 2. 把事情写清楚的方法不知综合运用	

"重点内容怎样写才是写清楚""把重点内容写清楚的过程中，方法比较单一，感觉文章不生动""知道自己的文章有问题，却不知如何修改"都成为困扰学生的难题。

二、整体架构，预写先行

结合单元内容的深度分析与单元学情的准确把握，对本单元的教学进行整体架构：

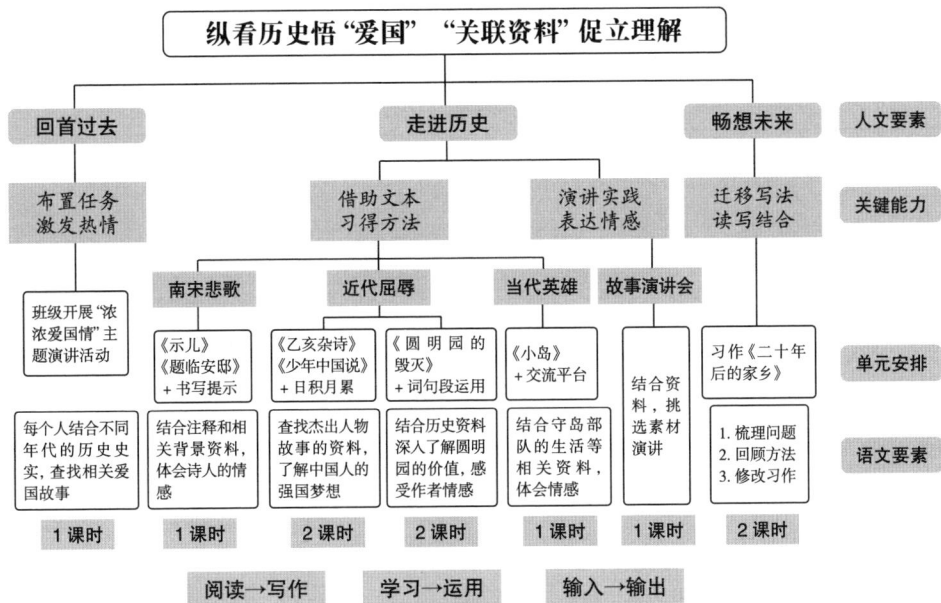

图2 单元教学整体架构图

一个科学适切的核心任务，既能够呼应目标，又能够"预约"结果，它以目标为导向，在真实的任务情境中解决目标问题。因此，本单元以"多彩生活展出来"作为学习大任务，通过举办成果云展览（习作展示）为学生搭建学习成果展示平台，既打通习作和生活的桥梁，使学生发现生活是习作的源泉，习作是生活的表达，进而激发学生习作的乐趣和自信心，又充分利用好单元的整体性功能，将一个个零散的习作点串联起来，围绕如何把一件事写清楚逐步深入地完成从阅读到写作，从学习到运用，从输入到输出的学习过程，同时也是提升学生写作能力的学习过程。

基于单元整体架构，我们运用"预作当先，赏评指导在后"的做法，淡化指导，暴露真问题。具体做法是：

首先，发布单元大任务：多彩生活展出来。单元导读页明确习作要素——写事情，把事情写清楚；带领学生了解"生活万花筒"的习作要求，从选材和思路两方面进行初识，学生依照要求，借助已有经验进行预作。这样做，不会束缚住学生的思路，避免"千篇一律"，更能真实地反映学生的习作水平，便于准确把握学情。

接着，组织第一次展览。学生以组为单位依据预作学习单，从预作中找优点和不足，提修改建议。再从精读课文和习作例文中习得方法，随着不断学习，持续修改完善预作，尝试把学到的方法运用到自己的习作中。

三、以读促写，读改结合

叶圣陶先生曾说："文章要自己改，学生学会了自改的本领，才能把文章写好。"作文批改，学生是主体。

学生带着习作中难以解决的问题，走进习作评改课。这节课巧设互动性情境，构建基于学生进阶的习作评价活动，规划循序渐进习作评价问题解决的进程，设计"欣赏为先，为改搭桥""自评自改""互评互改"等螺旋式上升的习作评改路径，将问题多的习作改成句通意达的佳作，实现学习的进阶。

（一）创设生活情境，回顾任务，找准起点

上课伊始，回顾单元任务，梳理预作优点。同时，学生提出了预作的困惑：怎样才能写出有意思的作文？怎样写才算是写清楚？

通过分析预作，引导学生聚焦问题所在，从而引发学生自主考虑可选择的策略，产生学习需求，使得后续学习活动的开展有的放矢。

（二）创设认知情境，欣赏为先，为"改"搭桥

课中，引导学生借助精读课文、习作例文中的精彩片段，通过对比阅读，丰富"把一件事写清楚"的写法认知。

1.回顾课文，一探写法

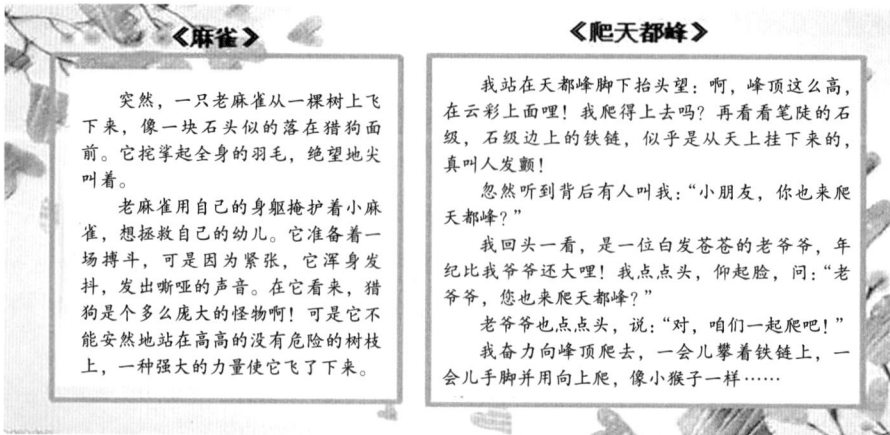

《麻雀》

突然，一只老麻雀从一棵树上飞下来，像一块石头似的落在猎狗面前。它挓挲起全身的羽毛，绝望地尖叫着。

老麻雀用自己的身躯掩护着小麻雀，想拯救自己的幼儿。它准备着一场搏斗，可是因为紧张，它浑身发抖，发出嘶哑的声音。在它看来，猎狗是个多么庞大的怪物啊！可是它不能安然地站在高高的没有危险的树枝上，一种强大的力量使它飞了下来。

《爬天都峰》

我站在天都峰脚下抬头望：啊，峰顶这么高，在云彩上面哩！我爬得上去吗？再看看笔陡的石级，石级边上的铁链，似乎是从天上挂下来的，真叫人发颤！

忽然听到背后有人叫我："小朋友，你也来爬天都峰？"

我回头一看，是一位白发苍苍的老爷爷，年纪比我爷爷还大哩！我点点头，仰起脸，问："老爷爷，您也来爬天都峰？"

老爷爷也点点头，说："对，咱们一起爬吧！"

我奋力向峰顶爬去，一会儿攀着铁链上，一会儿手脚并用向上爬，像小猴子一样……

通过对关键语段的回顾，再次明确"把一件事写清楚"的方法：从关键语段中回顾作者通过把看到的、听到的、揣摩的想法与自己的感受结合写，让读者深刻地感受到了老麻雀的无畏；写爬山过程，把怎么想、怎么说、怎么做写清楚，让读者感受到了战胜困难的勇气和信心。

2. 走进例文，二探写法

在回顾精读课文的基础上，自主学习两篇习作例文，运用学习单，借助旁批、课后题，进一步探寻"把一件事写清楚"的方法。学生凭借已有学习经验，抓住语言、动作、神态、心理活动等进一步感悟作者是怎样把一件事写清楚的。

为丰富学生对于写法的认知，适时引导学生进行对比阅读，深入探究写法。

有一天，发生了一件不愉快的事。我们俩温习完功课，把自己在建模小组做的小木船拿出来。我见他那只做得很精致，就拿在手上翻过来掉过去地看，总舍不得放下。不料我一失手，啪的一声小木船掉在地上，摔坏了。他一看，急了，哭着要我赔。我上前分辩说："我不是故意的。"他生气地说："谁叫你不小心，非赔不可！"还用力推了我一下。我往后一退，正好一脚踩在小木船上，把它踩碎了。

"我"：玩小木船 → 失手摔坏小木船 → 辩解 → 踩碎小木船 → 气得说不出话 → 友谊破裂

陈明：哭着让我赔 → 生气并推了我 → 捧了"我"的木船转身离开

过了一会儿，奶奶拿了一根长竹竿从屋里出来了，她走到树下，挑熟了的杏往下打。她脚底下站不大稳，身子颤颤巍巍的。杏一个接一个落在地上。我连忙弯腰去捡，不一会儿就捡了一衣兜。奶奶把小淘淘和他的伙伴都叫了过来，一人分给五六个，剩下的几个给了我，看他们吃得那样香甜，奶奶的嘴角露出了微笑，转过头对我说："要记住，杏熟了，让多亲们都尝个鲜，果子大家吃，才真的香甜呢。"

过了一会儿，奶奶挑熟了的杏往下打。杏一个接一个落在地上。我连忙弯腰去捡，不一会儿就捡了一衣兜。奶奶把杏分给了小伙伴们，嘴角露出了微笑，转过头对我说："要记住，杏熟了，让多亲们都尝个鲜，果子大家吃，才真的香甜呢。"

从语段对比中不难发现：把动作进行分解，形成连贯的动作，更有画面感了；交替着写人物的行为表现，能把当时的画面描述得更清楚，把事情写清楚。

3. 借助佳作，三探写法

精读课文、习作例文为学生掌握"把一件事写清楚"的方法提供了良好的资源。同时，在学生的习作中，也能发现一些比较精彩的语段，老师可选择这样的语段作品当作范例，让学生自主读，发现写法上的优点。对于学生而言，他们更乐于接受，同时对他们的写作也是一种激励。

以教材中的资源和学生的精彩片段为素材，为学生梳理出把一件事重点部分写清楚的方法，帮助学生把学习本单元之后所获得的零散的习作知识进行关联和整合，更能帮助学生形成较全面的认知。

（三）创设体验情境，修改提升，精益求精

这一项任务包括三个活动："自评自改"、"互评互改"及"对评价的再评价"。三个活动创设真实而富有意义的习作学习情境，建立语文学习、社会生活和学生经验之间的关联，凸显习作学习的实践性。

学生习作中存在的问题各不相同。哪怕是同样的"事情经过写不清楚"这一现象，每个学生存在的问题也不尽相同，有的需加强动作描写，有的需突出语言描写，有的则需增加环境、心理的描写以起到烘托作用。设计"自评自改""互评互改"这两个互为补充、螺旋式上升的习作评改路径，既可使学生根据评价标准、自身积累的知识和经验初步判断习作优劣，又可使自己在与小组其他成员的习作比较中，更加客观地形成对自己习作问题的初步认识和理解。小组讨论、合作互评、课堂展示等形式还有利于培养学生乐于参与讨论、敢于表达自己的意见、认真耐心倾听、抓住要点等良好习惯与能力。

四、创设云情境，评赏结合，提升素养

如果说课堂上体验情境下放手让学生进行习作学习是"改—评—赏"的过程，那课余时间里云情境下的"赏—评—改"过程则是对习作课堂学习的深入和延展。

充分利用网络资源平台，积极探索线上线下相结合的混合式习作学习模式，为学生提供多层次、多角度的表达和交流机会，促进学生在习作学习中的多元互动：家长点赞是激发习作热情的助燃器；教师利用网络数据优势，提供及时准确的反馈和个性化指导；综合线上线下评价结果，反思习作教学的问题和不足，改进内容并设计、调整策略和过程，从而完善和优化习作教学，在提升学生习作学习品质的同时，让习作课堂教学精准服务于学生核心素养的提升。

我们有一个梦想：学生写成的文章有文化内涵，有思维能力的支撑，有阅读中语言的积累运用，还能带来生活的欢乐体验；面对不同环境与读者的需求，他们能够自如选择合适的方式去表达与交流，成为习作的主人。为此，我们一直走在研究的路上……

小学数学建模教学的探索研究

——以"估计看台能坐多少人"为例

韩志领

2021 年 7 月,"双减"政策出台,这一政策旨在解决中小学生负担过重、短视化功利化的问题,落实立德树人根本任务,发展素质教育。如何在实际教学中落实"双减",成为教师需要解决的问题。数学建模的过程可以说是综合应用数学眼光、思维和语言的过程,而这样的学习也会促进学生核心素养的发展,从而落实"双减"育人的目标。为此,笔者和学校团队中的 3 位教师在实际教学中尝试进行了数学建模的实践研究,下面以二年级的"估计看台能坐多少人"为例进行阐述。

一、数学建模教学基本内容概述

(一)数学建模

什么是数学建模?有学者认为,当人们遇到一个实际问题时,往往会经过一番简化和假设,把现实问题抽象为数学问题,数学问题又去解决实际问题,这个过程就是数学建模。小学阶段的数学建模其实就是让学生初步经历建模的过程,在这个过程中帮助学生认识到数学问题的本质,体会到用模型解决问题的思想,从而提高学生解决问题的能力。因此,笔者认同数学建模是一个过程,这个过程有一些特定的步骤,通过这些步骤帮助学生构建模型,并用构建的模型去解决现实情境的问题。

(二)数学建模教学

在小学阶段进行数学建模教学,目的是培养小学生的模型意识。建模教学本质上是情境教学和引导教学的结合体，它以现实问题为出发点，将课本知识与现实问题相融合，把生活带入课堂中，运用观察、猜想、归纳、推理等数学思维方法开展探究性活动，进而解决问题，在过程中掌握课本知识。笔者结合实践总结认为，在建模教学中，教师要让学生亲身充分经历建模的全过程。在这个过程中，引导学生发现并提出情境中的问题，也就是将生活问题进行数学抽象。然后，组织学生分析问题，形成解决思路，建立和求解模型，检验和完善模型。最后，梳理研究成果，将模型迁移应用于解决更多问题。

二、"估计看台能坐多少人"建模教学探索

（一）借助"情境场"，带领学生形成和明确研究问题

我们在二年级开展建模教学实践探索，结合学校开运动会学生需要坐满看台观看比赛的真实情境进行引入。但是，由于二年级学生年龄相对比较小，在建模实施的过程中，我们发现学生提出的问题比较发散，问题很难聚焦，无法进行更深入的思考。为了让学生能够提出可以研究的、聚焦的问题，我们进行了多次尝试发现，当给学生提供一个由多种情境共同建立的"情境场"后，学生则能通过对比找到情境的相同之处，继而发现并提出可以研究的数学问题。

这个"情境场"是由三个情境组合起来的。上课时，老师逐一出示情境图并提出问题："你想到了什么？""你能提出什么问题？"这样逐一呈现情境图，在不断产生思考的过程中，帮助学生抓住这些情境中存在的共同点，从而使学生的思维逐渐走向深入。此时，教师将三组情境图组合起来同时呈现，即形成了一个由两个类似情境和一个拓展情境组成的情境场（见图1）。提出新的问题："看这三组图片，你们共同关心的问题是什么？"在前面逐步思考的基础上，学生通过将三个现实生活情境联系在一起，寻找其共性，进行整体思考的同时思维也进一步深入，从而使问题更加明确，得以聚焦。可见，学生提出聚焦问题的背后，离不开不断深入的思考作为支撑。

情境场

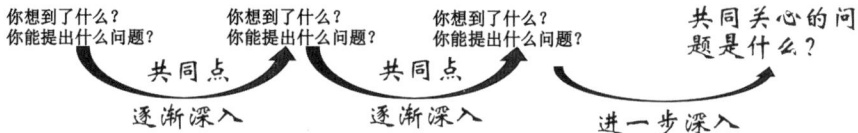

图1 "估计看台能坐多少人"情境场及引导问题

（二）"两单一换"寻找影响因素，提出假设，建立模型

事物之间的联系纷繁复杂，解决问题时需要人们找到解决问题的核心影响要素，去除干扰因素，探寻问题的本质，数学建模同样如此。对于提出的假设需要经历寻找影响因素，聚焦主要因素的过程，进而提出模型假设。教学实践时我们发现，二年级学生面对问题时想法是零散的，为此，我们尝试设计了"个人学习单"和"小组学习单"引导学生思考、表达、交流，从而能高效地聚焦影响因素。

首先，我们给学生提供了个人学习单，让学生有充分的时间独立思考"你认为哪些方面会影响我们估计看台的人数？"之后开展小组交流，为了便于学生梳理影响因素，我们给学生设计提供了小组学习单。在小组推荐完成后，我们又组织全班同学以组为单位交换小组学习单，通过"两单一换"（见图2）的学习方式来引导学生寻找影响因素。这样可以在短时间内收集全班学生的想法，由个人思考的零散的想法，快速聚焦，达成共识，实现由部分参与转变为全班参与的目标。

图2 "估计看台能坐多少人""两单一换"及活动要求

假设的提出并不是一蹴而就，也不是一开始就能确定下来的。尤其是像二年级这样的低年级学生，对于假设的形成存在着很大的困难，因此需要有一个逐渐形成的过程（见图3）。比如在实施的过程中，学生对于不能确定的胖瘦这个影响因素的认识就是不断更新的。学生从影响因素中找到不确定的因素初步提出假设开始，到在设计方案时假设每人都一样，再到对比数据后从全班找不胖不瘦的标准，最后与二年级学生坐在看台上的实际人数相比，感悟到需要从全年级找不胖不瘦的标准。在经历这一系列活动之后，学生对于假设的认识逐渐形成，并不断完善。可见，学生对于假设的理解是离不开实际活动的。

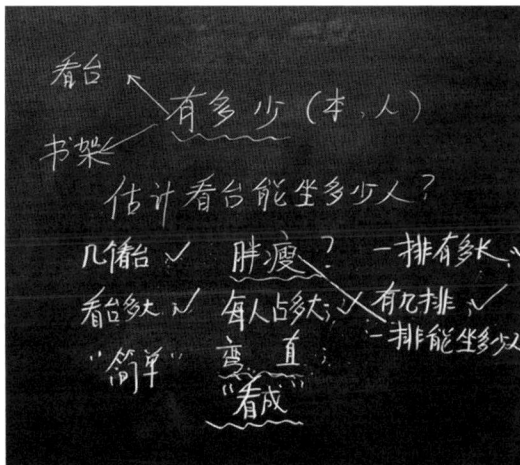

图3 "估计看台能坐多少人"第一课时板书

（三）"支架"梳理总结评价反思，迁移拓展研究结果实现一般化

针对二年级学生年龄比较小、总结反思等能力都有限的情况，教师需要给

学生提供相应的支架，帮助学生有针对性地进行梳理总结、评价反思。这些支架包括对建模活动进行全方位评价（既有针对态度又有针对方案）的两种评价单（见表1），以及建模全过程的板书及关键图。

表1　评价单

个人评价单				小组评价单			
在这次活动中，我的表现是：				**我们的方案：**			
清楚自己需要完成的任务	☺	😐	☹	全面地考虑了影响因素	☺	😐	☹
做事时专心认真	☺	😐	☹	会使用工具	☺	😐	☹
与小组同伴愉快合作	☺	😐	☹	我们的方法解决了问题	☺	😐	☹
与同伴想法不同时能商量解决	☺	😐	☹	有统一的标准	☺	😐	☹
				获得的结果比较准确	☺	😐	☹

组织学生完成评价单后，通过交流"什么地方做得最好"，不仅可以让学生进行自我认可获得成就感，也可以在交流中达到同伴互相学习的效果。"什么地方需要改进或完善"，则可以引导学生进行自我反思，获得成长，从而有效促进今后活动的开展。

实现模型一般化，一般化这个"化"应该是一个过程。所以，从第1课时的情境场开始，我们就已经为本节课的一般化做好了准备。我们帮助学生从相似领域的情境到不同领域的情境，逐渐学会将模型迁移拓展，解决不同问题。这不仅是方法层面的迁移拓展，也是问题层面的迁移拓展，从而实现模型一般化，同时让学生体会到模型的价值。

比如，教学实践时，教师可以这样设计：

1. 迁移方法解决类似问题

用我们解决"估计看台能坐多少人"的方法，是不是还能解决更多问题呢？课后让学生继续思考，并将解决"估计图书馆的书架能放多少本书"的思路写在"挑战任务单1"上（见表2）。

表 2　挑战任务单 1

挑战任务单 1
方案：
怎样得到图书馆的书架能放多少本书？

2. 迁移方法解决更多问题

"这种方法还能解决其他问题吗？"由于学生年龄小，能想到的迁移情境有限，我们给学生提供了提示支架——学校、小区、超市、高铁、湖泊、星空这些不同领域的图片，从而帮助学生更好地打开思路，发散思维，实现模型一般化，成功迈上迁移拓展的第二个台阶。布置挑战任务（见表 3），借助任务驱动，学生对模型能解决的问题进行进一步思考，从而更好地实现模型一般化。

表3 挑战任务单2

挑战任务单2

方案：

怎样得到

在小学数学教学中，进行建模教学对学生模型意识及应用意识等核心素养的培养具有十分重要的意义。通过实践建模教学，教师根据学生的年龄等实际情况，灵活应用多样化的教学方式，包括为学生创设情境、设计学习单、调整学习方式等，让学生充分经历数学建模的全过程。通过体验用模型解决问题，促进其数学素养和数学能力的提升，从而落实"双减"育人的目标要求。

数学建模不仅是一种教学方法，更是一种思维训练。它教会学生如何从复杂的现象中抽象出数学模型，如何运用数学工具解决问题，并在此过程中培养他们的逻辑思维、创新思维和批判性思维。通过这样的教学实践，我们不仅帮助学生掌握了数学知识，更重要的是激发了他们对数学的兴趣，培养了他们解决问题的能力，为他们未来的学习和生活打下了坚实的基础。

总之，数学建模教学是一种有效的教育手段，它能够帮助学生在"双减"背景下，减轻学习负担，提高学习效率，同时培养他们的核心素养。让我们继续探索和实践，不断优化教学方法，为学生的全面发展奠定坚实的基础。

参考文献

[1]中华人民共和国教育部.义务教育数学课程标准（2022年版）[S].北京：北京师范大学出版社，2022.

[2]章士藻.数学方法简明教程[M].南京：南京大学出版社，2006.

[3]李学丽.小学数学建模教学行动研究[D].上海师范大学，2022.

[4]周兴生.教育艺术[M].北京：中央民族大学出版社，2002.

[5]姚育青，苏圣奎.高中数学建模课程体系构建与实践探索[J].福建基础教育研究，2022，166（10）：64-67.

[6]张彬.基于数学建模素养视角的教材分析及教学建议——以湘教版高中数学教材为例[J].新课程评论，2022，72（11）：50-59.

[7]周萍.小学数学建模教学的"模型"优化策略[J].中国教师，2022，349（6）：71-75.

基于项目式学习的小学英语实践活动教学探究

刘　珂

2022年4月，教育部发布《义务教育课程方案（2022年版）》，其中明确提到，推进综合学习，积极开展主题化、项目式学习等综合性教学活动，促进学生举一反三、融会贯通，加强知识间的内在关联，促进知识结构化。项目式学习通过让学生参与到现实生活中的项目中，经历自主学习、探究和解决问题的全过程来提高知识和技能，全面培养学生的批判性思维、创新能力、沟通能力、协作能力、信息素养等，这与核心素养的价值追求是一致的。因此，推进项目式学习成为一线教师实践新课标理念并推动其落地实施的重要议题。

一、项目式学习的定义及内涵

项目式学习被称为"PBL"（Project Based Learning）。美国巴克教育研究所（Buck Institute for Education）把以课程标准为核心的项目式学习定义为"一套系统的教学方法，它是对复杂、真实问题的探究过程，也是精心设计项目作品、规划和实施项目任务的过程，学生在这个过程中能够掌握所需的知识和技能"。

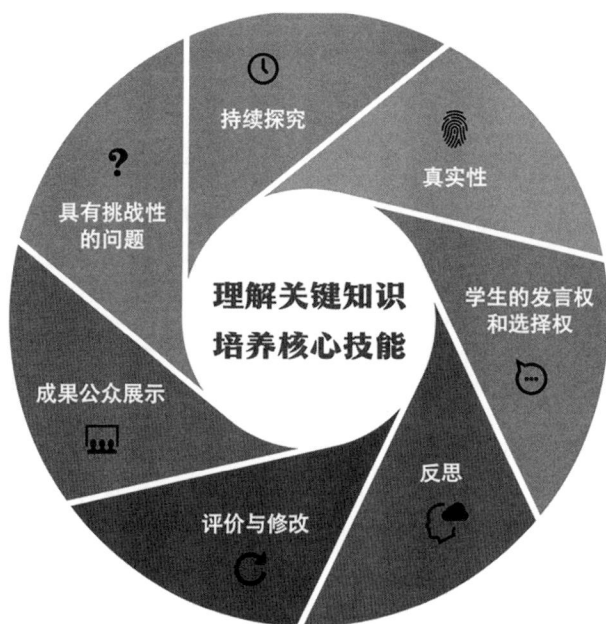

图 1 高质量项目式学习的黄金标准模型：项目设计的核心要素

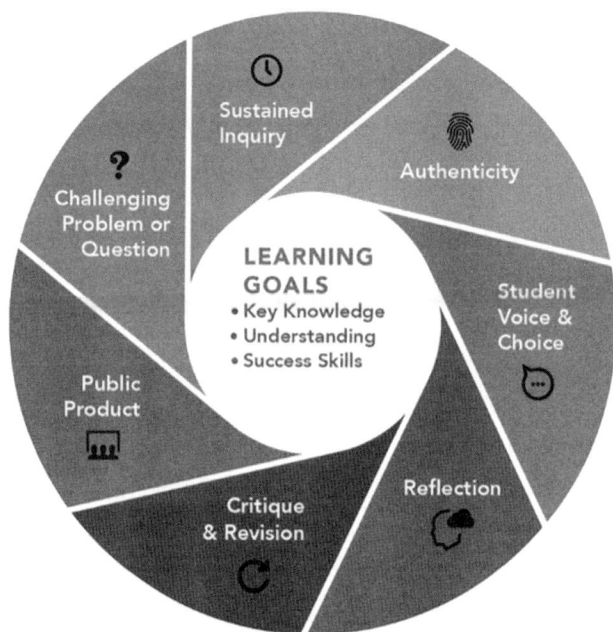

图 2 The Gold Standard for High-quality PBL-Seven Essential Project Design Elements

项目式学习可以理解为一种教与学的新样态。高质量的"项目"设计是项目式学习有效实施的前提。上图中，图1展示了美国巴克教育研究所2019年发布的"高质量项目式学习的黄金标准模型：项目设计的核心要素"，笔者及研究团队经过查阅文献，同时结合新课标中对英语学科核心素养的解读与要求，对这一模型进行了翻译与解读，旨在为教师提供一种项目式学习的设计思路，从而设计出基于新课标要求，符合新时代学生核心素养发展要求的项目。经过译制的项目设计模型如图2所示。

二、核心素养视角下的项目设计路径

接下来，笔者将结合小学英语六年级 Make a Spring Festival Gift 项目式学习案例的设计介绍核心素养视角下的项目设计路径。

（一）从真实场景出发，设计具有挑战性的问题

项目式学习要求探究问题或任务是真实的、具有实际应用价值的，使学生能够在现实环境中进行实践和应用。

人教版新起点英语（一年级起点）六年级上册第六单元学习主题为 Winter Vacation。通过这一单元的学习，教师引导学生丰富假期生活，合理规划并制订寒假计划。在教材单元学习后，教师引导学生设计了自己的春节计划表。通过整理学生作品，团队发现许多孩子有送春节礼物的想法。基于学生的意愿，团队教师对"送礼物"进行了调研，结果显示，当谈到计划准备的春节礼物来源时，多数孩子选择请父母帮忙购买。礼物是表达爱的方式，重在心意。因此，研究团队期望引导学生用心制作礼物。基于对上述各项真实情况的考虑，最终项目主题被拟定为：Make a Spring Festival Gift。

该怎样制作一个特别的礼物呢？为了解学生对于"制作礼物"的已有认知基础，研究团队借助问卷请学生思考"在准备礼物时，你会考虑哪些方面或内容？"并写出自己想到的探究问题。通过回答和思考，学生对本项目即将探讨的问题有了初步的想法，可以为后续学习做好铺垫。

表1　基于学生调研整理的待探究问题

What	1. What gift am I going to prepare? 2. What does he like? 3. What should I put in the gift? 4. What animal can be included in the gift? 5. What color can the gift be?
Whom	1. Whom should I give the gift to? 2. Who will receive the gift?
Why	1. Why am I going to prepare for him? 2. Why do I prepare the gift for him? 3. Why do I make the gift?
How	1. How to make the gift? 2. How can I surprise him? 3. How are you going to give him the present? 4. How much will I spend on it? 5. How can I give the present to her?
其他	1. Is it useful for him? 2. When should I send the gift?

通过收集和整理，学生提出的有效问题如表1所示。结合制作礼物的思路，团队教师找出了这些问题中有逻辑的关键点，包括制作什么礼物？什么样？送给谁？为什么？此外，为了凸显礼物的意义，基于学生对"如何把礼物送给对方"的关注，研究团队进一步将问题细化为"想要给对方送出的祝福是什么？"并整合成了最终的问题链，见表2。

表2　项目核心问题及问题链

核心问题	How can I make a Spring Festival gift?
问题链	Whom am I going to make the gift for?
	Why do I make it?
	What is it?
	What does it look like?
	What do I want to say to him/her/myself?

（二）提供资源和支持，促进学生持续探究

持续探究是指学生参与提出问题、收集资料、解决问题的全过程。在这个过程中，教师需要提供必要的资源和支持，以满足学生的学习需求和项目实施的要求。

本项目中，备课团队首先组织学生基于问题链展开了更为深入的思考，比如，"这是一个春节礼物，应该具备哪些要素""兔年的礼物可以有怎样的创

意"等。基于学生思考，教师进一步梳理探究过程，整合成了学习单，为学生在项目式学习中的持续探究搭建支架。学习单清晰列出了项目实践活动的核心任务、完成步骤、评价标准，并对内容结构和语言给予了支持性的提示，为学生的学习和实践提供有效指导，以保证项目的顺利进行。

（三）引导学生反思、评价与修改

在项目探究过程中，教师需要及时提供反馈和评估，帮助学生提高自我评价和自我调节能力，指导学生改进项目实施和成果展示，促进学生综合素质和能力的提高。

反思是指学生对自己的学习、对活动的有效性、工作质量、出现的问题和解决办法等进行反思，其目的是学生通过自评促进自我完善。除了引导学生进行自我评价与反思之外，研究团队从教师评价和同伴评价两方面对项目整体进行了评价设计（见表3）。从课堂、作业、项目三个维度，教师可以对学生进行激励和肯定，指导和帮扶。

表3　Make a Spring Festival Gift 项目评价设计

	评价内容	评价目的	评价任务
教师评价	课堂评价	激励和肯定 指导和帮扶	鼓励、指导、建议
	作业评价		批改、讲评、反馈、辅导
	项目评价		诊断、分析、改进
同伴评价	作业评价	自我反思和改进 互相学习和帮助	制订标准
			接受意见
			完善作品
	项目评价		取长补短
			给予评价
			提出建议

（四）目标导向，明确成果展示要求

项目式学习注重学生的成果展示和评价，将项目成果进行公开展示能够提高学生在项目式学习中的积极性，同时也有助于学生以项目产品为目标导向，完成更高质量的作品。就春节礼物来说，想要赠送礼物的人可以是其他班级的同学、学校老师、家人等。对于展示的具体要求，可以由师生共同讨论，从形式、时间、内容等方面进行具体设计。同时，这一成果也可以成为学生表现性评价的一部分，纳入学生的期末评价。

（五）兼顾个性化与灵活化，保证学生发言权与选择权

项目式学习应该考虑学生个性差异和不同学习需求，在项目中给予学生足够的发言权和选择权。为了确保学生在项目中的发言权与选择权，无论是前期的问卷调研、倾听学生声音、组织小组讨论、确定探究问题，还是组织学生讨论制定评价标准、明确项目成果展示要求及奖项设置，都可以尝试让学生讨论后再参与其中，成为评价标准的制定者和参与者，成为项目的主导者和管理者。

（六）构建指向核心素养培养的项目学习目标

任何精心设计的项目，都需要把对学生知识和能力的培养放在核心。从图1中可以看到，项目式学习的焦点和中心是"理解关键知识，培养核心技能"。教师需要根据教学要求和学生的学习需求，确定项目的学习目标和能力要求，以指导项目的设计和实施。

结合新课标中对于核心素养的解读，研究团队将本项目育人目标定位为：在语言能力方面，学生能够综合运用所学语言介绍和描述自己制作的春节礼物，表达情感。在文化意识方面，学生能够感悟春节文化，分享精心准备节日礼物的喜悦，表达对他人的关心与祝福。在思维品质方面，学生能够从多角度思考并制作春节礼物，有条理地表达观点，锻炼逻辑思维与创新思维。在学习能力方面，学生能够乐于探究、制作春节礼物，积极反思和评价，锻炼动手能力和自我管理能力。

三、基于单元整体教学的项目式学科实践活动

在项目式学习中，学习与探究是一个不断迭代的过程，这通常不能在短短的几天内完成，而需要花费一段时间。因此，在项目式学习的实施过程中，需要教师统筹规划，以保证项目的顺利进行。在日常教学中，通过开展主题意义引领下的单元整体教学，能够帮助学生在学习过程中逐步建构知识，发展能力，形成素养。这给研究团队开展项目式学习的教学实践带来了灵感。

（一）项目启动阶段

在项目启动初期的准备阶段，学生填写课前调查单，思考准备礼物时应考虑哪些方面、礼物的来源途径、对赠送对象的了解等，教师收集学生问题并进行整理和归纳。

随后在第一课时的学习中，学生首先分享春节计划，聚焦项目任务，即制

作春节礼物。其次，通过分组讨论、集中汇报等形式，梳理项目探究问题，建构项目框架。最后，通过阅读范例与集中讨论，确定项目内容要求及完成步骤。在这个过程中，教师组织学生分享，导入课题，借助提问引导学生讨论，提炼核心问题，并通过不同形式的讲解示范引导学生预测、朗读、讨论，为学生搭建支架。

（二）项目实施阶段

在项目实施阶段，学生首先按照前期讨论梳理的步骤要求，制作完成春节礼物初稿，并为自己的作品撰写介绍文字。教师需要对收集到的学生初稿进行清晰的批注和反馈，重点关注语言内容并提出有针对性的修改建议。同时，教师需进一步整理出共性的问题，为集中讲评做准备。

在第二课时的学习中，教师首先进行集中讲评，提供有效指导，帮助学生优化语言。接着，学生通过观看视频，明确成果展示的基本要求，如展示内容建议、视频录制建议等。最后是小组合作研讨的环节，这是项目式学习中的重要一环。在研讨环节，教师应确定学生分组，收集各组名单，并说明小组讨论的内容及要求。之后，学生在小组中展开各自作品的介绍和分享，小组成员就作品创意、设计等互相评价、交流、学习，逐步确定自己作品的修改方案。在这期间，教师进入各个小组进行巡视，并提供有针对性的指导建议。此外，为了提高学生项目成果展示的积极性，教师要求各小组集思广益，制定最终展示的评价标准，并讨论最终展示环节的奖项设置，最后通过全班汇总投票确定统一的评价标准与奖项设置，这一过程给予了学生最大程度的参与感，使他们真正成为项目式学习的主导者。

完成小组讨论任务后，学生开始进一步优化自己制作的春节礼物，并撰写录像脚本，为最终的作品展示录制视频。教师收集学生作品并进行分类整理。

（三）项目展示阶段

项目成果公开展示是项目式学习的最后一个环节，主要内容是发布作品，展示评选，反思总结。由教师组织，将学生作品进行跨班级展示，学生通过投票，评选出优秀获奖作品，并交流感受。教师同步参与项目成果评价，汇总投票结果，并为优秀作品颁奖。展示后，教师可以进一步追问学生的学习感受、心得体会，引导学生回顾项目探究的整个过程，思考自己的问题解决过程，进而总结经验，形成项目式学习的思维路径，并在生活中出现类似情境的问题时能够迁移应用。

四、项目式学习的实践反思与启示

历经一个月的项目式学习课程，教师和学生都体会到了与常规课堂不同的学习内容、学习方式，也感受到了师生关系的良性转变。

对学生而言，他们用心制作了春节礼物作品，并认真撰写作品介绍，从中收获了成就感。在项目式学习过程中，学生经历了思考、反思和完善的阶段，自主学习能力得到了锻炼。同时，他们多次参与合作学习，共同协商讨论评价标准、奖项设置，在小组讨论中认真倾听，发表意见，取长补短，锻炼了合作学习的能力。总体来看，学生对项目式学习的整体学习感受是积极的。项目式学习带给学生不同的学习体验，使他们积极地挑战自我，充实了生活。

作为教师，研究团队感受到项目式学习和以往教学的最大不同在于学生的深度参与。作为学习方式与教学方式的一种新样态，师生、生生共同参与项目探索，以平等的、合作的协同式对话促成问题的解决。可以说，项目式学习不但丰富了学生的学习体验和文化体验，而且能够帮助学生习得在真实情境中提出问题、解决问题的能力，涵养学生自主探索、建构新知识的素养，从而实现对学生语言能力、学习能力、思维品质和文化意识的素养涵育。

项目式学习旨在培育学生的核心素养，探索指向核心素养培养的项目式学习实践势在必行。它不仅能充分体现学生的学习主体地位，锻炼学生自主学习及合作探究的能力，而且能通过学生在真实问题和任务中的探究和解决过程，全面培养学生的核心素养，帮助他们成长为未来世界的主人。

参考文献

［1］巴克教育研究所. 项目学习教师指南［M］. 任伟，译. 北京：教育科学出版社，2008.

［2］中华人民共和国教育部. 义务教育课程方案（2022年版）［M］. 北京：北京师范大学出版社，2022.

［3］中华人民共和国教育部. 义务教育英语课程标准（2022年版）［M］. 北京：北京师范大学出版社，2022.

学生核心素养下跨学科主题教学实施

刘 洋

一、绪论

（一）研究背景

2022 年 4 月 21 日，《义务教育艺术课程标准（2022 年版）》（以下简称"新课标"）颁布。新课标强化了艺术课程的综合性和实践性，聚焦核心素养，重构课程内容，对艺术课程的实施提出了许多新要求，坚持以美育人、重视艺术体验，突出课程综合。其中，课程综合涵盖艺术学科之间的融合、艺术学科与其他学科的联系。在实施过程中，需要把握好音乐、美术与姊妹艺术课程内容的融合，合理选材，充分发挥协同育人功能；根据艺术的表现特征，在艺术实践与体验中，引导学生关注艺术与自然、生活、社会、科技的关联，并运用这些联系进行艺术创新和实际应用，进而促进学生核心素养的提升。

（二）研究意义

要实现发展学生核心素养的教育目标，就需要推进学校课程与教学向素养本位转型，从教的范式向学的范式转变，关注课程教学与学生生活世界的联系，帮助学生形成整体认识，注重学生自身学习经验，让学生在做中学，获得知识、能力、意识品质的全面发展。

二、跨学科教学各学科的联系

（一）音乐与艺术姊妹学科间的融合，凸显课堂独特性

音乐与舞蹈、美术、戏剧等艺术姊妹学科紧密相连，跨学科教学成为创新方向。在此模式下，以音乐为核心，融合其他艺术形式，展现课堂独特魅力。教师需深入研究教材，发掘音乐与各学科间的内在联系与共性，确保在跨学科融合中凸显音乐的独特性。不同艺术形式虽表达情感方式各异，但共享情感内核。舞蹈以肢体诠释情感，美术以线条色彩描绘情绪，戏剧则借语言与表演展现人物内心世界。多角度切入教学，能深刻展现艺术家的情感与艺术追求，帮助学生理解艺术间的相互关联，深刻体验作品情感。这种跨学科融合不仅是知识的交融，更是审美的再创造，有助于培养学生的"音乐审美体验""表演感知及文化素养"等核心音乐素养，推动学生全面发展。

（二）音乐与社会生活学科融合，凸显课堂的实用性

音乐教学选材要求更贴合现代社会生活。因此，教师在进行音乐跨学科的设计时，应该从引导学生对生活的体验与音乐的经验入手，激发学生联系生活中的音乐现象，主动探究它们之间的关系，从而达到能够将音乐的学习与艺术的生活体验进行相互转换的目标。

艺术课程总目标聚焦核心素养，从审美感知、艺术表现、创意实践、文化理解四个方面整体概括了通过九年义务教育艺术课程的学习应达到的目标，为艺术教学指明了方向。学段目标在总目标的统领下分四个学段，各科学段目标之间，教学内容层层递进、相互衔接，教学要求逐步提高、环环相扣。从总目标到学科学段目标、从低学段目标到高学段目标，脉络清晰，层次分明，易于掌握。

音乐学科相较于其他学科来说，是实践性较强的学科。对于我们日常生活中的音乐，学生应该主动参与到音乐活动中。譬如，在学生音乐聆听欣赏方式上，增加"现场演出"内容，扩大学生接触和获取音乐信息的范围，使学生真正走进社会生活的音乐中，真正感受音乐的实用性。

（三）音乐学科与人文学科的融合，凸显课堂的魅力

新课标指出，在义务教育阶段增加艺术"新三科"是为了顺应时代发展，尊重学生兴趣；提倡综合意识，鼓励个性发展；真正立足美育，增强文化自

信。正如音乐与诗歌、文学等进行结合，它们各自独立又相互映衬，使其在艺术作品中呈现出独特的魅力。在我国音乐历史发展长河中，有许许多多根据诗词改编的曲调，如《春晓》《静夜思》，其优美旋律不仅可以帮助学生记忆诗词，理解诗词，还可以激发学生对音乐的兴趣，协调人理性与感性、理智与情感之间的发展。

音乐课程中选择的艺术作品与音乐活动都具有鲜明而深刻的人文性，具有唤醒、联系和整合人格的力量，对引领学生认识人文内涵、养成良好的人文品格具有重要意义，更有助于培养学生在"审美体验""音乐文化"等方面的音乐素养。

（四）音乐与自然学科的融合，凸显课堂的创造力

在学习生活中，数学、化学、物理等逻辑性强的学科被称为自然科学学科。"艺术是情感化的科学，而科学则是精确化的艺术"，艺术与科学不仅能打开人的想象力，还能锻炼人的思维创造能力。不论是先秦时期音乐中的律学计算，还是出土音乐文物中的几何学，都表明古代社会人们对音乐与自然学科的认识已经达到一定水平。

音乐学科与自然学科的跨学科联系，将相关知识点进行融合与渗透，能够激发出强有力的推动作用，有助于培养学生既理性又感性的思维洞察能力、思考和解决问题的能力，也有助于培养学生在"音乐鉴赏""审美判断"等方面的音乐素养。

三、加强教师跨学科教学能力

（一）跨学科教学能力的培养

跨学科教学让教师不仅可以在音乐学科上建立纵向联系，还可以在音乐学科与其他学科间建立横向联系。因此，教师应发挥好自身作用，根据教学团队的需要，做好学校教学工作，提供思想指引和实践经验，确保教学讨论的有效性，进而指导教师顺利开展跨学科教学。

首先，开展讲座。在跨学科教学过程中，学校可安排理论联系实际、内容生动丰富的讲座，这不但能够引起教师的共鸣、满足教师的需求，还能帮助教师了解什么是跨学科教学、设计教学方案时应该如何整合知识、如何进行有效的跨学科教学等，为教师在实践中提供理论依据。

其次，组织教师观摩学习。教师利用课余时间去观摩学习，不仅可以借鉴其他教师的教学技巧和方法，也可以规避自身课堂的不足之处。学校通过建立跨学科观摩研讨机制，创建多种机会，让各学科教师进行跨学科交流，研讨跨学科教学的经验与心得，真正实现学科间的渗透与融合。

（二）跨学科教师的合作

跨学科教学作为一种新型的教学模式进入教学课堂，需要大量的教学资源支撑，单靠一个人的努力是远远不够的，因此组建跨学科的教学团队，依靠团队的力量来进行研讨教学势在必行。学科团队的教师进行合作的目的在于互相引导、启发以及解决问题，所以跨学科团队中的教师都应该全身心地投入其中，不断地与团队其他教师进行交流、倾听与分享，尊重他人的意见。只有这样，才能营造合作完成任务的氛围，实现有效合作，推动跨学科教学顺利开展。其次是丰富教师们的合作形式。团队教师除了集体备课之外，还可以开展跨学科听课、线上合作、双师合作执教等教学活动，在不同的教学时段选择不同的合作方式，能够使教师的团队合作效果达到最优化。

四、制订完备的跨学科方案

制订系统、详细的教学方案是帮助团队教师顺利将跨学科融入课堂教学中的关键一步，主要包括以下几个方面：

（一）课程目标的制订

课程目标的制定能够明确教师教学的方向，成功制订教学目标有助于教学的顺利实施。音乐跨学科课程目标的设计，不仅要依据各学科的国家课程标准与音乐学科核心素养的培养理念，还要从多个学科的视角出发，主动去寻找各学科与音乐学科的联系，以此作为切入点去进行学科间知识框架的延伸与探究。此外，课程目标的制定不能脱离实际，要以培养学生对音乐学科的兴趣、拓展学生的思维、提高学生创新解决问题的能力作为出发点，尽可能选择学生感兴趣的话题来设计小学音乐跨学科的课程目标。

（二）课程内容的选择与组织

跨学科的教学方式不仅打破了学科间的壁垒，还整合优化了学科间的课程内容体系，因此，实施跨学科教学，课程内容的选择是其中最重要的一环。对教师来说，跨学科教学内容的选择与组织具有一定的挑战性，它要求团队教师在熟知音乐学科知识要点的基础上综合各个方面，以音乐为主体学科，涵盖其他相关学科知识，形成本学科内的纵向延伸与相关学科的横向延伸。此外，课程内容的选择一定要符合该年级学生的年龄层次和知识水平，选择与学生的学习、社会生活相关的内容，并在组织选择时留有一定的空间，使教师能有自由发挥的余地。

（三）教学资源的选择

北京儿歌是北京地区特有的优秀传统文化资源，作为区域性传统文化的组成部分，具有结构短小、内容单纯、歌词语言明快、句尾押韵、大量运用儿化音、曲调简练、旋律与歌词结合紧密等特点，有很强的念诵性和鲜明的地方特色。北京儿歌内容丰富多样、包罗万象，有游戏类、风俗类、知识类、建筑类等，是人们智慧的结晶。它从诞生开始就不是孤立存在的，而是结合了语言的念诵性、音乐的旋律感、游戏的节奏感、美学的画面感以及生活的哲理性。

为了提高学生从小热爱传统文化的意识，我们将北京儿歌的收集、分类、体验、展示等都编入学科实践活动。安排上遵循由背景到主体，由总体到细节，由体验到展示的原则，学生通过书籍、网络查找资料，开展小组探究合作，将资料收集与实践活动相结合，逐渐拉近自身与传统文化的距离，营造文化氛围，强化文化认同感。

课程内容的选择与组织完毕后，接下来就是教学资源的选择。教学资源包括信息技术资源、社区与校外资源等，这些资源可以在跨学科教学的过程中进行使用并不断调整。例如，在《二月二龙抬头》与美术学科的导入环节，其目的是让学生从美术学科的视角感受儿歌描绘的画面感；在与体育跨学科融合的拓展延伸环节，其目的是让学生在相互合作实践中体验边玩边唱、边玩边说的游戏与儿歌相结合的形式，感受游戏与儿歌的节奏感强、律动一致的特点。由此可见，教学资源的选择在教学实施的过程中占有重要地位。

五、采取多样化教学评价方式

跨学科教学评价是评估教学成效的关键方式，它促进学生发挥优势、弥补不足，并助力教师灵活调整教学计划，确保跨学科教学顺利进行。音乐跨学科教学涉及众多学科，教师在教学过程中，一方面可以根据跨学科教学的教学目标去选择现已成熟的评价方法进行评价，另一方面可以根据自身的教学需要去自主研发相适宜的评价方式。常见的评价手段主要包括提问、观察记录、日常测试等，评价方式的多样化依托于评价手段的多样化。因此，教师要综合采用多种评价手段，形成多样化的评价方式，从而全方位、多主体、多角度地对学生进行评价。除此之外，教师在教学课堂中，要注意多种评价方式之间的均衡，还要学会针对不同的教学环节，采用不同的评价方式组合。只有采取多样化的教学评价方式，才能调动学生在课堂上的积极性，激发学生对音乐的兴趣，促进学生发展，完善音乐跨学科教学的课堂。

六、结论

在大力倡导核心素养的背景下，音乐素养在培养学生的音乐审美情趣、音乐创造、音乐实践等方面有着其他学科所无法替代的作用。一时间，如何培养学生的音乐素养成为音乐教育与课程进行改革的热点话题。"跨学科教学"作为符合当今时代发展潮流与新课改要求的教学方式，对于培养学生的核心素养具有重要意义。

参考文献

[1]孙虎.指向核心素养的初中数学跨学科项目实施研究——以日本初中数学教材跨学科内容设置为例[J].中小学课堂教学研究，2022（8）：67-70.

[2]柳海荣，柳洁.核心素养视角下小学跨学科整合课程的教学实践与探索——以小学英语学科教学为例[J].河北民族师范学院学报，2022，42（3）：122-128.

[3]邹玉，王昕宇.核心素养背景下跨学科融合教学的思考与设计——冬奥会中的科学奥秘[J].物理教学探讨，2022，40（6）：77-80.

[4]张玉华.核心素养视域下跨学科学习的内涵认识与实践路径[J].上海教育科研，2022（5）：57-63.

[5]安钰，陈莉萍.指向核心素养的跨学科研学课程设计——以弥勒市东风农场葡萄产业研学课程为例[J].云南教育（中学教师），2022（5）：26-30.

[6]桂立成.跨学科培育核心素养的"四势"原则[J].中学政治教学参考，2022（13）：10-12.

[7]林肖珍.基于核心素养的语文跨学科教学创新尝试[J].语文新读写，2022（4）：94-96.

[8]王珂.核心素养导向下的全场域跨学科综合实践活动设计探索[J].中国德育,2021（19）：60-62.

[9]高建会.核心素养视域下小学科学跨学科实践研究对策[J].天津教育,2021（16）：89-90.

从语文综合实践活动到项目式学习的思考与探究

卢竞芳

教育领域持续推进改革，教学模式的演变始终围绕着培育学生综合素养的目标。语文综合实践活动长期以来在教学实践中发挥着重要作用，而项目式学习作为一种新兴且前景广阔的教育理念与模式，正逐步受到关注。深入剖析从语文综合实践活动向项目式学习的转型过程，对于推动教育迈向高质量发展具有重要意义。

一、项目式学习的内涵解读

（一）教育理念的核心特征

项目式学习作为一种先进的教育理念，以实践活动为重要载体，全面助力学生在知识积累、能力提升、品格塑造以及价值观形成等多个维度的成长。其核心在于强调跨学科知识的融合运用，以此激发学生自主学习的动力。这种学习模式以学生为中心，鼓励学生大胆质疑、积极构想，在贴近生活的真实情境中展开探索，借助各类工具与技能创造性地解决问题，帮助学生构建并灵活运用自身的知识体系。从学习模式来看，项目式学习通常设定一个源自现实生活场景的项目，学生围绕该项目自主探索、尝试、纠错并不断完善方案，在完成作品后，依据他人反馈进行反思与持续改进。作为一种学科整合方式，项目式学习打破单一学科的局限，要求教师在整个过程中综合运用多学科知识，提升学生解决核心问题的能力。

（二）相较于传统教学的优势

众多学者如仲剑锋、徐薇指出，小学语文项目化学习在课程体系、教学目标、教学内容、教学方式以及教学评价等方面与传统语文学习有着显著区别。

具体表现为从侧重于知识脉络转向注重能力脉络，从追求知识达成转变为聚焦问题解决，教学内容从零散呈现过渡到主题聚焦，教学方式由教师主导规划转变为师生讨论生成，教学评价从单一维度迈向多元丰富。廉丽玲认为，小学语文项目化学习包含内容与资源、情境以及实践过程等核心要素，在教学应用中需要重点关注教学主题与目标的设计、学科核心知识的整合、高阶项目化驱动任务的设置以及项目评价的合理性。

二、两种教学模式的本质差异

（一）语文综合实践活动的实施特点

综合实践活动课程在教师的引导下，以学生的个人经验、社会实际状况及需求为核心，通过主题形式对各类课程资源进行整合。其主要目的是培养学生在复杂情境中解决问题的能力，激发学生的探究精神，提升学生的综合实践能力。语文综合实践活动拓宽了语文学习的边界，使学生在丰富的实践中开阔视野、增长知识、培养能力并提高素养。

（二）项目式学习的创新之处

1. 项目式学习的独特性

项目式学习让学生提前体验社会创新实践，实现教育理念的更新升级。它以学生的兴趣为出发点，注重深度学习，通过营造有趣的学习场景与活动，优化学习环境，构建起学习与实践相结合的联盟。项目来源于生活中的实际问题，并与各学科的核心概念紧密相连，学生在模拟真实的情境中自主探索，构建知识体系。

2. 关键区别

（1）关键差异矩阵。

	语文综合实践活动	项目式学习
目标导向	知识整合应用	真实问题解决
学科整合	多学科并行	跨学科融合
成果形态	过程性作品	系统性产品
评价维度	单一学科标准	多元能力评估
技术应用	辅助工具	创新载体
师生角色	教师主导	双主体协同

（2）内容导向与产品导向。

无论是语文综合实践活动还是项目式学习，都旨在培养学生的自主探究能力，启发学生的学习内驱力，提升学生的核心素养。

语文综合实践活动通常以活动内容为导向，根据教材或者选定的主题进行活动设计。如以六年级下册第五单元的口语交际内容"开展一场辩论赛"作为单元的综合实践活动，活动情境是学生未来可能需要面对的真实问题，但是活动的创设更多地来自对教学目标的完成，对教材内容的整合。

比如单元围绕"开展一场辩论赛，争当最佳辩手"为任务驱动，通过单元整合一步步了解并学习"什么是辩论""辩论赛的规则是什么""如何进行辩论""如何通过辩论说服对方，打动听众"。其主要目的还是整合单元中的篇章教学，力求以真实问题驱动，启发学生学习的内驱力。为了完成辩论任务，学生有目的地主动地学习单元内其他几篇课文习得辩论的方法，结合自身辩论需求，查找、筛选并运用课外资料，准备辩论赛。综合实践活动的设计仍以内容为导向。

而项目式学习强调最终产品的生成，产品凝结了学生的智慧与创造，是跨学科知识与技能习得结果的综合体现。在项目式学习结束前，学生展示最终产品，接受"审阅"。学生除了面向同学和老师外，还要面向其他公众展示自己的成果。以终为始是一种目标导向的方法，在开展每一次的项目式学习之前，老师都需要有清晰的目标，包括容易理解的学业发展目标和素养发展目标，也包括产品目标。

如学校要开展"勿忘国耻"圆明园游学活动，有了这个主题情境，再从学生关心的真实问题出发，调查学生感兴趣的真实问题。对这些问题进行梳理，发现同学们关心的问题大致有历史问题、建筑问题、文物问题、旅游价值问题等几方面。在此基础上教师进一步提出引导性问题"大家的想法各种各样，我们该如何有效开展研学活动？"学生由此讨论出本次项目式学习的驱动问题"如何设计一份研学手册"。

为了让项目式学习更加具有实效性，在学习过程中，教师将核心驱动问题进行分解，通过这些问题引导学生完成产品。

驱动问题1：什么是研学活动？

驱动问题2：去圆明园，大家希望对哪些具体问题进行探究学习？

驱动问题3：研学手册需要具备哪些要求？

驱动问题4：如何对手册进行撰写与排版？

在项目式学习中，要以产品为导向，将问题的解决作为核心目标。事实上，我们将真实合作问题解决视为项目式学习素养发展目标，并贯穿于项目学习的不同环节中。在此过程中，学生会自主地从书本中查找资料，从真实问题出发，在教师的引导下，自主开展项目式学习。

（3）学科的融合程度不同。

通常意义上，语文综合实践活动比起传统意义上的语文课程更便于进行学科融合的学习，但是通常分为两种情况：一种情况，以语文学科为主，在进行资源整合的过程中，涉及一些多媒体技术的应用，如"开展一场辩论赛，争当最佳辩手"，考查学生资料整理能力，由写到说的思辨能力和口语表达能力，但是对其他学科的学习与应用并没有过多涉及。另一种情况，由教师创设一个活动情境，如学校开展"立夏汇"的游园活动，在准备活动的过程中，学生们进行立夏的由来、习俗、相关诗词的学习，为活动做准备，涉及语文学科；探究立夏节气前后的历史温度变化涉及数学学科；手绘立夏蛋、绘制立夏海报，涉及美术学科；学习跳立夏主题的韵律操涉及体育学科。整个综合实践活动虽然涉及的学科众多，但是没有真正地进行学科融合，更像是"拼盘"，学生没有为了解决真实问题而自主地进行跨学科技能的应用。

在项目式学习中的"跨学科"强调学科与学科之间的相互交融，相互融合的学科成为彼此的媒介与依附，进而突破"传统"概念达到全新领域。

依然以"如何设计一份研学手册"为例，学生在进行项目式学习的过程中，首先通过多媒体媒介了解了"研学"的定义以及"研学"需要做的相关准备。接着，同学们通过调查问卷，对全班同学感兴趣的问题进行调查与统计，运用相关数学知识通过条形统计图，以及饼状图，将同学们感兴趣的问题进行分类。然后，根据分类结果对学生进行分组，对研学手册的撰写进行分工。在学习撰写的过程中，学生查找了大量相关资料，其中涉及历史、建筑、艺术等领域，其语言文字的表达能力得到有效提升。最后，结合美术学科的配图、排版，应用相关多媒体技术，研学手册的初稿才得以完成。在整个项目式学习的过程中，各个学科的融合是环环相扣而非割裂的。

三、实践路径：转化策略与教学案例

将统编版教材小学六年级下册第六单元作为综合实践性单元，此单元主要分为"回忆往事"和"依依惜别"，因此可以转化成两个子项目，即"如何制作一本个性化的成长纪念册"和"如何策划一场班级毕业典礼"。针对项目式学习的特点，强调在项目式学习活动中，项目（问题）在发布以后，都是以团队的形式来认领并完成的，那么"制作一本个性化的成长纪念册"就不适合作为项目式学习的主题，而"如何策划一场班级毕业典礼"则更符合项目式学习的特点。

本项目在全面把握教材的基础上，将学生由课内学习引向课外实践、由学校生活延伸到生活实际。从小组合作撰写策划书进行班级竞标，到确定策划方案进行人员分工，在策划活动的过程中，由学生自主完成场地布置、制作宣传海报、进行节目审排、准备服装道具以及维护秩序等工作，真正意义上检验了学生跨学科的学习与解决真实问题的能力。

核心驱动问题	最终产品		总时长
如何策划一场班级毕业典礼	完成班级毕业典礼		4周
分解驱动问题	主任务	具体任务	时长
毕业典礼都需要哪些环节？	进行毕业典礼设计方案的撰写与竞标	发布毕业典礼任务，分小组撰写策划方案初稿，并在班级内部进行竞标	1周
毕业典礼都需要哪些人员安排？	根据竞标的设计方案以及学生的特长、能力进行项目组分工	根据竞标方案，由竞标成功小组为核心组成员，其他同学根据填报志愿进行小组分工	1周
①导演组：如何撰写并完善毕业典礼设计方案？如何进行人员分工？ ②演员组：如何通过表演表达对母校的感恩与对未来的憧憬？ ③道具组：如何利用有限的材料完成道具制作？ ④宣传组：如何吸引更多的老师或同学来参加本次典礼？	策划并完成一场有意义的毕业典礼	①导演组根据活动的初步方案对申报的节目进行初期审查 ②导演组根据审查后的结果调整活动方案 ③主持人根据活动方案撰写主持词 ④每个节目成立节目小组，小组内部完成节目所需音乐、视频、PPT等制作，自行准备服装及节目相关道具 ⑤道具组根据实际情况制作活动现场所需道具，并进行场地布置 ⑥场控组人员负责节目的相关调度和PPT、音乐、视频等播放 ⑦宣传组同学绘制宣传海报，并布置黑板	2周

```
                    ┌─────────────────────────────┐
                    │  驱动问题:如何策划毕业典礼    │
                    └──────────────┬──────────────┘
                                   │
                              ◇────▼────◇
                              │  问题拆解  │
                              ◇────┬────◇
              ┌────────────────────┼────────────────────┐
              │                    │                    │
    ┌─────────▼────────┐  ┌────────▼────────┐  ┌────────▼────────┐
    │   典礼要素分析    │  │  资源整合策略   │  │   风险评估模型   │
    └─────────┬────────┘  └────────┬────────┘  └────────┬────────┘
    ┌─────────▼────────┐  ┌────────▼────────────┐  ┌────▼──────────────┐
    │环节设计  节目单编排原则│  │学科映射 语文+艺术+数学知│  │应急预案  3级风险控制机制│
    │                  │  │        识图谱       │  │                  │
    └──────────────────┘  └─────────────────────┘  └───────────────────┘
```

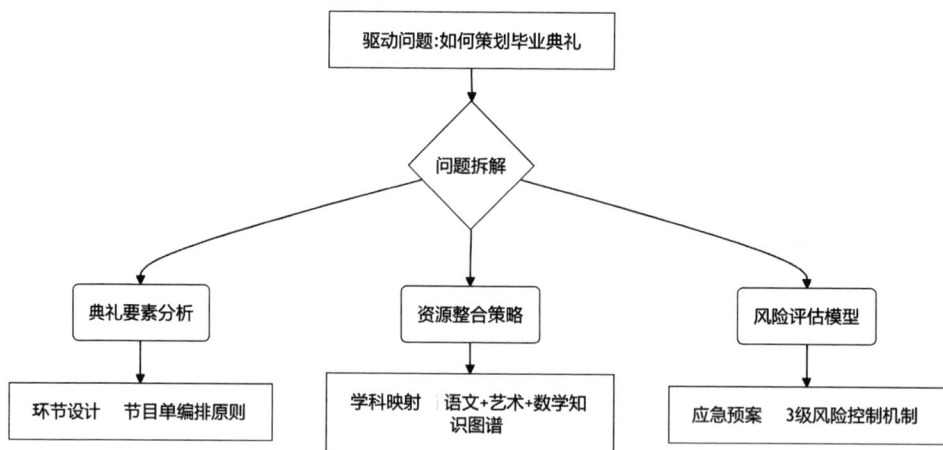

项目式学习有利于突破学科与生活之间的界限，引导学生在两者之间架设桥梁，引领学生在问题情境下自主提出问题，并展开研究性学习和实践，从而提升学生问题解决能力，促进学生核心素养的自然生长。

四、反思与教师能力提升建议

项目式学习的深入实施对教师的专业能力提出了新的挑战。教师需要提升课程重构能力，例如在将教材单元转化为项目时，能够提炼核心概念，设计驱动性问题链；强化跨学科整合意识，在项目中有机融合多学科知识；深化技术应用能力，指导学生运用新技术。建议教师通过案例研究、跨学科协作培训以及建立校本资源库等方式，突破学科本位的思维局限，实现从知识传授者到学习设计师的角色转变。

五、结语

项目式学习打破了学科与生活之间的界限，为学生的自主学习和素养提升搭建了桥梁。从语文综合实践活动向项目式学习的转变，需要教育工作者深入理解项目式学习的内涵，把握两种教学模式的本质区别，积极探索实践路径，并不断提升自身能力，从而更好地推动教育教学改革，促进学生的全面发展。

"双减"背景下小学美术课堂提质增效的思考与实践

毛 爽

一、政策背景

（一）宏观政策背景分析

2021年7月，中共中央办公厅、国务院办公厅印发了《关于进一步减轻义务教育阶段学生作业负担和校外培训负担的意见》（以下简称《意见》）。《意见》中提出："坚持以习近平新时代中国特色社会主义思想为指导，全面贯彻党的教育方针，落实立德树人根本任务，着眼建设高质量教育体系，强化学校教育主阵地作用，深化校外培训机构治理，坚决防止侵害群众利益行为，构建教育良好生态，有效缓解家长焦虑情绪，促进学生全面发展、健康成长。"

关注学生全面健康发展是"双减"政策下学校的工作原则。学校的一切行为出发点，都应该以学生为本，以教育的发展规律为准则，聚焦学生的身心健康。学生的全面发展既是教育的出发点，又是教育的归宿。学校要着力五育并举，落实立德树人根本任务。

提升课堂教学质量是"双减"政策下学校的工作基础。学校作为"双减"的主阵地，应该优化教学方式，提升学生的学习效率与教师的教学质量。确保学生在校内得到充分的教育资源，可以做到学足学好。

（二）学科政策背景分析

2020年10月，中共中央办公厅、国务院办公厅印发了《关于全面加强和改进新时代学校美育工作的意见》，提出："以习近平新时代中国特色社会主义思想为指导，全面贯彻党的教育方针，坚持社会主义办学方向，以立德树人为根本，以社会主义核心价值观为引领，以提高学生审美和人文素养为目标，弘扬中华美育精神，以美育人、以美化人、以美培元，把美育纳入各级各类学校人才培养全过程，贯穿学校教育各学段，培养德智体美劳全面发展的社会主义建设者和接班人。"

不论是宏观政策还是学科政策，都要求学校作为主阵地，教师作为战斗在一线的士兵。以五育融合育人为抓手，立足立德树人根本任务，严抓教学质量，提质增效，促进学生全面发展和健康成长。

二、美术课堂现状分析

发展学生的核心素养是未来基础教育的顶层理念。中国学生发展核心素养，以科学性、时代性和民族性为基本原则。

美术学科在整体核心素养的顶层理念下，提炼出美术四大核心素养：审美感知、艺术表现、创意实践、文化理解。四大核心素养之间有着密不可分的关联与交集。

通过小学六年的美术学习活动，大部分学生可以掌握一定的美术技能，了解一些美术语言和表达方法，并能运用不同的工具和媒材进行创作，表达自己的情感与思想，改善环境与生活。但是随着学生年龄的增长，层级分化也变得更加明显，还是有少部分同学对美术活动的兴趣不高，呈现的艺术作品欠佳。

纵观一至六年级的课程内容设置，里面所包含的领域和题材都非常丰富，但是少部分学生对于美术学习的兴趣随着年级的升高逐渐呈下降趋势。他们对于美术活动的兴趣，变得不再像低年级时一样浓郁，大部分学生在美术学习的能动性上也变得越发低下，只是亦步亦趋随着老师的节奏走，在艺术作品的呈现上，形式不够丰富，创新性不够强，在评价自己与他人艺术作品的维度方面也显得很单一，缺乏衡量评价的抓手。

剖析这部分学生的学习心理，会发现他们想创新，却没有思路；他们愿意实践探究，却发现自己积累的经验太少；他们想去评价，却思路匮乏，逐渐地觉得美术难度越来越大，便失去了学习美术的兴趣与动力，也就更谈不上创作优质的艺术作品了。

三、美术课堂转型实践

针对以上问题，教师要如何解决，才能达到提质增效的目的？

笔者认为，在"双减"政策的背景下，美术课程的改革不仅是内容的改革，也是教学过程和教学方法的改革。应该通过坚定主体、明确目标、关注过程、夯实评价和赋能教师的途径，达到提质增效的目的，促进学生全面发展和健康成长。

（一）坚定主体：从"教师本位"到"学生为本"

在美术课堂教学中，一定要坚定教学主体，要从"教师本位"转变到"学生为本"。教师在做教学设计的时候经常"想当然"，讲课"一言堂"等，这些现象都是从"教师本位"出发，本质是教师希望拥有课堂的绝对话语权和掌控权，忽略了学生才是教学的主体。

"学生为本"不是说让学生自由野蛮生长，而是学生需要在教师对教学目标、教学情境、信息资源、探究学习、自主学习、合作学习、练习活动、学习评价等方面的精心策划、设计和引导下去思考和探究，在这一系列的活动过程中自主生成和建构知识体系。

笔者在教授四年级《小小旅行壶》一课时，针对教学目标与重难点，设计了一个真实问题情境："小明这个周末要和爸爸妈妈去爬山，他需要一个什么样的水杯呢？"以此吸引孩子们的注意力，提高他们的参与度。

在第二个环节分享自己的水杯有什么特点时，笔者有针对性地让他们上台进行对比介绍。第一个水壶是粉色矮小水壶，学生说虽然储水量不大，但是它小巧玲珑，便于携带。第二个水壶是细长的黑色水杯，学生介绍说它的出水口很便捷，一按就可以了。笔者追问道："下面这个可以活动的环有什么功能？"学生发现这个环可以上下翻动，起到锁定壶口的作用，这样在移动的过程中不会漏水。笔者继续提问："这两名同学的水壶是什么材质？这种材质有什么特性？适合去什么地方游玩时携带？"学生回答道：外层是铝合金材质，保温性很强，适合去寒冷的地方使用，比如东北、南极。笔者又说道："谁有其他材质的水壶要和大家分享？"有的同学分享自己的粉色塑料水壶，并且提到水壶有一个可以隐藏到壶盖里侧的提手，需要的时候可以拉下来，很方便，喝水方式是直筒的粗吸管。笔者追问道："同学们，你们发现了吗？这名同学的水杯与前两名同学的水杯相比，在造型上有什么不同？"学生回答道："这个水杯中间是凹进去的。"笔者追问道："为什么要这样设计，凹进去有什么好处？"学生回答道："为了握着方便，看着也好看。"笔者小结道："这样流线型的杯体设计，既能提升握感，同时又富有美感，兼具了实用与美观的特点。"

基于这样的观察与追问，笔者以学生为本，尊重每一个学生学习美术的权利，关注每一个学生在美术学习中的表现和发展，做到因材施教；从孩子的认知思考内容入手，引导学生多角度了解旅行壶的形态与用途的关系，感悟旅行壶的设计方法。

（二）明确目标：从"注重技能"到"提升素养"

美术课堂教学中，一定要明确教学目标，要从"注重技能"转变到"提升素养"。

学生们在三年级上册通过"故事乐园""学画连环画""我们在游乐园里""庙会"这一"人物与环境"创作主题单元中，逐步感受到"人物与场景，是绘画创作的必要元素"，了解如何在画面中适当加入人物形象与场景环境，并慢慢过渡到复杂的人物与场景关系的表现。在过去的教学中，多是注重学生技能的提升，重在培养学生了解、表现连环画的方法，根据连环画的脚本编绘画面。但是学生的画面，在构图、场景、人物与环境的描绘上还有很大的进步空间。究其根本原因，就是只重视技能，忽略了美术核心素养的积累与内化。

针对这一问题，笔者在本单元课堂教学当中，加入了学生分享"自己最爱的绘本"环节。绘本大多是在特定的主题下，完成特定的人物与环境场景创作，进行相关能力素养的补充与提升。

"授人以鱼，不如授人以渔。"传授给学生阅读绘本的方法，才是教师培养学生美术素养的正确途径。教师要不断抛砖引玉，给学生创造一系列问题串，引导学生不断带着问题去思考。

教师需要引导学生关注绘本中的构图，作者是如何表现画面中的主次关系？在画面营造上，为什么这段内容要运用一个整体的画面去表达？为什么这幅画要运用一个放大的局部去表现一个近景？作者要通过这样的画面重点突出什么内容？在绘本中的人物角色是怎样表现的？人物角色都运用了哪种表现手法？同时，教师还要引导学生关注环境场景，在处理环境背景时，表现的是真实环境场景还是虚拟环境场景？

教师通过一系列引导与追问，内化学生的美术核心素养。学生在讲绘本的过程中，会集中精力研读绘本的内容、表现的形式、构图的方法、媒材的选择。其他学生在听他讲的过程中，也补充了大量相关绘本素材，获得了关键的美术信息，提升了核心素养。

（三）关注过程：从"手段单一"到"途径多样"

美术课堂教学中，一定要关注教学过程，要从"手段单一"转变到"途径多样"。

很多学生在美术课堂活动中，会因为单一的教学手段而失去学习的注意力和兴趣，从而导致和其他同学分层严重。教师应尊重每一个学生学习美术的权利，力争让每一个学生学有所获。通过丰富的教学活动，了解学生对美术知识、技能的掌握情况，根据学生需求，及时给予学生针对性的指导。

比如在四年级下册"环保小屋"一课里，笔者在"小组对比探究"环节中，评价学生的观察准确度和思考问题的探究精神，从而提高学生参与教学活动的积极性。在"我是小小设计师"环节中，评价学生的小组作品在设计草图环节是否准确表达了设计构思，小组的模型是否体现了节能环保的理念，在材料选择与细节表现上是否恰当美观，在小组合作中是否合力解决问题。在小组共同目标的引领下，引导学生注重过程和反思，组织小组成员之间相互评价，总结自己的不足和优势。

笔者还试着在美术课堂中融入多元的信息媒体技术，比如信息媒介平台、微课、定格动画等，不断提高美术教学效率和质量，为学生学习营造有利条件。如在四年级上册教授"挂笺"时，可以结合本节课的教学目标，通过学习通和微信学习群传送挂笺相关的人文知识、挂笺的吉祥寓意等相关学习资料，让学生利用空闲时间做好课前预习，初步了解挂笺的吉祥寓意，抓住挂笺的组成部分，简单学习挂笺的剪纸方法，增强学生对美术知识的理解。

笔者还在二年级"我的课程表"一课运用定格动画的形式作为这一课的情境导入，学生们都被这种轻松有趣的教学手段所吸引；在"水果拼盘"一课中，笔者运用"水果"这一媒材，通过定格动画的表现形式，以微课的形式进行课堂示范。既激发了学生的学习兴趣，又巧妙地解决了教学重难点，在有限的课堂教学时间内，更好地达到提质增效的目的。

（四）夯实评价：从"主观判断"到"客观评测"

美术课堂教学中，一定要夯实教学评价，要从"主观判断"转变到"客观评测"。

在以往的美术课堂中，不论是教师还是学生，在评价的时候，更多的是一种主观判断，这就导致评价的度并不好衡量。为了更好地达到提质增效的目的，应该做到"客观评测"，让评价有据可依。

笔者在美术课堂中使用了两个评价量表，分别是 KWH 和 PMIQ。KWH 评价表的设计主要包括三个方面：一是已经知道了什么；二是还想知道什么；三是想运用这些知识解决怎样的问题。PMIQ 的反思表从四个维度来进行：一是你懂得的内容是什么；二是还不懂的内容是什么；三是想继续关注的内容是什么；四是仍然存在疑问的内容是什么。这些量表的设计都有利于评价的落地，通过量表量规工具来实现评价有据可依，从而达到美术课堂教学的提质增效。

（五）赋能教师：从"专注教学"到"以研促教"

美术课堂教学中，一定要赋能教师，要从"专注教学"转变到"以研促教"。

落实"双减"政策，优化学校教育供给，最终都要靠教师去落实。教师只专注课堂教学，忽视教研，是非常不注重学生全面发展的行为。教师应该努力转型为研究型教师，做到教研一体，以研促教。在"双减"背景下，教研应以学生健康成长为中心，扎根课堂，洞察学生学习中的困难，以研促教，解决教学问题，为教师赋能，从而达到提质增效的目的。

四、总结展望

十年树木，百年树人。培养人才是长远之计，教育的发展也遵循此律。在"双减"背景下，把培养学生核心素养作为行动导向，通过坚定主体、明确目标、关注过程、夯实评价和赋能教师的途径，以达到提质增效的目的。

参考文献

[1]中共中央办公厅、国务院办公厅.关于进一步减轻义务教育阶段学生作业负担和校外

培训负担的意见［EB/OL］.（2021-07）[2024-11]. http://www.gov.cn/gongbao/content/2021/content_5629601.htm.

　　［2］中共中央办公厅、国务院办公厅.关于全面加强和改进新时代学校美育工作的意见［EB/OL］.（2020-10）[2024-11]. http://www.gov.cn/gongbao/content/2020/content_5554511.htm.

　　［3］江峰，刘保锋."双减"使教育回归本真[J].中国德育，2021（19）：5-8.

新课标引领下课堂教学的思考

——以"百以内数的运算"为例

孟紫薇　张璐璐

一、缘起：新课标引起的思考

《义务教育数学课程标准（2022年版）》将数与代数领域中数的认识与数的运算进行了整合，课标指出，数的认识与数的运算具有密切的联系，既要注重各自的特征，也要关注二者的联系。数的认识是数的运算的基础，通过数的运算有助于学生更好地认识数。巩子坤、史宁中、张丹在《义务教育数学课程标准修订的新视角：数的概念与运算的一致性》一书中提到："教师在教学的过程中，要沟通数的概念与数的运算之间的关联，突出'数'与'运算'的一致性。但从当前的教材和教学来看，关于数的认识，整数（本文特指自然数）、分数、小数有其独特的认识方法；关于数的运算，加减乘除有各自的算理，整数、分数、小数运算有各自的算法。这些知识似乎是支离破碎、缺乏内在一致性的。"

那么对于一年级下册第五单元"百以内数的运算"这一内容，我们要如何进行教学设计，实现数认识与数运算的一致性呢？

二、"百以内数的运算"学情调研

（一）学情初测

为了了解学生对百以内数的运算的计算方法及算理理解的情况，我对学生进行了调研。调研题目是："选择你喜欢的方式来获得 21+13 的结果，你可以写一写、画一画，或者摆一摆。"全班 45 名学生都得到了正确的结果。

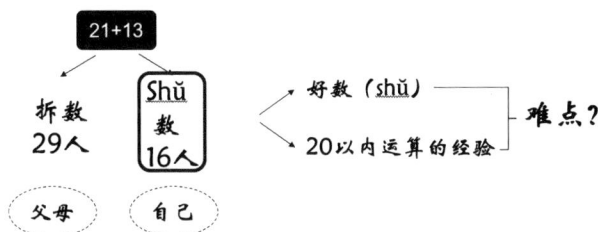

他们采用的方法有两种：拆数和数数。选择拆数方法的学生在访谈中提到这个方法更多地是来自父母和课外的学习。而选择数的 16 个学生，他们是如何想到用数的方法来获得结果的呢？我对这 16 人进行了访谈。

通过访谈我得知，一方面是因为数小，好数；另一方面是源于 20 以内运算的经验。对于这些通过数获得结果的学生，怎样帮助他们从数走向拆呢？于是我对这 16 名学生做了进一步的调研。

访谈的题目调整为 34+20。

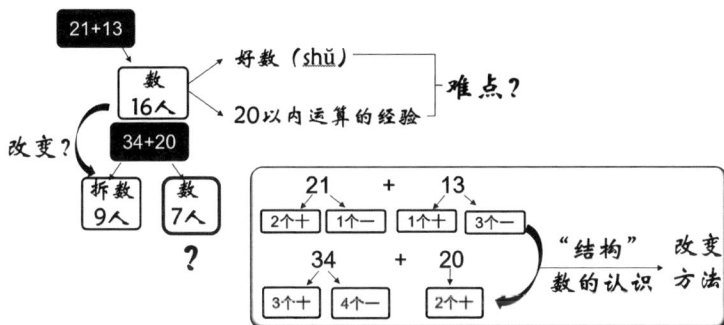

此时，原先选择数的 16 人中有 9 人不再数了，而是改用了拆数的方法。算式变了，一部分学生的方法也变了。这 9 个由数变为拆的孩子是怎么想的呢？是什么原因引发了他们方法的改变呢？通过对学生的访谈，我了解了他们的思路，21+13 这个算式中，两个数都可以看成是几个十和几个一。而将算式调整为 34+20 时，34 依然可以看成是几个十和几个一，而 20 则是看成几个十。认知的"结构"发生了变化，获得运算结果的方法也随着发生了变化。面对剩下的 7 个继续数的孩子，我们又该如何帮助他们突破难点，从数走向拆呢？于是我对这 7 个孩子继续调研。

调研的题目调整为 37+40。

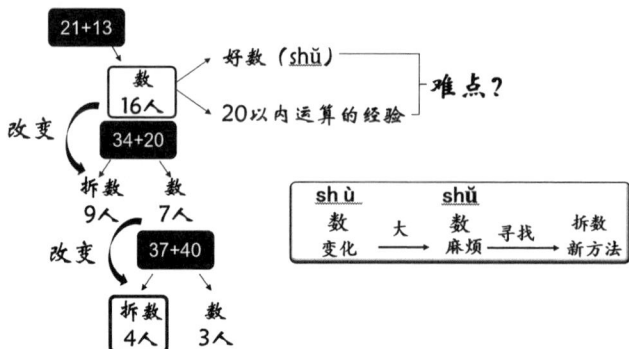

7个人中有4个人改变了方法，选择了拆数。那这次改变的原因又是什么呢？通过访谈得知，除了之前提到的数的结构的原因，学生们还表示，由于算式中的数变大导致数起来麻烦，所以他们寻找了新的方法，也就是拆数。

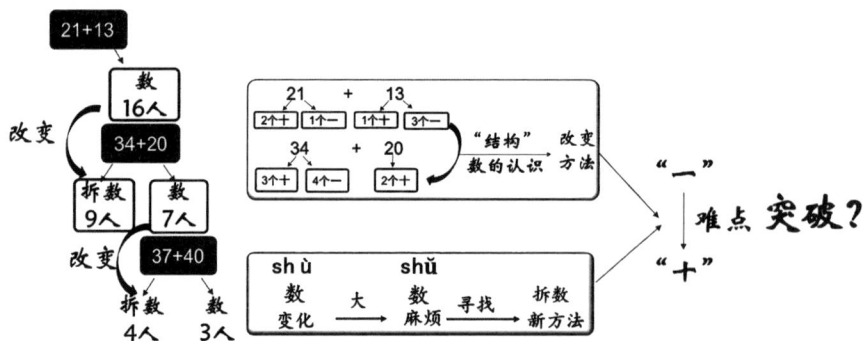

学生由数到拆的转变让我感到数的认识与数的运算是紧密联系的，从以"一"为单位到以"十"为单位的过程是学生探究新方法的难点。那我们该怎样突破这个难点呢？于是我进行了第二次调研。

（二）难点突破

调研的题目为 20+30。

20+30	正确37人（100%）		
方法	推理	竖式	数(shǔ)
人数	17人	5	15人
百分比	45.9%	13.5%	40.6%

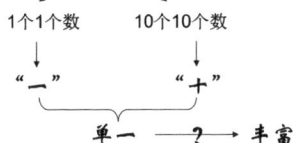

1个1个数　　　10个10个数
"一"　　　　"十"
单一 ——?—→ 丰富

从调研的结果看，共有 15 个学生选择数的方法，一种是 1 个 1 个地数，另一种是 10 个 10 个地数。看到这个结果，我不由感到疑惑：为什么将算式调整为整十数运算时，依然有学生选择 1 个 1 个数的方法获得结果呢？通过访谈发现，这些孩子都把 20 和 30 看成是多少个一。10 个 10 个数的孩子则把 20 和 30 看成几个十，这种对数的不同认识使得他们的方法也不同。同时，我也发现，孩子们不论是采用哪种方法，他们数的都是相同的单位个数。而学生对百以内数运算的一般性方法是要将数看成几个十和几个一，"一"和"十"都需要参与到运算中。如何让学生突破难点，获得以"十"为单位进行运算的视角，并调动学生的原有经验，体会数既可以以"一"为单位看成多少个一，也能以"十"为单位看成多少个十，为获得百以内运算的一般算法奠定基础？为此，我对 1 个 1 个数的学生开展了进一步的调研，调研题目为 20+10。

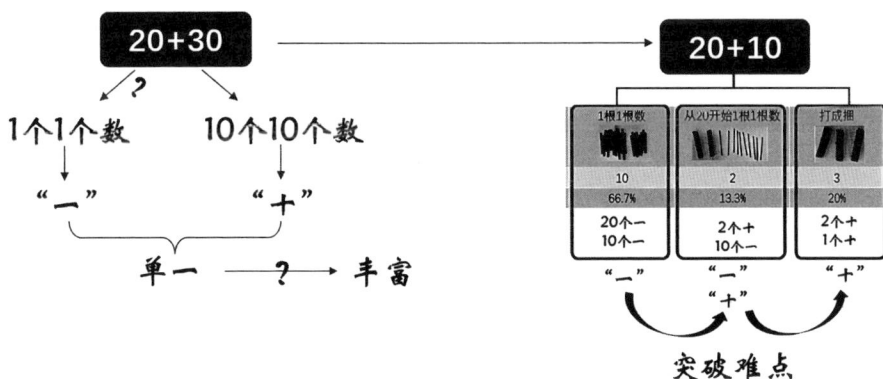

学生在获得结果时数的方法更丰富了。在对 10 进行丰富表达的同时实现了由"一"走向"十"的突破，在探索算法的过程中感受数的认识与运算间的联系，发展学生的运算能力。

三、基于调研制定任务

经过以上调研分析，我们可以看到学生在从以"一"为单位参与运算转变为以"十"为单位参与运算时还存有困难，而对"10"的多样化的表达能够帮助学生实现从"一"到"十"的突破。

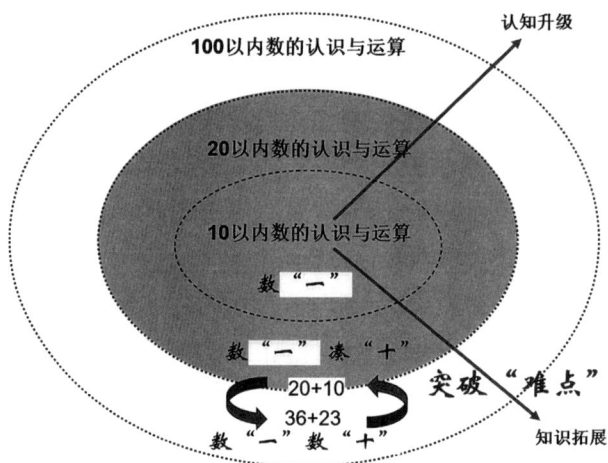

每一个教学环节的设计，都是依据学情调研中学生的真实情况而定。学生对于 10 的表达更加多样，他们根据已有经验可以较为熟练地将"10"看成 10 个一或 1 个"十"，因此，我们将教材中原有的"20+30"调整为"20+10"。

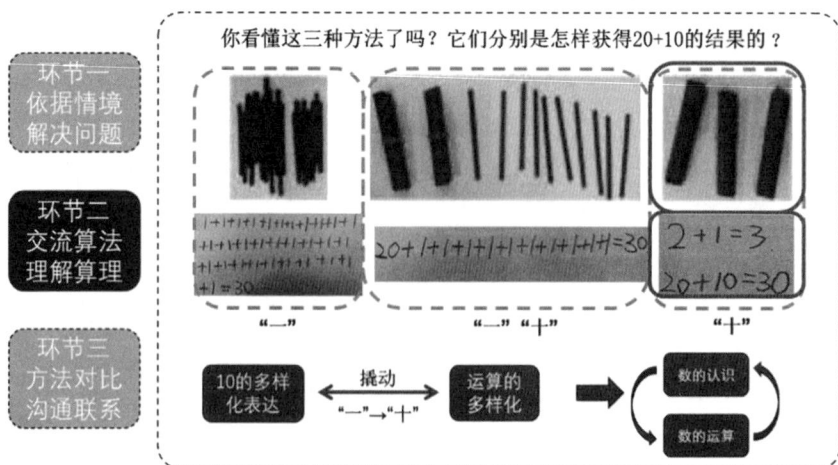

　　在探究计算方法的过程中，学生对数的不同表达方式在一定程度上给学生带来多样的获得结果的策略，这样更利于学生沟通数的认识与运算间的联系，将对数认识的经验迁移至运算中，解决问题，理解算理，发展运算能力。

四、特色与反思

（一）通过调研，将研究算式调整为 20+10

能正确计算出结果	37人（100%）				
	数			推理	竖式
	1个1个数	10个10个数			
人数	1	8	6	17	5
百分比	2.7%	21.6%	16.2%	45.9%	13.5%

　　通过课前的调研发现，学生在解决教材给定的问题时，由于算式中的数较大，学生在表示两个数时，往往会借助数的认识的经验进行打捆，也就是可以以"十"为单位表示数，但在获得结果时，却是以"一"为单位，割裂了数的认识与数的运算。

　　那如果改为比较特殊的"10"，会不会对学生感受数的认识与数的运算间的联系有所帮助呢？为什么说"10"比较特殊呢？这是因为"10"是学生认知的起点，在认识单位"十"时，就是从"10"开始的，根据"10个一是1个十"，认识新的计数单位"十"。在这之后学生就可以自主迁移，知道2个十就是20，3个十是30……

　　在教学活动设计上，也是遵循学生认知的规律，由 20+10 到 20+30 到40+50……正是有了对 20+10 中"10"的多样性的表达，撬动了运算方法的多样性，实现数的认识与运算间的联系。学生会将"10"迁移至20、30、40，在整个过程中再一次体会到数的认识与运算间的关系。

（二）情境一体化，建立数的认识与运算间的联系

　　从数的认识与数的运算的大单元的视角出发，为了帮助学生将数的认识经

验迁移至数的运算中，同时考虑到学生思维的一致性、延续性、连贯性，在认识 100 这节课时，我们设置的情境是数蛋糕，通过活动认识"十""百"。这节课同样也是计算蛋糕的数量，数的认识与运算一体化的情境帮助学生将数的认识的经验迁移至数的运算之中，在二者之间建立联系。

（三）学具的设置，沟通数的认识与运算

对于抽象算理的理解，需要借助直观模型。对于学具的选择，经过思考，为学生准备了学具盒，学具盒中包含 2 捆小棒、30 根小棒、1 个橡皮筋。

学生对于小棒的选择其实包含了两方面的意思：一方面，对于数的认识，选择哪个计数单位来表示数；另一方面，对于获得结果的方法的选择。这样的安排其实是帮助学生在数的认识与数的运算之间建立联系。学生的选择又说明了什么？

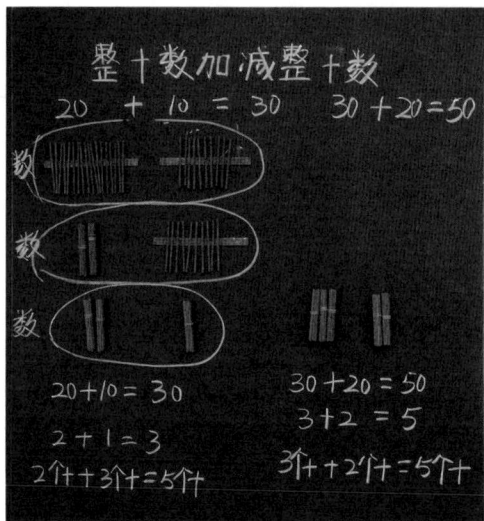

上述选择说明学生对于数的认识还停留在"一"这个计数单位，所以也只能通过 1 个 1 个数来获得结果。

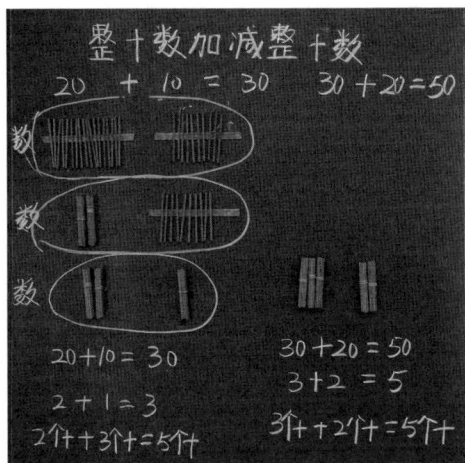

　　随着数"20"的变大，学生选择2捆来表示，以"十"为单位，对10的认识以"一"为单位。由于两个数的单位不同，所以在获得结果时，只能采取从20开始接着数的方法来获得结果。

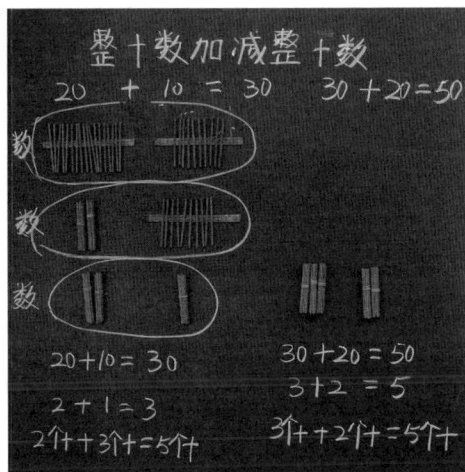

　　通过上述交流，体会到单位不一致在运算上的烦琐，说明学生可以以"十"为单位来认识数，这样既可以"1捆1捆"地数，还可以通过计算单位"十"的个数来获得结果。

　　纵向来看，学生对于数的认识由"一"到"十"，获得结果的方法也经历了由"一"到单位不一致的过程，认识到单位不一致会导致计算困难，于是寻求单位一致的计算方法。

　　学具的设置，让学生在活动过程中体会到数的认识与运算间的关系。

五、总结

回顾学生的学习过程，在学习百以内数运算时，他们往往希望从具有一般性的 36+23 这样的算式方法出发，通过讨论聚焦到整十数的运算，并在解决 20+10 的过程中，跨出 20 以内运算时都是以"一"为单位进行运算的舒适区，突破边界，获得以"十"为单位进行运算的经验，同时也为更大数的运算打下基础。

认真学习并积极落实"双减"政策，是每个教师的责任与义务。我们要领悟到"双减"政策的内在含义，不断提高自身的教学能力，学习前沿的教育理念，不断创新教育教学方法。

参考文献

[1]赵莉，吴正宪，史宁中. 小学数学教学数的认识与运算一致性的研究与实践——以"数与运算"总复习为例 [J]. 课程·教材·教法，2022，42（8）：122-129.

[2]罗训. 简析 100 以内数的加减法计算策略 [J]. 小品文选刊·下，2019（10）：2.

[3]邵燕楠，黄燕宁. 学情分析：教学研究的重要生长点 [J]. 中国教育学刊，2013，2（2）：60-63.

[4]陈雨. 数学核心素养下小学低学段计算能力的培养研究——以"100 以内的加法和减法"为例 [J]. 名师在线，2019，87（14）：62-63.

[5]韩菲，孙玉婷，郎建胜. 基于计数单位，感悟数与运算的一致性 [J]. 小学教学参考，2023（11）：39-42.

[6]韩晓敏，孙元涛. "小切口"撬动"大改革"："双减"减负增效的路径探索 [J]. 中国德育，2021（20）：4.

[7]吴婷. 落实"双减"，为低年级学生减负增效 [J]. 小学语文教学，2022（8）：2.

[8]卢晓莉. 新课程下计算教学的几点思考 [J]. 新课程·小学，2010（8）：48-49.

[9]赵友恒. "双减"之下的减负提质增效策略探究 [J]. 进展·教学与科研，2021（12）：2.

[10]孙兴华，马云鹏. 为什么将"数与运算"整合为一个主题 [J]. 小学数学教育，2022（11）：3.

基于单元整合的小学 STEM 教学设计与实践研究

——以小学科学"热的传递"单元为例

任 媚

　　课程标准作为我国教育领域的纲领性文件，指引了课程实施的方向。2022年教育部颁布的《义务教育科学课程标准》设立了跨学科主题，目的是加强学科间的相互关联，带动课程的综合化实施。科学课标从"双基"到"三维"，再到现在的跨学科主题，从课标的改革方向来看，综合运用知识成为新课标强调的重点。同时，小学所处的年龄段是儿童智力和心理发展的重要阶段，儿童大脑皮层分析综合能力逐渐加强，但抽象思维与逻辑推理能力并未达到成熟水平，所以引领学生从形象思维跨越到抽象思维成了本阶段研究的重点。

一、STEM 教育及其发展

　　"STEM 教育"一词最早出现在 1986 年美国国家科学委员会发布的《本科的科学、数学和工程教育》（*Undergraduate Science, Mathematics and Engineering Education*）报告中，该报告提出了"科学、技术、工程及数学教育集成"的建议，确立了优先发展"STEM 教育"的地位，由此开始了 STEM 教育。在报告刚刚发布时，学者们更倾向于将 STEM 课程理解为以科学教育为中心，以培养学生科学知识与能力为目的的教育模式。而随着 STEM 教育的不断深入，面对 STEM 教育难以整合的困境，一些学者又提出了整合相关学科的概念，如Kinney 认为，STEM 是一种跨学科的思维方法，它强调培养学生在科学、技术、工程及数学课堂中惯用的生成性思维并开展相关的实践探索。我国 STEM 教育发展较晚。2008 年，学者陈超在《美国世界一流大学的战略与启示》一书中提到了 STEM 学科，但这并不是关于本土化研究 STEM 的文献，而是对美国教育思想的总结。直到 2011 年，学者们才开始将 STEM 教育作为美国教育改革的核心部分进行探讨。目前关于 STEM 的定义有两种观点：第一，将 STEM 看作为一种课程，即将科学（Science）、技术（Technology）、工程（Engineering）以及数学（Mathematics）四门学科有机融合，以综合课程的形式进行学习，解决生活中的复杂问题。第二，将 STEM 教育看成一种教学方法或者教学策略，即 STEM 教育是通过基于项目的、基于问题的、发现式的模式将各学科内容融合在一起的教学方式。

二、基于单元整合的 STEM 教学模式建构

（一）5E 教学模式

5E 教学模式是美国生物课程研究开发所针对科学教育而开发的教学模式，是一种基于建构主义理论和概念转变理论的模式，其中包含吸引（Engagement）、探究（Exploration）、解释（Explanation）、迁移（Elaboration）、评价（Evaluation）五个环节，由于其首字母都是"E"，因此简称"5E 教学法"。5E 教学模式从激发学生的探究欲开始，让学生在科学探究中领悟科学思维与科学本质的同时注重学生的迁移能力，培养学生解决现实生活问题的能力，与科学素养极度符合。

（二）工程设计流程

本文选取的单元是"热传递"，最终目的是成功制作一个保温装置，这与工程设计是密切相关的。工程是应用数学、科学和技术的概念，以系统的方式解决复杂问题。它是一个系统化的过程，但需要创造性地应用科学原理来寻找解决问题的方法。在现代实践中，有许多不同类型的设计过程，其中大多数遵循基本的步骤。正确地遵循设计过程是很重要的，因为它为制订最佳解决方案提供了一个框架，而设计过程本身也有助于培养对问题的理解和逻辑能力。基本可以用七个步骤来代表工程设计，如图 1 所示：

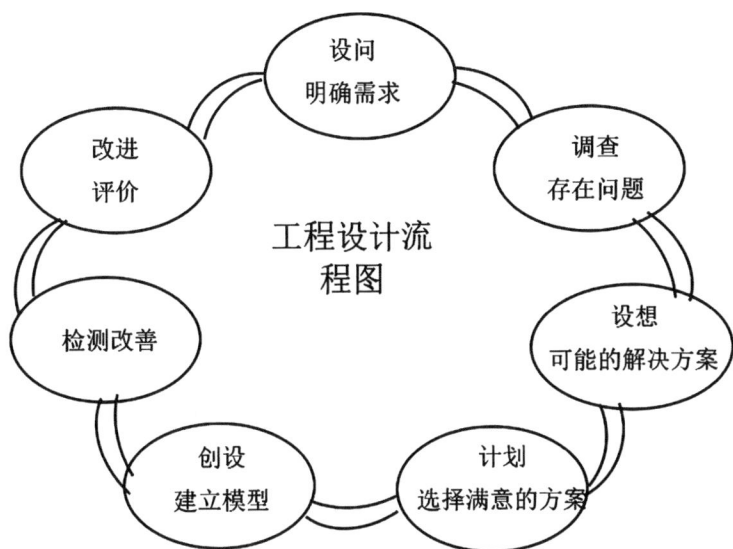

图 1　工程设计流程图

（三）基于单元整合的 STEM 教学模式建构

5E 教学模式中的探究环节与解释环节帮助学生从科学概念向科学认识转化，在 STEM 教学当中也需要运用科学探究的方式将知识传递给学生，科学探究在 STEM 中也是不可或缺的部分。同时，迁移环节在 STEM 教学中的体现便是 STEM 的核心环节——工程设计。因此，将 5E 教学模式修改为"吸引、科学探究、工程设计、评价"四个步骤。工程设计又指明了学生各个阶段的任务。通过工程设计完成项目，帮助学生自主思考，促进学生迁移能力。根据学生各个阶段的活动以及 5E 教学法，确定教师活动。最后根据学生年龄特征，以 5E 教学模式与工程设计流程为基础，构建模型，明确学生和教师任务，如图 2 所示：

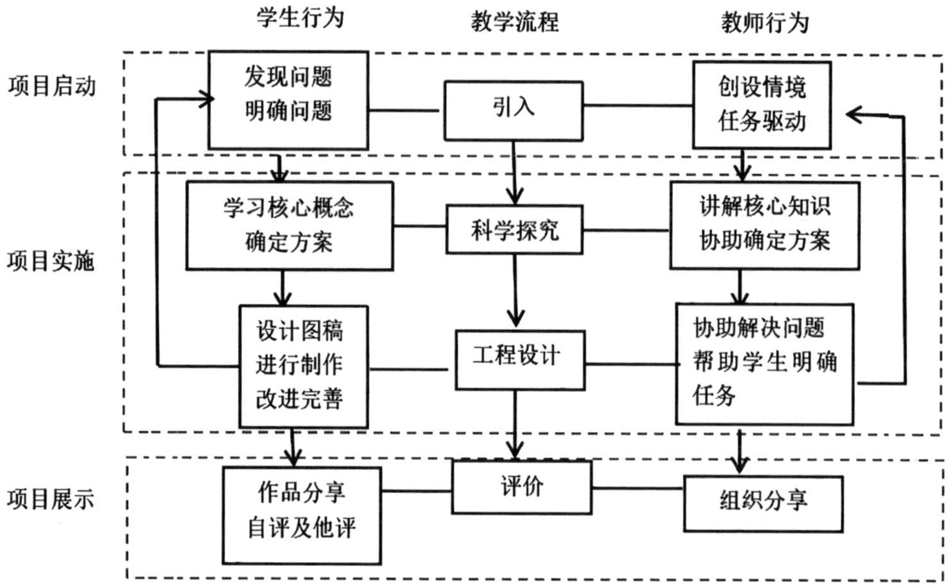

图 2　STEM 教学流程图

三、"制作保温装置"单元知识重构

（一）基于韦钰的《科学教育的原则和大概念》

韦钰院士翻译的温·哈伦的《科学教育的原则和大概念》总结了科学中的 14 个大概念，其中涵盖了物质科学、生命科学、地球与宇宙以及科学与社会四个领域。本研究在内容上涉及的大概念有"物体可以对一定距离远的另一些物体产生作用""当事物发生改变，或是被改变时，会发生能量的转化，但是在宇宙中能量的总量是不变的""科学认为每一种现象都具有一个或多个原因""科学发现的知识可以用于开发技术和产品，为人类服务"。

（二）基于北京教育学院建立的知识结构图

根据美国教育专家肖瓦特（Showalter）的知识结构图，北京教育学院科学教育团队建立了基于科学教育的知识结构体系，该体系体现了核心概念统摄下对知识结构的系统把握，强调了知识的整体性和知识之间的普遍联系。知识结构图如图 3 所示：

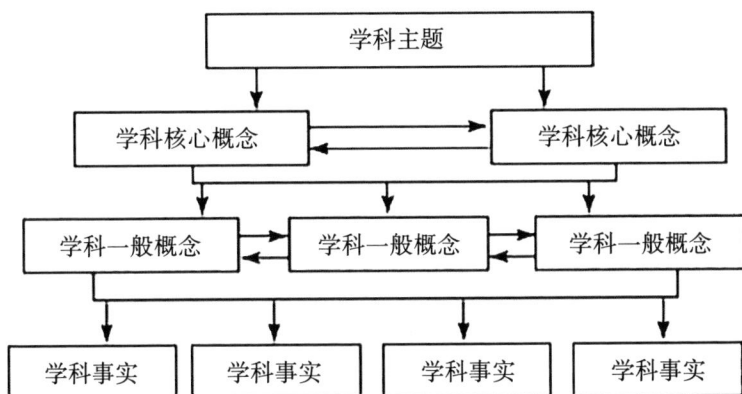

图3　科学教育中科学知识结构图

　　该科学知识结构体系由四个层级组成，逐渐进阶，统摄性逐步增强。科学主题有一定的普适性和内聚力，作为最高层级的概念，它贯穿学科内多个核心概念，并将其按逻辑关系整合形成结构体系，用以解释科学大概念的本质，体现科学知识间的内在联系。学科核心概念是其中的关键拐点，将学科一般概念按逻辑聚合在了一起。

（三）基于加拿大科学课程标准结构图

　　跨学科概念是加拿大安大略省科学课程标准的核心部分。加拿大安大略省科学课程标准中给出了课标的结构图，如图4所示。课标中将跨学科概念作为最上位的概念与学科大概念进行对应，通过具体学科大概念的学习，完成"理解科学、技术、社会和环境的关系""发展科学探究和技术问题解决的策略和思维习惯""理解科学与技术的基本概念"的总目标。而总目标的落实又细化为每一个内容的总体期望和具体期望，具体期望包含STSE（科学、技术、社会、环境）、科学探究、科学概念三方面的可操作性目标。

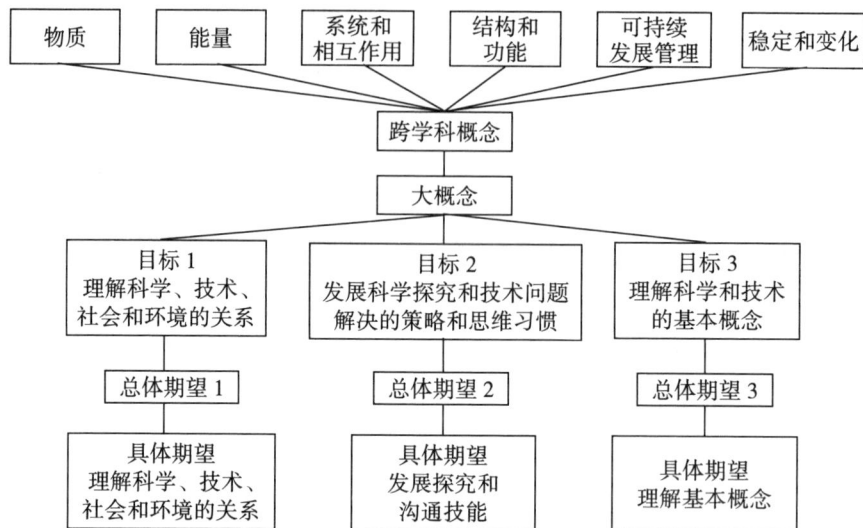

图 4　加拿大安大略省科学课程标准结构图

（四）"热的传递"单元知识概念框架重构

基于以上四个标准，从湘教版五年级上册"天气与气候"单元五节课中提炼两个跨学科概念、一个科学主题、三个核心概念、四个一般概念和五个科学事实构建了"热的传递"单元知识图，如图 5 所示：

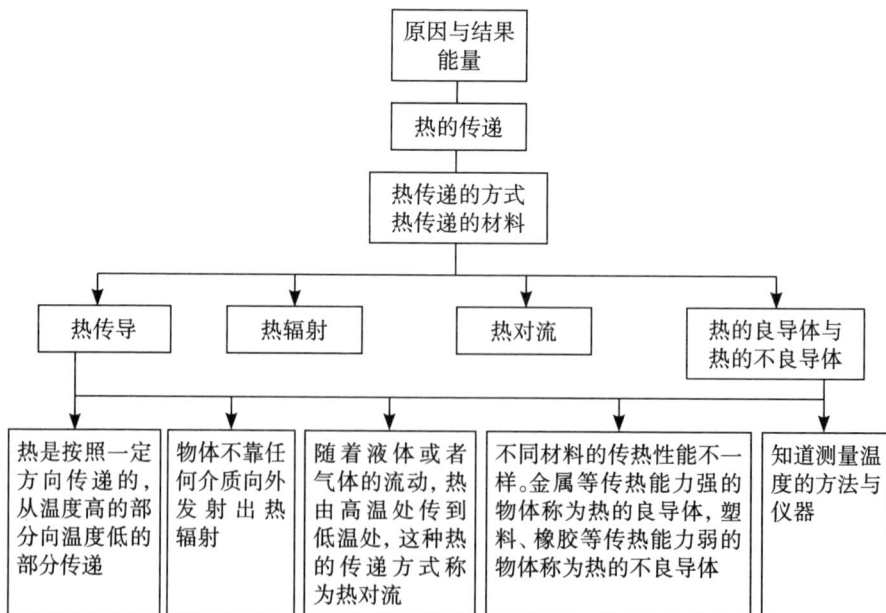

图 5　"热的传递"单元知识图

四、"制作保温装置"学习任务规划与学习目标

"制作保温装置"项目共分为三个阶段、四个流程。第一阶段是项目启动，教师创设情境引导学生确定问题，完成引入环节；第二阶段是项目开展，运用探究式教学的方式，教师讲解核心知识点，学生进行理解学习，并根据知识点确定方案，根据方案进行工程设计；第三阶段是项目展示，学生展示小组作品，并进行自评与他评。具体环节如表1所示。

表1 "制作保温装置"STEM任务规划和学习目标

项目名称:《制作保温装置》			项目时长：5课时
课程领域：科学			学生水平：五年级
第一阶段（项目发布）	引入	课时1	**任务规划** 填写词汇表；每人画出保温装置设计图并选出小组一致同意的初稿用于后期小组修改制作
			学习目标 1.知道保温不仅要保持高温不降也要保持低温不升 2.查阅资料，完成词汇表 3.知道工程设计的基本步骤包括明确问题确定方案、设计图稿、进行制作、改进完善等
第二阶段（项目开展）	科学探究	课时2	**任务规划** 学习热传导、热对流、热辐射核心知识点
			学习目标 1.找出生活中常见的热传递的现象，知道热通常从温度高的物体传向温度低的物体 2.说明影响热传递的主要因素是热传导、热辐射、热对流，列举它们在日常生活和生产中的应用
	工程设计	课时3	**任务规划** 学习材料核心知识点；根据知识点对设计稿进行调整，完成终稿；调整词汇表
			学习目标 了解热传递的现象，知道不同材料传热性能不同，传热能力强的称为热的良导体，传热能力弱的称为热的不良导体。完成设计稿
		课时4	**任务规划** 根据终稿，开始设计制作保温装置、调试、改进、再制作、完成装置
			学习目标 1.学生通过课堂学习了解工程设计过程，并在小组制作保温装置的过程中培养交流和互相学习的能力 2.对自己或他人设计的想法、草图、模型等提出改进建议，并说明理由。将自己简单的创意转化为模型或实物
第三阶段（项目展示）	评价	课时5	**任务规划** 小组展示自评与他评
			学习目标 1.利用摄影、录像、文字与图案、绘图或实物表达自己的创意与构想 2.能用普通话交谈，学会认真倾听，能就不理解的地方向人请教，就不同的意见与人商讨

五、项目实施与评价

（一）试卷难度及区分度分析

本研究对象为北京市某小学五年级的四个班级，这四个班级是平行班。为了考察 STEM 教育下四个班级学生对核心概念掌握的情况以及高阶技能的差别，采用纸笔测验的方式，设计测试问卷。本问卷分为四个维度，1、4、5 题考查学生的核心概念掌握情况，2、3、6、8 题考查学生核心概念的迁移与应用情况，题 7 考查学生对工程设计流程的掌握情况，题 9 考查学生的跨学科意识，具体分布如表 2 所示：

表 2　STEM 问卷具体维度

维度	题目
核心概念认知	1、4、5
核心概念的迁移与应用	2、3、6、8
对工程设计流程理念的认识	7
跨学科思维	9

为保证以上试卷的严谨性，在正式发放之前，先在某小学五年级某班对问卷难度和区分度进行合理性测试，发放了 41 份问卷，回收 34 份，测试结果如表 3 所示。

表 3　试卷区分度与难度数据

	题 1	题 2	题 3	题 4	题 5	题 6	题 7	题 8	题 9	总分
区分度（p 值）	0.050	0.337	0.027	0.001	0.018	0.001	0.000	0.000	0.246	0.000
难度	0.665	0.78	0.68	0.5	0.83	0.45	0.6075	0.32	0.63	0.70
p 值 < 0.05 为区分度显著，难度应在 0.2—0.8 之间										

根据 SPSS 分析，计算出每道题及总分的区分度及难度。由图可见，大部分题目的区分度即 P 值在 0.05 以下，其中题 2 与题 9 数据异常，题 2 在课上作为案例让学生解释，所以学生印象深刻，在后期讲课时，需换一个案例让学生进行解释。题 9 是开放性试题，主要考查学生的跨学科意识。五年级某班用 STEM 教学方式上课，所以区分度不高，但是在后期与其他教学方法班级对比时有一定效果。总分的区分度是 0.000，所以试卷整体区分度较高。难度值越

大，题目越简单，正常难度应在0.2—0.8之间，题5略超出范围，其他都在范围内，总分难度为0.7，符合难度要求，试卷的整体难度与区分度符合要求，可以在后续研究中使用。

（二）项目测试结果及分析

1. 前测结果分析

正式教学之前，在四个班级进行前测，两个班级为实验班，两个班级为对照班，前测内容以上一单元知识为主，考查四个班级学生学习水平，发放142份问卷，回收133份问卷，实验班68份，对照班65份，结果如下：

表4 前测数据

	平均数	方差	显著性
实验班	9.12	7.192	0.142
对照班	8.92	6.545	

根据表4可知，实验班与对照班显著性为0.142，远远大于0.05，说明两个班的水平相差不大，可以进行下一步研究。

2. 后测结果分析

教学完成之后，分别在2、3、4、5班进行了后测，后测主要考查学生对知识的掌握情况、问题解决的能力以及对工程设计的理解程度，发放142份问卷，回收133份，有效问卷133份，回收率为93.66%。实验班发放68份，有效问卷68份；对照班发放65份，有效问卷65份，数据分析如下：

（1）学生对热传导、热对流等核心概念的掌握情况分析。

表5 核心知识掌握情况

		题1	题4	题5
平均分	实验班	1.40	0.54	0.66
	对照班	1.31	0.68	0.75
t		0.676	−1.572	−1.163
Sig（双尾）		0.133	0.084	0.079

由上表可以看出，在核心知识的掌握情况上，显著性均高于0.05，不显著。再观察这三道题的平均分可以看出，除了第一题实验班高于对照班之外，剩下两题，对照班高于实验班，说明学生对于核心知识的掌握情况与教学方法关系不大。对照班采用探究式学习的方式，由此可见探究式学习很注重帮助学

生建立基础科学概念，它运用探究式学习的八个步骤，在课堂上对某一个知识点进行深挖，是在某一知识点的深度上给予解释。实验班采用的是 STEM 教学，STEM 教学注重某个单元的课程整合，强调将课与课之间、学科与学科之间形成知识网络，让知识发生联系，在知识的广度上给予解释。所以在核心概念的掌握情况上，两个班不分上下，甚至对照班还会比实验班分数高一点。

（2）学生对核心概念的迁移运用情况分析。

表6　核心概念的掌握与运用情况

		题 2	题 3	题 6	题 8
平均分	实验班	0.99	0.69	0.56	3.22
	对照班	0.88	0.48	0.48	1.85
t		2.528	2.550	0.941	7.173
Sig（双尾）		0.013	0.012	0.348	0.000

由表6可知，题2、题6和题8显著性都小于0.05，尤其是题8，达到了极度显著。其中题6虽然显著性高于0.05，表现为不显著，但是实验班平均分高于对照班。这四道题将核心概念融入生活实际，考验学生知识的迁移能力。题2、题3为选择题，题6为判断题，针对某一知识点进行迁移，平均分差距相对不大。题8为简答题，是综合几个知识点进行迁移，题目综合性极强，除了考查迁移能力还考查学生的分析能力、提取信息的能力。由此可以看出，实验班的同学能够在题干中获取更多的信息并且在阅读题目之后可以进行充分思考，并对知识进行灵活应用。

（3）学生对工程设计流程的掌握情况分析。

表7　学生对工程设计流程的掌握情况

		题 7
平均分	实验班	1.3
	对照班	0.85
t		2.274
Sig（双尾）		0.025

该题是考查学生对工程设计的掌握情况，由表7可知，题7的显著性小于0.05，较为显著，实验班的平均分高于对照班。工程设计基本步骤包括明确问题、确定方案、设计制作、改进完善、分享评价。在学生的回答当中，实验

班 52% 的学生提到了设计，对照班 29% 的学生提到了设计，由此可见，对于"工程的关键是设计"这一目标，实验班的理解较为深刻。从学生的答案中也可以看出，实验班学生相对于对照班来说，对工程设计流程记忆较为全面，完整性比较强。

（4）学生跨学科意识分析。

表 8　学生跨学科意识

		题 9
平均分	实验班	1.94
	对照班	1.68
t		2.264
Sig（双尾）		0.024

本题考查的是学生的跨学科意识。由表 8 可知，学生的跨学科意识显著性小于 0.05，较为显著。实验班平均分比对照班高。回看学生答题试卷，大部分学生都可以说出科学、数学，部分学生可以说出语文，大部分学生都停留在写科目的阶段，只有极个别学生可以写出来如何相关，比如"制作保温装置的三视图与数学相关、写保温装置的工作原理时与语文相关"。所以，虽然本题相关性较高，但是学生对跨学科的深度理解是两个班级都不具备的。

六、总结与反思

后测问卷是基于对核心概念、制作保温装置项目以及学生技能的考查而设计的。从问卷测试结果来看，STEM 学习是可行的，后测中实验班答题的准确率和得分高于对照班，尤其是在知识的迁移与综合运用方面表现突出，说明 STEM 学习在助力学生掌握概念方面具有一定的优势。但在实际教学中，STEM 学习还存在着一些不足，需要进一步改进。通过以上研究，笔者认为在"热传递"这一单元，STEM 教学具有一定的优势。

（1）对于本节课来说，STEM 学习教学活动是可行的、有效的。

（2）STEM 教学有助于学生建立学科知识网络图，在培养学生概念掌握和迁移运用的能力方面优于传统科学教学课堂。

（3）STEM 学习采用小组合作模式，对学生小组合作能力以及表达交流能力的提升有一定帮助。

参考文献

［1］赵佩，赵瑛.芬兰 LUMA 计划对我国基础教育阶段 STEM 教育生态系统构建的启示［J］.教师教育论坛，2020，33（8）：74-76.

［2］温·哈伦著.科学教育的原则和大概念［M］.韦钮，译.北京：科学普及出版社，2011.

［3］戴妍彬.基于前概念的小学自然单元教学设计研究［D］.上海：上海师范大学，2020.

基于文体意识下的作业设计路径探索

——以统编版语文六年级上册一单元为例

王海雁

在"双减"政策背景下，单元作业是一条减负提质的新思路。单元作业是单元教学活动的重要组成部分，是课堂教学的有力补充与有效延伸。单元作业的设计要依据课程标准，根据教材编排特色，依据文体，厘清单元训练点，方能最大限度地发挥单元作业的效用。

语文教师要具备文体意识，识体而教，准确定位教学目标与教学内容；引导学生依体而读，准确了解同一文体的特征，使阅读针对性更强。统编版教材重视文体，有意识地对单元进行了有关文体的整合。整合式语文教学的探索与实施，不仅仅是为了提升课堂教学效率和质量，更重要的是探究学习方式的变革。

统编版单元选文的文体大体相同，其内在知识体系以单元为核心，围绕单元语文要素形成了逻辑知识点。因此，老师在教学过程中要重视对学生文体意识的培养。文体意识的培养不仅要清楚文体知识，更重要的是在语文实践中与体验、感悟、理解等语文素养相互交叉渗透，这样形成的文体意识才能更好地帮助学生阅读、写作和表达交际。文体意识的培养是从语文素养的高度，提出了文体应在学生语文素养积累过程中发挥应有的价值。在这样的编排下，基于文体，融合知识，聚焦要素，设计单元作业能改变当下学生习得的知识支离破碎的窘境，构建单元知识网络，进一步提高学生的思维能力，为"双减"助力。在巩固知识的同时，发展学生的能力，发挥作业的价值，促使学生综合素养的提升。那么，如何基于文体设计单元整组作业？笔者以统编版小学语文教科书六年级上册第一单元"触摸自然"为例，试图从以下几个方面入手。

一、精准定位，形成单元整合的系统作业

整合式语文教学的探索与实施不仅仅是为了提升课堂教学效率和质量，更重要的是探究学习方式的变革。整合式教学强调知识结构的完整性和系统性，所以教学时的新旧知识、前后知识的联系和贯通，有助于学生进行知识迁移。整合式教学提倡灵活地、创造性地使用教材，从"教教材"变为"用教材教"，因此教师不再是教材的传声筒，不再是教材的搬运工，而是成了教材的开发者和建设者。

作业的单元设计要融合、凸显单元整体，教师要做到从整体上寻找单元的内在联系。单元作业的目标设计，要凸显单元整体框架，基于单元视角统整作业目标，有助于凸显单元的整体性和结构性，加强课时作业的关联性和递进性，深化作业功能的灵活性和综合性，体现教学评过程的一体性和完整性，并借由目标驱动学生主动学习。通过单元作业，学生可以更明确地知道知识的内在关联，建立未知与已知的联结，构建知识逻辑，逐步形成自己的思维模式。因此，要围绕语文要素，设计一个单元的作业体系，以便让作业发挥更大的作用。

（一）锁定要素，提炼单元大任务

统编版六年级上册第一单元属于"文学阅读与创意表达"学习任务群。人文主题是"触摸自然"，编排了精读课文《草原》《丁香结》《古诗词三首》和略读课文《花之歌》。选文的相同之处：课文都是名家之作，想象与联想很丰富，且与自然之美有关。文学大师们运用高超的想象与表达技巧，在自然之美中暗含人情之美和哲思之美。不同之处：三篇精读课文，一篇略读课文，这就需要老师对这几篇文章进行整合。《花之歌》虽然是散文诗，韵律上属于诗歌的范畴，但仍具有散文的特点，想象和联想丰富。《古诗词三首》是古诗，教授时，要想真正理解诗意、诗情，就得知人论世，结合时代背景，想象与联想诗的画境与情境。本单元的语文要素是"阅读时能从所读的内容想开去"和"习作时发挥想象，把重点部分写得详细一些"。从语文要素上看，从读到写，读写一体，双要素从文体、内容、方法等方面都展现了发展性和阶梯性，课后练习题均体现了对学生阅读、落实要素的方法指导。综上分析可知，"想象和联想"为单元内所有选文的知识核心要素。因此，把语文要素裹挟在这一以散

文为主体的整组化作业中，梳理出本单元的学习任务体系。

表 1　单元作业学习任务体系

本单元语文素养	练习资源	学习任务	
人文主题： 背起行装出发吧，去触摸山川湖海的心跳 语文要素： •阅读时能从所读的内容想开去 •习作时发挥想象，把重点部分写得详细一些	《草原》	学习联系生活经验想开去及融情于景的写法	聚焦自然，凸显"情"字，以散文借物抒情、说理，让学生在由所读的内容想开去的过程中，经历感受情、体会情、抒发情三个阶段，并借助习作《变形记》综合性地展现情，让学生换角度运用想开去的策略，描绘丰富而奇特的世界，感受自然万物的多情，悟情明理
	《丁香结》	学习从所读的内容想得更多，想开去要想得有广度，还要有深度。学习借景说理的方法	
	《古诗词三首》	综合运用想开去的方法，想画境，悟情境，感受月色在文学作品中由物象向意象的"变形"，活跃学生的思想	
	《花之歌》	学习换角度想开去，深刻体会想开去。既要想得广、想得深，还要想得奇，激发学生的创造力	
	习作　语文园地	用学习到的"想开去"的方法，习作时进行实践运用，创编故事	

　　基于以上分析，我们确定本单元整合学习的核心任务为："变形记"故事大会分享。

（二）单元整组，集成系统作业体系

　　基于单元人文主题、语文要素和单元文体特色，我们把本单元的练习总目标定位为：（1）学生习得想开去的方法，能够发挥想象，换角度讲述变形后的经历、生活，最终提高想象力、活跃思想，激发创造力；（2）丰富学生对自然的多元感受，在想象中感受自然万物的美好、多情，感悟自然带给我们的启迪，激发对自然的热爱。在单元总目标下再制定单元课文的课堂练习核心目标，集成总目标下的练习目标体系。例如：六年级上册第一单元笔者设计了如下作业体系。

表2　单元整组作业设计体系

单元核心任务	练习资源	单元整合作业设计体系	素养落实
"变形记" 故事分享	《草原》	1. 好词佳句积累 2. 初显身手1：片段仿写 仿照课文的写法，多角度描绘出景物的特点，能借物抒情	学习联系生活经验想开去及融情于景的写法
	《丁香结》	1. 好词佳句积累 2. 初显身手2：片段改写 仿照课文的写法，多角度描绘景物的特点，能借物抒情（说理）	学习从所读的内容想得更多，想开去要想得有广度，还要有深度。学习借景说理的方法
	《古诗词三首》	1. 收集"风花雪月"等有相关意象的古诗词 2. 利用单元主问题支架预习《花之歌》	1. 综合运用想开去的方法，想画境，悟情境，感受自然景物在文学作品中由物象向意象的"变形"，形成文化积累 2. 迁移运用散文的学习支架，由篇到类，形成能力
	《花之歌》	1. 好词佳句积累 2. 初显身手3： 假如你是一朵花或是一棵树，想象你变形后发生的一个小故事	学习换角度想开去，深刻体会想开去既要想得广、想得深，还要想得奇，激发学生的创造力
	习作 语文园地	1. 习作：《变形记》 2. 故事分享	习作时用学习到的"想开去"的方法，进行实践运用，创编故事、讲故事

　　这样的作业体系把单篇目标附属于总目标之下，既有共性又有个性，避免作业的重复和碎片化，使单元作业自成一个体系。将系统中的相关要素经过整理、组合协调，在整体优化的基础上产生重组效应，从而发挥出系统的更大功能。

二、基于文体特点，由篇而类，有效促进能力迁移

　　美国的认知教育心理学家奥苏贝尔认为，新知识的学习必须以已有的认知结构为基础，学习新知识的过程就是学习者积极主动地从自己已有的认知结构中提取与新知识最有联系的旧知识用来"固定"新知识的过程。这个过程是动态的同化过程，过程的结果是导致原有的知识结构不断分化和整合，使学习者获得新知识或清晰稳定的意识经验，原有的知识在同化过程中也发生了意义的变化。

　　散文是文化传承的重要载体，它取材自由、表现手法不拘一格，可以叙述事件发展，可以描写人形象，也可以借物抒情、发表议论等。本单元内的《草原》《丁香结》《花之歌》语言优美，抒情性强，想象与联想丰富，情感真挚，

意境深邃，是学习散文文体由篇到类的好样本。因此，借助单元核心要素，单元作业的设计紧扣散文文体特点，目标如下：（1）好词佳句的积累，感受散文语言的优美；（2）借助单元主问题的支架，落实"想象与联想"能力的培养，感受散文的意境深邃与形散神聚；（3）借助片段仿写，落实散文的借物抒情（说理）的表达方式。

（一）基础作业——语言文字积累与梳理

优秀散文的共性是语言都很有魅力，积累佳句，可以提高阅读能力、欣赏能力，也可以拿来练字，在摘抄过程中可以识记背诵等，有助于提高文学素养。同时，也能给人带来精神的滋养。"山重水复疑无路"的时候，看看名人的事、读读古人的话便会"柳暗花明又一村"。本单元内的课文语言文字积累支架如下表所示（以课文《丁香结》为例）：

表3　单元内积累作业设计

日积月累：按评价表的要求摘录句子。		
1. 有的宅院里探出半树银妆，星星般的小花（ zhuì ）满枝头，从墙上（ kuī ）着行人，惹得人走过了还要回头望。		
2. 月光下的丁香花，白的潇洒，紫的朦胧，散发着淡淡的（ yōu yǎ ）的甜香，非桂非兰，在夜色中也能让人分辨出，这是丁香。		
3. 那十字小白花，那样小，却不显得（ dān bó ）。		
4. 我还喜欢这样的句子：		
摘录好词好句评价表		
评价要点	评价标准 ★★★	
	自评	互评
书写规范、力求美观		
朗读正确、流利有感情		
背诵自己喜欢的句子		

这样日积月累的作业设计，散文文体都可以迁移运用。它既关注了散文语言积累的价值，落实了基础型学习任务群的相关内容，又利用评价表对高效积累提出了要求。评价表贯穿整个单元，既关注学生的基础，又关注学生的兴趣与能力层次；既检查了学生对基础字词的掌握，又检查了书写与朗读的情况。同时，通过积累，不仅从多个角度再现丁香之美，还可感受优秀散文的语言魅力。

（二）拓展作业——问题驱动，聚焦单元核心要素

以高质量问题驱动学习任务，以期迅速激发学生的内在动机，促进学生思维从局部到整体、从单一到丰富的发展。散文常见的表现手法是联想与想象，它是散文意境产生的重要心理过程。所谓联想，就是由一事物想到另一事物的心理过程。所谓想象，就是在原有感性形象的基础上创造出新形象的过程。联想、想象经常在一起使用，这样既可以使散文内容更丰富，形象更丰满、生动，又可以增添文章的艺术表现力。

表 4 单元问题支架

	课文	作者看到 （听到、闻到）	作者的想象、联想	我的理解	我的想象、联想
一单元 主问题 学习单	《草原》				
	《丁香结》				
	《古诗词三首》				
	《花之歌》				

本单元的语文要素是"阅读时能从所读的内容想开去"和"习作时发挥想象把重点部分写得详细一些"，此核心要素契合了散文的想象与联想的表达方式及散文的形散神聚的特点，所以单元主问题的驱动要把支架核心要素融入散文文体的特色表达中。

从单元主问题支架表中可以看出，主问题学习单巧妙融合散文文体的表现手法去落实核心要素。学生在此核心问题的驱动下，走进作者想象与联想的世界，也从作者"想开去"的方法中，学习了如何"想开去"。迁移能力是以已有的认知结构为基础，学习者需要从已有的认知结构中主动去提取与新知识有联系的旧知识来"固定"新知识。储备的知识不断被调动，知识经验不断被唤醒，这是一个言语建构的过程，也是一个思维锻炼发展的过程。思维不断深入，训练了"想开去"的广度和深度，也激发了孩子关注自然的兴趣。可见，主问题学习单不仅给孩子提供了阅读学习散文的思维支架，也给孩子提供了单元课时的拓展性作业。

1. 由一篇到一类的课时阅读作业拓展：迁移运用散文阅读思维支架

学习单元第一课《草原》后，利用主问题学习单给孩子布置《丁香结》《古诗词三首》《花之歌》的预习性拓展作业，并对"从所读的内容想开去"这

一语文要素，通过"我的想象、联想"的内容，对学生进行表现性评价，看谁想得广、想得深、想得奇。

2. 由一篇到一类的习作仿写拓展：迁移运用散文表达方式的写作支架

以上的拓展作业都是运用单元主问题架强化散文文体特点，让学生习得能力素养。迁移是原有的知识经验在新情境、新问题中的应用，且广泛存在于各种知识、技能、行为规范和态度的学习中。美国心理学家和教育家布鲁纳在《教育过程》中指出，不论我们选什么学科，务必使学生理解该学科的基本结构。

布鲁纳认为，学习的实质就是一个人把同类的事物联系起来，并把它们组织成赋予它们意义的结构。任何一门知识的学习，其最终目的是理解和掌握这一学科的知识结构，而这种知识结构是由学科知识中的基本概念、基本思想或原理组成的，因此学科知识的基本概念和原理就成为学生学习的核心内容。

以一篇带一类，落实"基于课程标准的教学思想"的基本路径与策略并迁移应用，让学生调用已掌握的知识，并利用学习过程中所经历体验的思想与方法去解决新问题或完成新任务，做到学以致用。这样，学习习惯得到养成，学习能力得到提高，即便教学时间、练习时间减少，学生的核心素养也能得到很好的发展。

表5 习作片段评价表

初显身手1：片段仿写 仿照课文的写法，多角度描绘出景物的特点，能借物抒情 初显身手2：片段改写 仿照课文的写法，多角度描绘景物的特点，能借物抒情、说理		
习作片段评价表		
评价要点	评价标准★★★	
	自评	互评
多角度描写植物特点		
想象（联想）丰富		
借物抒情（说理）		

三、基于文体特点，多单元语文要素的联结

语文要素往往体现着单元的教学目标以及所建议的教学内容，不同单元的语文要素看似不同，其实又不可避免地存在着关联。如六年级上册第一单元的语文要素是"从阅读的内容想开去"，核心要素是"想象和联想"，而六年级上册第七单元的语文要素是"借助语言文字展开想象，体会艺术之美"，如果老师把第一单元《草原》一课的作业拓展开，可以设置如下作业：

> 《草原》选做作业：
> 　　听一首草原歌曲，发挥你的想象和联想，写一写你听歌时的感受。可以试着运用下面的语言句式来表达：
> 　　听着这首歌，我仿佛看到了……听到了……我又想到了……

这个结合文体与核心要素的作业为后面学习第七单元夯基。第七单元的语文要素之一是"借助语言文字展开想象，体会艺术之美"。单元内的课文《月光曲》课后小练笔"听一听自己喜爱的音乐，展开联想和想象，把想到的情景写下来"，学生就会迁移运用第一单元的听歌表达感受的语言支架，在写法上会更成熟。

老师盘活了教材资源，以学生为主体，给学生设计了具有新鲜感的作业，把第一单元和第七单元的语文要素巧妙地联结在了一起。

再如六年级上册第一单元的阅读要素中的习作要求是"习作时发挥想象，把重点部分写得详细些"，六年级上册第四单元阅读要素中的习作要求是"发挥想象，创编生活故事"，我们可以把这两个单元的习作要求联结起来，在学了第四单元后，再回过头来看第一单元的习作，让学生把小说的三要素融进去，把原来写的故事修改成小说，这样做，能够让学生对小说与一般故事有很好的辨识，让学生对小说的特点有更深入的认识。

安富海教授强调深度学习的实现需要教师确立高阶思维发展的教学目标、整合意义联结的学习内容、创设促进深度学习的真实情境。挖掘语文要素的相同特性，课堂优质提效就有了可能性。我们可以集中处理单元间语文要素的共性问题中所要培养的核心素养，这样做，既可以将"单篇教学与多篇文本教学"结合起来，整合学生的思维，也可以让深度学习落到实处。

作业是课堂教学的延伸，优化作业设计，将"减负提质"落地生根，需要

我们从学科本质出发，从学生发展出发。单元作业不同于传统作业（传统作业只是单纯的知识演练与技能操练工具），它既注重学生知识建构的整体性、素养培养的全面性和自我养成的过程性，又能发挥作业提质的价值，是推动学生主动学习、深度学习的重要环节。

　　语文核心素养的培育需要融入日常多元的课堂教学活动中。教师可以通过各种方法激发学生的学习兴趣，如高效的课堂、有效的作业设计都可助于学生综合能力的发展，形成课标、核心素养与语文教学共同作用的合力，既有效推动现代教育发展，又促进学生核心素养的全面发展。正如崔成林教授所说，作业要关注课堂教学无法达成的需要，作业目标要倡导素养立意，其终极指向高阶目标，即问题解决与应用、思维迁移与创造。只有这样，"双减"才能真正落地生根，开出美丽之花。

参考文献

　　[1]中共中央办公厅、国务院办公厅.关于进一步减轻义务教育阶段学生作业负担和校外培训负担的意见［EB/OL］.（2021-07）[2024-11]. http://www.gov.cn/gongbao/content/2021/content_5629601.htm.

　　[2]中华人民共和国教育部.义务教育语文课程标准（2022年版）[M].北京：人民教育出版社，2022.

　　[3]昌平.语文项目化学习驱动型问题的设计与思考[J].教师博览（科研版），2020（3）.

　　[4]《教师招聘直通车》编写组.教师招聘直通车[M].南京：江苏科学技术出版社，2009.

　　[5]张中原，徐林祥.语文课程与教学论新编[M].南京：江苏教育出版社，2007.

新课程理念下的小学语文汉字文化项目化学习实践研究

王季云

一、引言

我国经济的发展和社会的变革使得教育面临新的挑战和需求。传统的教育理念过于注重知识的灌输，忽视了学生主体性和创造性的培养，导致学生缺乏综合素质和实际能力。为了适应新时代的需求，我国教育开始倡导新课程理念。小学语文教育作为基础教育的重要部分，对于学生语文能力的培养具有重要意义。因此，本研究旨在通过项目化学习的方式来提高小学语文教育的质量。

二、新课程理念在小学语文教育中的应用

（一）新课程理念的特点

新课程理念是指在教育教学中践行的一种教育理念，强调学生主体性、活动性和实践性，追求学生全面发展和素质教育，注重培养学生的跨学科和综合能力。新课程理念的特点包括：第一，强调学生的主体性、活动性和实践性。学生不再是被动接受知识和信息的对象，而是积极参与学习过程，通过实践活动来主动构建知识和解决问题。第二，追求学生全面发展和素质教育。它不仅关注学生的学科知识，还注重培养学生的思维能力、创新能力、人际交往能力等综合素质。第三，注重跨学科和综合能力的培养。鼓励学科之间的交叉融

合，培养学生解决问题和综合运用知识的能力。第四，以学生为中心。将学生的需求和兴趣作为教学的出发点和依据，充分发挥学生的积极性和主动性。第五，强调学习的主动性和自主性。鼓励学生树立学习目标、规划学习过程，并通过反思和评价来提高学习效果。总之，新课程理念的提出和推行是为了适应时代的发展要求和学生的成长需求，它的基本要点和特点在提高学生综合素质和实际能力方面具有重要的意义和价值。

（二）项目化学习在语文教育中的实践价值

项目化学习是一种以项目为核心的教学方法，通过学生参与实际项目的设计、实施和评估来达到知识与实践的结合。它以解决现实问题或完成具体任务为目标，注重学生个体的参与和合作，培养学生的创新思维、合作能力和实践能力。

在小学语文教育中，项目化学习可以与语文学科的知识内容融合，通过设计和实施项目，让学生在实际情境中学习和运用语文。项目化学习对学生的语言能力、文化素养和创新思维等方面起到了促进作用。在项目中，学生需要进行大量的交流和合作，这可以增强他们的口头表达和听说能力。同时，项目化学习也有助于培养学生对文化的理解和欣赏，通过参与文化传承项目，学生能更好地理解和感受语文学科中的文化内涵。此外，项目化学习注重学生的创新思维和问题解决能力，通过实践活动，学生能够锻炼自己的创造力和解决问题的能力。

三、小学语文汉字文化项目化学习的设计

（一）项目化学习的内涵

项目化学习是一种教育模式，通过让学生参与课程项目和实践活动，使他们能够通过实际应用来学习知识和技能。它强调对学生主动参与和实践能力的培养，将课程与实际生活和职业需求相结合。具体而言，项目化学习的内涵包括以下几个方面：第一，学生主导。学生在项目中扮演着主导的角色，他们需要自主选择项目主题、制定项目目标、进行项目管理和评估，从而培养他们的领导能力和自主学习能力。第二，跨学科融合。项目化学习强调跨学科融合，将不同学科的知识和技能综合运用到项目中，培养学生的系统思维和综合应用能力。第三，实际应用。项目化学习将学生的学习与实际应用相结合，要求学

生通过解决实际问题和完成实际任务来应用所学的知识和技能，培养学生的实际操作能力和解决问题的能力。第四，团队合作。项目化学习鼓励学生进行团队合作，通过交流、合作和协作完成项目，培养学生的社交能力和团队合作精神。第五，主题整合。项目化学习以一个主题为基础，通过不同的学习活动和项目任务来整合相关的知识和技能，使学生能够全面、深入地了解一个主题。第六，情感态度。项目化学习注重培养学生的情感态度，鼓励学生积极参与、探索和创新，培养学生的兴趣和热情。通过项目化学习，学生能够积极参与学习过程，提高学习的深度和广度，培养解决实际问题的能力，为将来的职业发展做好准备。

（二）小学语文汉字文化项目化学习的设计思路

首先，选取适合学生年龄和兴趣的汉字文化项目。了解学生的年龄特点和兴趣爱好，选取与其密切相关且具有吸引力的汉字文化项目，如可以选择传统节日的汉字文化、古代文学作品的汉字魅力等。通过选择与学生相关的主题，引起他们的共鸣和兴趣。其次，设计项目任务和目标。明确学生需要完成的任务和达到的目标，如制作汉字书法作品来展示汉字的美。任务和目标应该具体明确，有助于引导学生的学习方向和行动，同时也能培养他们的实践能力和创新思维。然后，设计学习活动和资源。为学生提供丰富多样的学习活动和资源，以促进他们对汉字文化的深入理解和体验。例如，可以组织学生参观书法展览，了解汉字的传统与艺术；进行字源研究，探索汉字的起源和演变等。通过灵活多样的学习活动，增强学生的学习兴趣和乐趣。最后，提供个性化学习支持。了解学生的不同能力和兴趣，为他们提供个性化的学习支持和指导。有些学生可能对汉字书法比较感兴趣，可以提供更多的书法技法指导；有些学生可能对字源研究更感兴趣，可以提供相关的研究资料和引导。通过给予学生个性化的学习支持，能够激发学生的学习动力和积极性。

四、小学语文汉字文化项目化学习的实施方法和策略

（一）开展主题式汉字项目学习

在主题式汉字项目学习中，教师不仅要选择一个特定的主题，而且要会通过丰富的教学资源和活动引导学生深入探究这个主题。例如，在学习"中国传统节日"这个主题时，教师可以组织学生观看相关纪录片、开展实地参观、传

统习俗体验等，以便学生能够更全面地了解传统节日的背景和文化内涵。此外，教师还可以鼓励学生进行小组合作，共同制作一份精美的展板，展示民俗文化和汉字的关联，从而提高学生的团队合作和展示能力。通过这样的活动，学生不仅能够深入学习相关汉字和文化知识，还能够培养自身的研究能力、表达能力和创造力。总之，在主题式汉字项目学习中，教师通过多元化的教学手段和活动，帮助学生从多个角度进行综合性学习，提高他们的汉字文化素养和综合能力。例如，设置主题"中国传统美食"，目标确立为：第一，通过学习与美食相关的汉字，加深学生对中华传统文化的理解。第二，培养学生的研究能力、口头表达能力和合作能力。在此基础上设置任务：（1）激发学生兴趣。教师以图片或视频展示中国传统美食，引发学生对美食的兴趣。组织学生讨论和分享他们对美食的想法和喜好。（2）研究汉字。学生选择一个中华传统美食，如饺子、粽子等，并分组进行研究。每个小组挑选与美食相关的汉字，借助课本、字典和互联网等资源，了解这些汉字的起源、演变和意义。学生在小组讨论中互相交流研究成果，记录并整理所学汉字的相关信息。（3）进行展示。每个小组使用展板和口头表达，介绍他们选择的美食和所学的汉字。学生之间互相提问和交流，增进对其他美食和汉字的了解。这样的学习活动将帮助学生更深入地了解中华传统文化，并在语文学习中展现自己的才华和想象力。

（二）组织汉字文化体验活动

汉字文化体验活动是帮助学生深入了解和欣赏汉字的魅力与历史的绝佳方式，旨在激发学生对汉字的浓厚兴趣，让他们从多个角度感受汉字的美妙之处。首先，学生可以参与书法课程，亲自挥毫泼墨，体验汉字书写的艺术。通过练习不同风格的书法，他们能够深入了解汉字的结构和美感，同时感受到书写的乐趣。其次，学生可以参与诗词创作和吟咏比赛，感受汉字表达情感和思想的力量。通过创作诗歌和吟咏经典诗词，他们将更好地理解汉语文学的精髓。这种实践性学习方法将加深学生对汉字的理解，激发他们对中国文化的浓厚兴趣，让学生更加热爱学习和探索汉字这一宝贵的文化遗产。

例如，设置主题为"汉字的神奇世界"。之后，围绕这一主题进行任务布置：（1）汉字书写探索。学生分组进行汉字书写探索活动，每组选择一个常用汉字，如"人"或"山"，通过合作研究这个汉字的构造和笔画顺序。学生在小组中比较不同组员的书写技巧，互相提出建议。（2）汉字演变展示。学生分组选择一个汉字，然后深入研究该字的演变历史。学生使用图书馆、字典和互联网等资源，查找关于这个汉字演变的资料。学生将研究成果整理成小报告，包括图片和对演变过程的描述。（3）每个小组在课堂中展示汉字书写探索和演变研究成果。学生通过口头表达和展示，介绍他们选择的汉字、书写技巧、演变过程和文化内涵。这样的活动将促进学生对汉字文化的热爱，同时提高他们的汉字学习兴趣和素养。

（三）进行汉字文化项目研究

这种学习方法的核心目标是激发学生对汉字文化的浓厚兴趣并促使他们深入了解汉字的丰富历史和文化内涵。学生在这个项目中拥有广泛的选择，可以从各个角度来研究与汉字相关的主题，这种研究能够帮助学生理解汉字是如何形成和演化的。学生还可以深入探讨汉字的文化背景，了解与汉字相关的神话故事、传说或历史事件。这有助于学生将汉字与中国的文化、哲学和传统联系起来。另一个研究方向是研究与特定汉字相关的成语和诗词。学生可以了解这些成语和诗词的来源、含义和在文学作品中的运用。这种项目研究方法不仅鼓励学生积极主动地学习，还提高了他们的研究和分析能力。通过整理研究成果，撰写小组研究报告、展示或演讲，学生能够分享他们的发现，培养了他们的表达和沟通能力。

例如，开展"探究汉字中的动植物文化"项目，项目步骤可以设置为两个阶段。第一阶段：汉字中的动植物。每位学生从汉字中选择一个与动物或植物相关的字词，如"鱼""花""马"等。学生使用图书馆和在线资源了解选定字词的历史、起源，以及与动植物的相关性。第二阶段：研究项目展示。学生整理他们的研究成果，包括字词的历史、演变、与节令日的联系以及插图。学生在班级内分享他们的研究成果，解释选定字词的意义，分享相关的文化故事，展示插图。这个项目将帮助他们建立更深刻的语文知识，培养对汉字学习的兴趣，同时加深他们对中国传统文化的理解。

基于新课程理念的小学语文汉字文化项目化学习实践研究具有重要的理论和实践意义。本研究在理论上为小学语文教育的发展提供了新的思路和方法，同时也为实践者提供了有益的经验和启示。希望本研究能够为促进小学语文教育的改革和提升作出一定的贡献，为培养具有文化自信心和创新能力的新时代小学生作出贡献。

参考文献

［1］刘亚娟.小学语文阅读教学中项目化学习的实践研究［J］.中文科技期刊数据库（全文版）教育科学，2023（6）：0113-0115.

［2］张颖轩.项目化学习在小学语文阅读教学中的应用及效果分析［J］.中文科技期刊数据库（全文版）教育科学，2023（7）：0146-0149.

［3］杨丽娟.基于新课程教学理念的小学语文教学策略研究［J］.新作文：教研，2022（12）：0001-0003.

新课程背景下小学英语单元整体教学策略研究

王　帅

随着新课程标准的颁布，单元整体教学应当帮助学生通过英语课程的学习逐步形成适应个人终身发展和社会发展需要的正确价值观、必备品格和关键能力。《义务教育英语课程标准（2022年版）》指出，英语课程应当以主题为引领选择和组织课程内容，以不同类型的语篇为依托，融入语言知识、文化知识、语言技能和学习策略等学习要求，以单元的形式呈现。因此，在新课程标准的引领下，单元整体教学作为教学过程中必不可少的重要一环，要求教师具备更高的素养，继而强化小学英语单元整体教学的系统性、专业性及发展性。

一、当前小学英语单元整体教学存在的问题

（一）教材文本解析浅尝辄止，缺乏深入性

教材的文本解析对单元整体的教学设计具有重要的意义。当前教师具备解析教材的意识，但是在解析的过程中尚未深入挖掘文本的主题与内涵，仅聚焦于对语言知识的考量，缺乏对教材语篇的内化理解。教材中的语篇不仅应当关注文本内容，更需要关注语篇中所体现出的语境，从而在教学中根据单元的主题意义开展教学。

人教版（一年级起点）三年级上册第一单元 Myself 旨在培养学生自我表达和沟通能力，增进学生社会交往。然而，由于笔者在文本挖掘上的不足，未能将学习内容与学生实际生活紧密结合，导致教学缺乏真实语境。例如，会话课中 Bill 询问新生 Sue 的基本信息，如姓名、年龄和班级，重点句式为"Which class are you in？ I'm in class ..."。笔者在授课时过分关注语言信息的获取，以巩固功能句型，却忽略了文本的深层内涵。通过单元背景，我们了解到 Bill 询

问 Sue 的动机是出于对新同学的关心和了解。这种询问不仅是获取信息，更是社会交往的一部分，有助于增进同学间的沟通和了解，体现对他人的关爱。然而，教学中未能充分挖掘这一点，未能引导学生理解并实践这种社会交往的价值。

教师应更深入地解读文本，创设真实语境，激发学生的兴趣和参与度，帮助他们理解并运用所学知识进行有效沟通，培养他们的社会交往能力。教师在本单元的教学设计仅仅关注了语言知识技能，并没有挖掘教材中的内涵，没有关注到学生内心的感受。在了解个人信息方面，也可以补充学生的相关学习经验，通过滚动式学习激发学生学习兴趣，激活学生已有经验，树立学生学习英语的自信心。

（二）单元整体教学设计思维固化，缺乏情境化与真实性

通过对教材的研读，在第二单元 My Body 中可以理出两条主线，分别为对于自身身体构造的了解以及对于他人身体不适时的关爱。教师尝试结合实际生活教授学生如何关爱他人，但因缺乏对学生实际需求的了解，教学内容显得不够真实。学生虽能掌握基本的关爱表达，如 Let me help you，但由于这种表达缺乏个性化和真诚性，未能真正触及学生的内心。教师应更深入地了解学生，使教学内容更贴近学生的实际生活和感受。

因此，在深入研读教材、理解其结构体系及课程内在联系的同时，教师必须重视对学生学情的全面调研。这种调研不应仅限于知识与方法层面，还应涵盖学生的情感、态度和生活经验。教师需深入分析调研结果，揭示背后的问题和结论。在单元的整体设计中，应重视情境的真实性与学生生活实际的联系，以促进学生能够结合自身经验，更真实、更有效地表达个人想法。

（三）单元主题意义探究重视形式，缺乏内涵性

三年级上册第六单元以生日为主题，包含三个主要线索：介绍个人生日，分享喜悦；了解他人生日，表达关爱与感恩；学习月份及节日。生日与月份两大话题虽相关但联系不紧密，不宜强行融合。因此，教师考虑将单元拆分为"月份"和"生日"两个独立的话题，以更清晰地教授相关内容。

生日话题的学习以月份知识为前提。本单元首先学习月份，涵盖 12 个月份和 4 个节日，内容分布在 Lesson1 和 Fun Time A。通过复现与月份相关的学习内容，如季节、天气、服装和活动，学生能够理解月份与日常生活的联系，促进健康和快乐生活。

此外，基于学生对生日的期待和策划生日的兴趣，本单元提供了策划生日的机会。希望学生通过亲身参与，体验到策划过程中的快乐和成就感，并且能通过为亲友策划生日学会关爱家人，表达对亲友的爱。这种学习活动有助于学生深入理解生日文化，同时培养他们的社交能力和情感表达能力。但是在实际教学中，教师过分关注教学活动完成度，忽视了学生的过程性反馈，这导致了对学生策划生日活动适宜性和掌握情况的忽略，以及课堂互动和评价跟进的缺失。为提升学生的学习效果，应以学生为中心，重视学生需求和学习效果及时反馈，确保教学设计促进学生核心素养的发展。

二、小学英语单元整体教学设计与实施策略

（一）设计单元整体教学要关注单元主题意义，凸显育人价值

新课标中强调，文化意识的培育有助于学生增强国家情怀和人类命运共同体意识，学会做人做事，成长为有文明素养和社会责任感的人。因此，单元整体教学的设计要关注单元的主题意义，指向学生的核心素养发展，进而落实学科育人的目标。

人教版（一年级起点）四年级上册第四单元的话题为 Asking for Help，经过教师深入研读教材文本，基于学情调研与标准解读，拓展教学思路，丰富教材内容，调整后的主题为 Asking for Help and Helping Others，让学生更好地在生活中学会相互帮助。因此，在本单元的整体教学中，始终以学生生活中真实求助和互助的情境为落脚点，以主线问题"不同情境中如何恰当自助、互助、求助"为驱动，通过层层深入的学习活动、多样有效的学习方式，丰富学生对单元主题意义的理解，迁移关联生活实际，帮助学生学会机智、有效、恰当地求助他人并尽可能地向他人提供帮助，以解决生活中的实际问题，感受生活中人与人之间的温暖。

（二）设计单元整体教学要关注单元主线，凸显语境的真实性

生活中如何寻求他人帮助是学生在人际交往中的重要一课，经过调研，学生对求助主题的了解主要限于在校园生活中求助这一层面，特别是学生之间在校内相互借文具的经验丰富。虽然这与教材中的情境具有一致性，但为了提高单元整体教学的有效性，丰富学生认知，单元整体教学设计紧紧围绕单元主线展开，用主线将教材中零散的板块或课时内容按其共性相串联。教师在单元情

境的设置上，帮助学生从了解校内如何互助，延展至校外自助与紧急求助，最终通过实践学会适时"自助、求助与互助"。整个单元教学过程始终紧扣主线，环环相扣，层层深入，无论是学校科技节、校外走失还是紧急救援的情境，都凸显出语言在真实语境中的应用性，促进学生核心素养的发展。

（三）设计单元整体教学要精选资源，拓展学习思路

在求助话题的教学中，教师要深入挖掘教材语篇，研读文本，关注单元主题意义。基于教材第三课时 A 项文本走失的主题，开拓教学思路，丰富教学资源，找到与教材主题、语言、内容等契合度极高的生活绘本 Lost and Found。该绘本情境比较生活化，完整地展现了小女孩自己寻求陌生人帮助，最终找到妈妈的全过程。补充教材情境，还原生活场景。绘本语言、结构等与教材第三课时内容关系密切，以第一人称的表述更具有情境的代入感，涉及走失后向他人求助的内容丰富且真实，促使学生关联生活实际，思考自己如果走失的时候，我能够运用哪些方法找到家人，加强人身安全保护意识。绘本资源的补充，为进一步强化学生安全防范意识提供了"养料"，促进学生真实表达与交流。围绕 Asking for Help and Helping Others 这一主题，教师可以充分与学生的实际生活相关联，搜集更多契合学生特点和认知的资源来辅助教学，激发学生的学习兴趣，帮助学生更好地学会做人与做事。

三、结语

在新课程的背景下，单元整体教学作为近几年新兴的一种教学模式，为教师探索优质教学开辟了一条崭新的道路，对于小学英语教学质量的提升也具有重要的意义和作用。在实际的课堂教学中，教师应当积极思考，深入探究和研究单元整体教学与当前教学的适配性，发挥课堂最大效能，优化学生课堂学习，不断制订和完善更具时代性的教学方案，为学生提供多样化的教学方法，激发学生学习兴趣，促进学生核心素养的发展，提升优质和高效课堂的构建。

参考文献

[1]中华人民共和国教育部.普通高中英语课程标准（2017 年版 2020 年修订）[M].北京：人民教育出版社，2020：16-17.

［2］中华人民共和国教育部. 义务教育英语课程标准（2022 年版）[M]. 北京：北京师范大学出版社，2022：12-13.

［3］程晓堂. 基于主题意义探究的英语教学理念与实践 [J]. 中小学外语教学（中学篇），2018，41（11）：134-138.

［4］张金秀. 主题意义探究引领下的中学英语单元教学策略 [J]. 中小学外语教学（中学篇），2019，42（7）：110-113.

［5］王实. 核心素养下小学英语单元整体教学探究 [J]. 新课程（中旬）. 2018（11）：10-11.

［6］陈剑. 小学英语绘本教学中探究主题意义的策略 [J]. 中小学外语教学（小学篇）. 2020，43（11）：67-69.

［7］周文娟. 基于核心素养培育的小学英语单元整体教学策略研究 [J]. 小学生（上旬刊），2022（5）19-21.

"三剑合璧"，孩子受益

——"双减"时代家校社共育

王 艳

　　2021 年 7 月，中共中央办公厅、国务院办公厅印发了《关于进一步减轻义务教育阶段学生作业负担和校外培训负担的意见》，明确强化学校教育主阵地作用，严禁非学科类培训机构从事学科类培训。同年 10 月出台《中华人民共和国家庭教育促进法》，明确父母或者其他监护人承担对未成年人实施家庭教育的主体责任。苏联教育家苏霍姆林斯基说："教育的效果取决于学校和家庭教育的一致性，如果没有这种一致性，那么学生教育就会像纸做的房子一样倒塌。"如何发挥学校主阵地作用、落实家庭教育的主体责任，构建教育良好生态，推进家校社协同育人，引导未成年人培养广泛兴趣爱好、健康审美追求和良好学习习惯，已经成为社会高度关注的话题。现代家校共育以学校教育为载体，在学校"共性"的基础上结合家庭的"个性"，充分协调学校、社会、家庭各方力量，创新合作育人方式，提高教育质量和育人水平，建立家校社三位一体的育人新格局。只有肩负重任的家庭、学校、社会"三剑合璧"，学生才能真正获益。

一、"双减"时代家校社≠缺位、独位、错位

（一）家庭不能"缺位"

　　家庭是组成社会的细胞，是培养孩子的摇篮，家庭教育和社会教育所具备的特殊功能是学校教育无法替代的。孩子健康成长需要父母的用心陪伴，同时父母是孩子的第一任老师，家庭是孩子永久的成长之地。从事教育工作十余载，

我见过形形色色的孩子，曾经，我对老人们口中常常提起的"龙生龙，凤生凤，老鼠的儿子会打洞""三岁看老，七岁看大"的话不以为然，却深信"人之初，性本善"。每一个孩子都是从一张白纸慢慢演变成各种各样的纸张的，有五彩斑斓，亦有黯淡无光。这一切都揭示了一个事实：家庭教育是根基，无视家庭教育，只管生不管教，秉持"教育孩子是学校的事，是老师的责任"观念的做法，实则是家庭教育的"缺位"，必将给孩子的成长带来沉重打击。

（二）学校不能"独位"

作为一名教育工作者，我深知学校教育是社会行为的一部分，是衡量社会发展程度的重要标志，是社会稳定、有序、协调、发展的基础工程与统领工程。教育离不开社会发展，社会发展离不开教育的普及和提高。学校教育有固定的场所、专门的教师，有一定的培养目标、管理制度和规定的教学内容，正因为如此，学校教育对孩子的成长起着至关重要的作用。家庭教育是家长有意识地通过言传身教和家庭生活实践对子女进行一定教育影响的社会活动，是学校教育无法替代的。由此可见，学校教育固然重要，但不能"独位"。

（三）社会不能"错位"

电视剧《小舍得》一经播出，不少家长纷纷在剧中找到了自己的影子，引起了不少共鸣。其中一个片段是老师询问班级有谁在外面上辅导班，全班30多个孩子，竟然只有两名同学没有报课外班，而大多数孩子不止报了一门，有的甚至多达4—5门，数据对比令人唏嘘，同时也真实反映了社会现状。"不能输在起跑线上"，是中国家长要求孩子的一条重要的标准。在这个标准的指导下，家长为了让孩子学更多的知识技能，周六、周日带孩子去上各种各样的辅导班，殊不知，孩子上过多的辅导班，反而适得其反。过多地依赖补习班、孩子们时刻绷紧的学习状态，不仅牺牲了过多的休息、运动、玩耍的时光，拔苗助长式的教育方式更是消磨了孩子们的学习激情，增添了他们的挫败感，反而事倍功半。

二、"双减"时代家校社 = 各司其职 + 同心共育

（一）家庭教育是"根的教育"

著名心理专家郝滨老师曾说："家庭教育是人生整个教育的基础和起点。"家庭教育是终身教育，影响孩子的一生。有教养的孩子，背后一定站着有修养

的父母。家长对孩子的影响是一种无声熏陶。孩子成为一个什么样的人，首先取决于父母，取决于家庭。我曾经在家长会上和家长沟通后了解到，有的家长认为孩子的教育是学校的事情，与自己教育不教育关系不大；有的家长觉得自己忙，心力不足，无暇顾及孩子的学习；有的家长认为，树大自然直，对孩子的管理放任自流，不管不问，任其发展；有的家长认为，家庭教育就是写作业，上补习班，自己管好孩子的吃穿住行就够了……我们可以试想一下，这样的家庭教育环境，这样的教育观念和方式，怎么可能培养出一个守规矩、懂礼仪、讲文明、勤学习的孩子呢？父母只有采用正确的引导方法和高质量的陪伴，才可以让孩子在人生的每个阶段遇到那个最优秀的自己。为此，父母要在这方面投入更多的时间和精力。学习做合格的父母、负责的父母，更要做智慧的父母。

（二）学校教育是"干和叶的教育"

如果说家庭教育是深埋地下、默默输送生命养分的根，那么学校教育便是撑起人生高度、舒展生命姿态的干与叶。学校教育的特殊性体现于，其既是个体成长的骨架，也是连接社会的桥梁。

学校教育的"干"，象征着规范与支撑的力量。固定的校园如同干的根基，专业的教师恰似木质部的导管，将知识与规则有序输送。统一的课程体系、标准化的培养目标与考核机制，如同树干上清晰的年轮，为学生搭建起循序渐进的成长框架。在这里，每个孩子沿着既定的知识脉络向上攀登，从基础学科的阶梯到思维方法的淬炼，逐步形成结构化的认知体系。这种稳定性与持续性，正是"干"对生命的托举，助力个体在社会坐标系中找到成长的方向。

而"叶"则诠释着学校教育的开放与拓展。课堂不仅是知识传递的场所，更像叶片进行光合作用的实验室。通过系统的文化课程、社会实践与德育活动，学校将社会规范、道德准则与价值观念转化为精神养分，如同叶片吸收阳光与二氧化碳，为生命注入活力。从数理逻辑的严谨训练，到人文艺术的审美熏陶，从团队协作的能力培养，到家国情怀的情感浸润，教育的触角如叶片般向多元领域伸展，让每个生命在集体的土壤中汲取养分，在知识的天空下舒展个性之叶。

相较于家庭教育的个性化滋养与社会教育的碎片化影响，学校教育以其完整的知识链条与科学的育人体系，实现对人的全面塑造。这种系统性不仅体现在教材编排的循序渐进中，更渗透在德智体美劳的协同发展里。正如干与叶共同构建起植物的生命形态，学校教育通过规范与开放的结合，既赋予个体社会生存的根基，又拓展其探索世界的边界，最终将学生培养为适应社会发展的完整个体，完成从幼苗到栋梁的蜕变。

（三）社会教育是"汲取营养的教育"

如果说家庭教育是根的教育，学校教育是干与叶的教育，那么良好的社会教育就是家庭教育和学校教育的有效补充，对学生来说是汲取营养的教育。社会教育通过各种活动和宣传，帮助学生树立远大的理想和抱负，培养其奋发向上的竞争意识；同时，它还提供各种追求目标、选择方向以及达到目标的条件，为学生创造成功的机会。社会教育面向的受教育者范围更广，它直接面向全社会，以社会政治经济为背景，相比学校教育、家庭教育具有更广阔的活动空间，教育形式也更加灵活多变。不同于学校教育的统一制，社会教育能更好地服务于社会实践。良好的社会教育可以拓宽学生的眼界、开拓思维、增长见识，有利于熏陶学生的思想品德，丰富学生的精神生活，发展学生的兴趣、爱好和特长。在社会教育中，学生拥有更多主动选择权，可以针对自身不足，进行有计划的专项强化学习，查漏补缺，提升知识和技能；对于自己感兴趣的项目，可以结合学校所学进行有目的的延伸，进一步激发兴趣，提升专业素养；若对自己的潜力有开发需求，则可以进行专业性培训，挖掘自身优势，将其发展为特长。

三、"双减"时代家校社 = "三剑合璧" + 孩子受益

（一）换位思考，同心共育才是真

"双减"时代，家校社共育将成为教育新格局，在这种形势下，家校社各方都应顺应时代的改变，换位思考，汇聚力量，同心共育。对学校而言，教师不再只是知识的传授者，面对新变化要重新定位，成为学生梦想的点燃者，学生学习成长的教练，学生生涯规划的导师，学生创新活动的导演、制片人，学生学习效果的评估者和顾问。对家庭而言，家长需要摆脱过去"辅导员""督导员""检验员"的角色，用品格教育为孩子奠定阳光的人生。家长要重视孩子的生存教育、生活教育、劳动教育，以此培养孩子的独立、自主、创新精神。对社会而言，正如中国人民公安大学特聘教授李玫瑾所建议的：将社区服务作为学生生活中不可或缺的组成部分，鼓励孩子学会观察陌生关系，发现可以担当的事情，学会自我保护与付出，为社会作出自己的贡献。

（二）相亲相爱，教育命运共同体

强健的体魄、乐观的心态和积极阳光的生活态度，是最好的身体免疫力。在"双减"与中考政策改革的背景下，学校本着"健康第一"的宗旨，不仅严格按照要求有序推进教学进度，还丝毫没有放松体育锻炼。学校在了解家长对学生自主学习资源的诉求后发现，部分同学是没有家长陪伴的，部分同学由隔代长辈陪伴，只有一小部分是有父母陪同的。针对这些实际情况，学校运用部颁操4套、自编操5套等现有资源，安排学生在课后时间自选1—2套进行自主练习。学生可以通过校内通上传照片或视频，由专门的体育老师进行点评与辅导；体育老师也会根据不同学段学生的需求录制不同的视频上传资源库，供学生课后、假期自主练习。此外，在运动小达人、跳绳挑战赛等一系列活动中，学生们积极参与，挑战任务，并录制视频或拍摄照片，与在线老师进行沟通。学生热情高涨，参与度达到98%，获得家长们的一致好评。学校从家长角度出发开展工作，获得了家长的支持配合与各社区的积极响应，共同构建起教育命运共同体。

（三）"三剑合璧"，孩子受益是根本

"双减"背景下，家校社应"三剑合璧"，形成合力，通过引领、沟通、参与、合作等模式实现家校社共育的目的，培养德智体美劳全面发展的社会主义建设者和接班人。在家校社共育中，学校、家庭和社会是平等、合作、互补的关系，既以学生的健康成长为共同目的，又承担各自的教育使命，行使相应的教育权利。学校应充分发挥专业职能以及班级、班主任等组织优势，在家校共育、家校沟通、协助学习、志愿服务、参与决策等方面为家长提供切实的家庭教育指导。经过多年发展，公共教育领域不平衡、不充分的状况得到了相当大的改观。在家庭教育中，应强化家长的监护主体责任，引导家长以自觉的教育意识培养孩子的良好习惯，做孩子的支持者、欣赏者，切实履行养育责任。

参考文献

[1]潘琴.庆祝满腔的热情滋润幼小的心灵——家校联动共育德育好少年 [J].儿童大世界，2016（9）.

[2]陈勇.浅谈构建学校、家庭、社会三位一体的教育模式 [J].新教育时代教师版，2017（15）.

第五章

丰富学生活动　促进学生幸福个性成长

小学生情绪管理课程的探索与实施

——基于北京市 S 小学情绪管理能力调研

方丹阳

一、绪论

近年来，小学生在情绪调节方面的需求逐渐凸显，部分学生因情绪管理能力不足出现非适应性行为，同时日常教学活动中因情绪表达不当对课堂秩序产生干扰的案例也呈增多趋势。在这样的背景下，本研究的目的在于探索有效的情绪管理课程，以提升小学生的情绪管理能力。

笔者将情绪管理描述为人们对情绪的认识、理解和调控的过程。情绪识别被定义为通过分析表情及其发生情境来理解表情的性质和意义，即包括观察、分析、判断和推理在内的复杂认知过程（赵迎春，张劲松，2009）。情绪理解是指对情绪的表达、情境、因果的认识和理解（梁宗保、张光珍等，2011）。情绪调控是指个体对情绪的内部过程和外部行为进行监控和调整，以满足外部情境和人际关系需要的动力过程（孟昭兰，2005）。清晰界定这些概念，为后续的研究和课程设计提供了坚实的理论基础。

二、小学生情绪管理能力现状调研

（一）调研设计

1.研究对象

本研究在北京市 S 小学的二、四、六年级各随机选取 4 个班级，以班级为单位进行问卷调查。共488名学生，其中男生262名，占53.7%。

2. 研究工具

《儿童情绪管理量表》，共31个项目，包含情绪识别、情绪理解和情绪调控三个维度（王章莹，2012）。5点计分，其中"1"代表"完全不符合"，"5"代表"完全符合"，总分越高表明情绪管理能力越强。该问卷的内部一致性系数为0.869。

3. 统计方法

使用SPSS 26.0统计软件建立数据库，对小学生情绪管理、人口学变量进行描述性统计分析和差异分析。

（二）调研结果

1. 小学生情绪管理的描述性统计结果

表1　小学生情绪管理的描述性统计

	M	SD
情绪识别	3.49	0.41
情绪理解	3.73	0.37
情绪调控	3.36	0.50
情绪管理总量表	3.51	0.29

表1的数据结果表明，小学生情绪管理总量表及各维度的得分均大于3分，其中在情绪理解维度上的得分最高，其次是情绪识别维度，情绪调控维度的得分最低。

2. 小学生情绪管理的年级差异特点

表2　小学生情绪管理能力的年级差异比较

	二年级	四年级	六年级	F	p	事后比较
	n=131	n=162	n=195			
情绪识别	3.58±0.66	3.53±0.67	3.40±0.61	3.238	0.040*	二＞六
情绪理解	3.61±0.64	3.81±0.59	3.75±0.59	4.069	0.018*	四、六＞二
情绪调控	3.25±0.75	3.41±0.75	3.39±0.64	2.074	0.127	
总量表	3.45±0.55	3.56±0.58	3.50±0.50	1.534	0.217	

注：*$p<0.05$，**$p<0.01$，***$p<0.001$。

表 2 中数据显示，各年级学生在情绪识别、情绪理解两个维度上的得分有显著差异（$p<0.05$），在情绪管理总分、情绪调控维度上的得分没有显著差异。LSD 分析进一步检验各年级学生在情绪识别、情绪理解两个维度上得分的两两差异显著性的情况。情绪识别维度，二年级得分明显高于六年级；情绪理解维度，四年级得分明显高于二年级，六年级得分明显高于二年级，四年级得分和六年级得分差异不显著。

三、情绪管理课程设计

根据情绪管理的概念，将情绪课程划分为三个板块：认识情绪、理解情绪、调控情绪。同时，根据低、中、高年级不同学段学生的身心发展规律和实际学情，分别进行课程设计。

（一）低年级情绪管理课程设计

1. 学生分析

四、六年级学生的情绪理解能力显著优于二年级学生，这与学生情绪发展的规律相符合。低年级学生刚刚进入小学不久，主要活动形式从幼儿期的游戏转变为学习，需要承担一定的义务和压力，需要同更多的人相处，这些改变使得小学生在学习活动中产生种种情绪体验。相比于情绪识别、情绪理解，情绪调控得分较低。低年级学生的情绪具有很大的冲动性，随着情绪的爆发最容易带来行为的失控。

2. 课程目标

《中小学心理健康教育指导纲要（2012 年修订）》将小学低年级心理健康教育涉及情绪调适方面的内容概述为"使学生有安全感和归属感，初步学会自我控制"。情绪管理课程目标设置如下：

认知目标：能够识别多种情绪，能够根据不同情绪联系相关的生活事件，知道有情绪是很正常的反应，知道人们看待问题的角度有所不同。

情感目标：接纳有情绪是很正常的，可获得内心的安全感。初步建立自主调节情绪的意识，感受换个角度看问题会带来不同的体验和心情。

行为目标：学会识别基本情绪，觉察自己的情绪；选择解决问题的不同做法，以此舒缓情绪。

3. 教学过程

"我的情绪小怪兽"通过表情猜猜猜的游戏导入主题，接着边讲述绘本故事边提问，引导学生认识并觉察情绪，最后学生画出自己的情绪小瓶子并分享，引导学生厘清并接纳情绪。

"我的心情转盘"通过转动心情转盘并表演相应心情的游戏导入主题。接着，学生制作自己的心情转盘，完成后转动转盘，分享心情，并询问同学们遇到类似情况会怎么做，引导学生探索解决与不同情绪相关的生活事件的方法。最后将适合自己的方法写在心情转盘的背面。

"换个角度看问题"通过双歧图导入主题。接着，请女生和男生分别扮演发生矛盾的琪琪和乐乐，引导学生运用换位法，转变角度，思考乐乐和琪琪之间的矛盾。最后，学生联系生活实际进行换位法练习。

（二）中年级情绪管理课程设计

1. 学生分析

调研发现，四年级学生的情绪理解明显优于二年级学生，情绪调控对于学生有一定难度和挑战。三、四年级学生由于生活经验不足，在陌生、严肃、冲突、遭受指责等情况下，容易产生紧张的情绪，自我调节能力比较差，难以释放心理压力，这样就容易使他们的情绪低落。

2. 课程目标

《中小学心理健康教育指导纲要（2012年修订）》指出，小学中年级心理健康教育内容包括引导学生在学习生活中感受解决困难的快乐和学会体验情绪并表达自己的情绪。中年级学生情绪管理课程目标设置如下：

认知目标：区分不合理的情绪表达和合理的情绪表达方式；了解影响身体健康的压力源有哪些，了解健康压力和有害压力之间的差异。

情感目标：感受健康、积极的情绪。

行为目标：通过面部表情、动作、语言来识别情绪；觉察正性情绪和负性情绪并合理调控情绪的表达；初步学习管理压力的方法。

3. 教学过程

"我能认出情绪"：通过鸡蛋要升级的游戏，让学生体验情绪。接着，教师采用提问的方式，引导学生通过表情、动作、语言识别情绪。最后，学生抽签表演情绪，其他同学猜情绪，进一步巩固学生识别情绪的能力。

"情绪表达小能手"：以学生分享最近一次表达情绪的方式来导入主题。接着，通过案例讨论让学生认识到不同的情绪表达方式会带来不同的效果，并通过情景模拟三种不合理的情绪表达方式，引导学生理解情绪的表达需要合适的时间、地点、对象。最后，学生通过分享真实事例巩固合理表达情绪的方式。

"应对压力，快乐学习"：通过压力测试波点图引导学生初步认识压力。通过书写"我的压力源"并分类，引导学生认识压力源。通过案例分析，使学生了解压力带给身心的影响，并引导学生学习压力管理的 4 步法。

（三）高年级情绪管理课程设计

1. 学生分析

调研发现，二年级学生的情绪识别优于六年级学生的情绪识别。可能是随着儿童进入高年级，逐渐迎来青春期，即自我意识发展的第二次飞跃。在此期间，一系列关于"我"的问题开始困扰着他们，他们花费大量时间探索自我，对外表等事物的关注使他们不太关注自己和他人的情绪。

2. 课程目标

《中小学心理健康教育指导纲要（2012 年修订）》指出，应帮助高年级学生克服学习困难，正确面对厌学等负面情绪，学会恰当地、正确地体验情绪和表达情绪。高年级学生情绪管理课程目标设置如下：

认知目标：我们知道可以通过身体感受、表情、肢体动作来识别情绪；知道负面情绪的积极意义和消极影响；理解"情绪 ABC"理论，知道常见的几种不合理信念。

情感目标：更全面地认识负面情绪，尝试接受自己的负面情绪，能够调节自己的负面情绪，增强情绪管理的信心。

行为目标：有意识地觉察自己的各类情绪；能够客观全面地看待负面情绪；学会运用"情绪 ABC"理论调整情绪。

3. 教学过程

"我的情绪我了解"：通过击鼓传花的游戏，让学生体验情绪。通过情绪模仿秀，引导学生认识情绪带来的身体感受，了解情绪识别的方法。组织学生绘制自己的情绪蛋糕，引导学生觉察自身情绪。

"课堂辩论赛"：通过辩论"负面情绪具有消极影响还是消极意义"，引导学生全面看待负面情绪。

"我会调适我的情绪"：通过物品代表情绪的游戏帮助学生觉察情绪。通过情景故事，使学生认识到想法是影响情绪的重要因素。通过案例故事，帮助学生认识到常见的几种不合理信念，并带领学生练习运用情绪 ABC 理论调节情绪。

四、情绪管理课程实施现状与提升策略

（一）S 小学情绪管理课程实施现状

1. 教学安排

S 小学将二、六年级的情绪管理课程纳入学校心理课程中，作为心理课的其中一个单元进行教学，共安排了 3 个课时的学习，每个星期完成 1 课时教学任务。其他年级利用班会课时间组织心理班会。

2. 教学评价

S 小学情绪管理课程教学强调以学生为主体，既面向全体学生，又对个别学生进行情绪管理指导。课堂气氛轻松自由，老师尊重学生的表达，学生可以敞开心扉分享自己的感受。在教学过程中，教师充分整合现有的教育资源，以学生生活中的小事为素材，使教学与生活实际密切相关。但也存在个别教师对学习情况把握不到位的情况。

授课教师的评价：大部分学生积极参与课堂上的体验活动，真诚地分享和交流自己内心的真实感受和想法，并掌握了一些情绪管理的方法，如绘制情绪蛋糕、制作情绪转盘等，但也有部分学生游离在课堂之外，不参与活动。

学生的评价：学生对自己的情绪有了更多的认识和理解，会在课后运用所学到的情绪管理方法。遇到无法解决的困难时，他们会主动向家人、朋友、老师倾诉自己的烦恼，寻求帮助。

（二）情绪管理课程的提升策略

1. 注重课堂中的生成因素

在情绪管理课程的教学中，由于课堂气氛轻松，会有更多的生成性事件。生成性事件是教学过程中产生的最直观的教材，如果能充分发挥生成事件的教育作用，学生就能对情绪管理有更深刻的认识，从而提高小学情绪管理课程的有效性。

生成性事件的处理和教师的教学水平以及教育机制有关。教师作为课程的具体实施者，首先要熟悉情绪管理的课程知识和相关心理学知识，从而能够运用相关知识预测学生可能出现的情绪问题。其次，情绪管理教师应准确把握教学目标，结合情绪管理课程的重点内容进行处理，达到教学目标，提升小学情绪管理课程教学的有效性。

2.进一步培养师资力量

合格的情绪管理课程教师应致力于营造良好的课堂氛围，引导学生真诚大胆分享，把握教学重点，并在课堂内外对学生的情绪、想法和行为及时关注和引导。因此，教师的进一步培训不仅有利于情绪管理课程教学目标的实现，也有利于通过良好的师生关系、生生关系稳步提升学生的情绪管理能力。提高合格的情绪管理教师的数量和质量的方法有：（1）教育行政部门要提高对学校心理健康教育的重视，继续推进心理教师培训，引导学校设立专职教师负责心理健康教育。（2）学校应组织教师学习情绪管理理论和情绪管理课程的相关知识，提高教师对情绪管理课程重要性的认识。（3）加强教师间的交流合作，促进经验学习，实现资源共享。

3.发挥家长的作用

小学生情绪管理能力的提高不是一蹴而就的。为了防止"知行不一"的现象，除了在课堂上对学生进行情绪练习，在生活中家长也应对学生的情绪和心理进行引导。为了使家长在情绪管理课程实施过程中发挥作用，首先，家长可以在课程开始前，通过网络宣传、家长论坛、知识讲座等形式，了解情绪管理和情绪管理课程的重要性，从而重视对孩子情绪管理能力的培养。其次，在情绪管理课程实施过程中，家长应及时了解学校同步开展的教学进度和其他活动，通过自身的学习来激发学生学习的热情，并积极陪伴孩子完成情绪管理课程作业。

参考文献

[1]雷雳.发展心理学[M].北京：中国人民大学出版社.2009.

[2]梁宗保，张光珍，陈会昌，张萍.学前儿童情绪理解的发展及其与父母元情绪理念的关系[J].心理发展与教育.2011（3）：233.

［3］孟昭兰. 情绪心理学 [M]. 北京：北京大学出版社. 2005.

［4］赵迎春，张劲松. 7 至 14 岁儿童情绪识别的特点的初步分析 [J]. 上海交通大学学报（医学版）. 2009, 29（7）: 778.

［5］Salovey, P. & Sluyter, D. J.（Eds.）Emotional development and emotional intelligence: Educational implications. New York: Basic Books, 1997.

［6］Williarn Damon 等. 儿童心理学手册（第六版）[M]. 林崇德，李其维，董奇，译. 上海：华东师范大学出版社. 2009.

情感与方法结合的德育教育对轻度
自闭症儿童的积极改变

——以小明的成长之路为例

贾 培

一、引言

随着现代社会对特殊儿童教育的重视不断加深，我们越来越意识到，对于轻度自闭症儿童而言，单一的教学方法远远不能满足他们多元化的发展需求。这些孩子与普通儿童一样，有着丰富的情感世界和求知欲，但由于他们的大脑发育和功能有所不同，使得他们在社交互动、语言沟通以及情感表达上存在一定的困难。而德育教育作为培养孩子情感、意志和社交能力的重要手段，对于促进这部分儿童的整体发展有着至关重要的作用。

二、德育教育的重要性以及情感与方法结合的意义

（一）德育教育的重要性

1. 促进情感发展

轻度自闭症儿童往往在情感表达和理解上存在障碍。德育教育可以帮助他们更好地理解自己的情感，学会与他人分享，并培养他们的同情心和爱心。

2. 建立正确的价值观

对于任何孩子来说，早期建立正确的价值观都是至关重要的。通过德育教育，轻度自闭症儿童可以学会分辨是非，培养正直、诚实、尊重和公正等基本

道德品质。

3. 增强社交互动能力

德育教育不仅关心孩子的内心世界，还注重他们与社会的关系。通过德育教育，轻度自闭症儿童可以学会与他人建立关系，培养他们的团队合作意识和社交技能。

（二）情感与方法结合的意义

1. 满足个体化需求

每个孩子都是独特的，他们的需要、兴趣和潜能都各不相同。情感与方法结合的德育教育，可以更好地满足轻度自闭症儿童的个体化需求，因为它更注重与孩子建立情感链接，了解和关心他们的真实感受。

2. 促进真正的成长

单纯的教学方法只能达到肤浅的效果，但当我们将情感融入其中，教育就变得生动、真实并具有深远的影响。通过情感与方法的结合，孩子可以在真正的关心和支持下，积极面对挑战，实现真正的成长。

3. 构建积极的学习环境

情感与方法结合的德育教育，可以构建一个充满爱、鼓励和支持的学习环境。在这样的环境中，轻度自闭症儿童更容易建立自信，激发他们的积极性和创造力。

综上所述，德育教育的重要性不言而喻，而情感与方法的结合则为德育教育提供了更为有效、深入的途径。通过这种结合，我们不仅可以促进轻度自闭症儿童道德和情感的发展，还可以帮助他们建立与社会的积极连接，实现真正的成长和融入。

三、育人故事：小明的成长之路

（一）背景介绍

在一个阳光明媚的开学季，新班级里有一位名叫小明的学生引起了我的关注。他与其他孩子不太一样，不仅因为他在课堂上的反应较为迟缓，还因为课间时，他总是喜欢独自站在窗边，凝视着窗外的风景，仿佛在寻找某种答案。

作为德育班主任，学生的每一个细微动作和表情都可能成为我了解他们的窗口。我主动走到小明身边，尝试与他交谈。我发现他的表达能力较弱，而且对周围的环境有一种莫名的恐惧。

通过与家长交流，我了解到小明是一个轻度自闭症儿童。家长表示，小明小时候由于言语发育迟缓，被一些同龄孩子所孤立，因此他非常缺乏自信。他们给小明报了很多课外班，但效果甚微。作为家长，他们每天看着自己的孩子与外界产生隔阂，内心无比焦虑和无助。

了解到这些，我深感责任重大。轻度自闭症孩子并不是无法与这个世界沟通，他们只是需要一个更为特殊的方法。作为班主任，如何让小明打破内心的屏障，与班级中的其他同学建立真正的情感联系，成了我接下来教育工作中的一项重要任务。

（二）情感的润滑：关心与理解的重要性

面对小明这样的学生，传统的教育方式或许不再适用，但我坚信情感的力量和对孩子的真正理解能够为我们搭建起一座桥梁。经过观察，我发现小明对涂鸦有着浓厚的兴趣，这不仅仅是一种艺术表达，更是他与外界交流的一种方式。

一次课后，我特地为小明准备了一套彩笔和画纸，并鼓励他尽情地画出自己的心情。他最初有些拘谨，但在我的鼓励下，他的手开始流畅地在纸上挥舞。每一次涂鸦后，我都会与他一起，从画中去寻找他的内心情感，试图解读他对这个世界的理解和期望。

渐渐地，我发现涂鸦成了我与小明之间的桥梁。从他笔下的画，我感受到了他的恐惧、孤独，但也有渴望与外界沟通的愿望。这种无言的交流成为我们心灵之间的默契，使我能够更加深入地了解他的内心世界。基于此，我决定每周安排一次小明的情感关心时刻，这不仅仅是涂鸦的时间，更是一个老师与学生之间心与心相通的时刻。每当小明遇到困惑或者心情低落时，我都会与他坐下，通过绘画或者简单的交流让他感受到这个世界并不是他想象的那么冷漠和遥远。

（三）方法的指导：结合德育课程的个性化教学

1. 知识与技能的个性化教授

在德育课程中，我发现仅依靠传统的教学方法以已难以满足小明的个性化需求。对于小明这样的孩子，我们需要更为具体、切实的方式来引导他进入社交的世界。通过角色扮演的方式，帮助他逐渐掌握与人交往的基本礼仪和策略。

角色扮演活动为小明提供了一个安全的环境，在这里，他可以尝试不同的社交角色，而不必担心真实生活中可能出现的冲突和挫败。我设计了一系列与日常生活密切相关的场景，如"在超市购物""在公园和小朋友玩耍""家长会上与老师交流"等。在这些活动中，小明可以扮演各种不同的角色，如学生、老师、家长等，通过这种方式，他不仅能够体验到不同角色的感受，还能够从中学习到各种与人交往的技巧。

2. 引导参与团队合作

轻度自闭症的孩子常常存在团队合作能力较弱的问题。为了帮助小明更好地融入集体，我组织了一些团队游戏活动，在这些活动中，我鼓励小明积极与同学交流、合作，逐步克服他的羞怯和拘谨。

为了让小明更好地融入这个活动，我特意安排了一位善于交流、对他友善的同学合作，以帮助其锻炼团队合作的能力。在游戏开始之前，我会先与小明进行简短的交流，告诉他游戏的目的以及注意事项，确保他在游戏中能够得到积极地体验。

在游戏过程中，我鼓励小明与同学们进行积极的沟通与协作，当他遇到困难时，我会及时给予指导与鼓励，帮助他克服内心的恐惧。随着游戏的进行，我发现小明逐渐放开了自己，与同学们产生了越来越深的默契。

（四）以德育为引，促进情感交流

德育不仅仅是简单的道德教育，它更多地涉及个人的情感、态度和价值观的塑造。作为小学的德育班主任，我认为教育孩子遵循规则和遵守纪律只是最基本的，更重要的是让他们了解到每一个行为背后的情感因素和价值取向。

1. 德育与情感交流

轻度自闭症的孩子往往在情感表达和人际交往上有一定的障碍。而德育教育，能够为他们提供一个安全、宽容的环境，让他们自由地表达自己，理解并体验到他人的情感。

在这样的活动中，小明能够体验到各种各样的角色和情境，从而学会站在他人的角度思考问题，理解他人的情感和需求。这对于提高他的情感交流能力、拓展他的人际关系技能是非常有益的。

2. 德育活动中的实践与反思

在实际的教育过程中，我会特意设计一些涉及情感交流的德育活动。例如，我们模拟一个小组合作的场景，让小明与其他同学一起完成一个任务。在这个过程中，小明需要学会与同学沟通、交流，理解并尊重他人的意见和情感。活动结束后，我会与小明进行一对一的沟通，鼓励他分享自己在活动中的感受，反思自己的行为和态度。通过这样的反思，小明能够更加清楚地认识到自己在情感交流上的优点和不足，从而更好地调整自己的行为。

（五）观察与成果

1. 初始观察：孤独的小岛

在小明首次融入我们的班级时，他犹如一座孤独的小岛，总是处于自己的世界之中。他的目光游离、对集体活动显得疏远，即使在和其他孩子们一同玩耍时，他也总是选择站在一旁，观察而不参与。

2. 德育干预后的观察

随着德育活动的进行，小明开始展现出一些微小但明确的变化。在角色扮演活动中，他逐渐愿意尝试与其他孩子互动，虽然他的话语仍然简短，但他开始学会用眼神和身体语言来传达自己的情感和需求。在集体绘画活动中，我注意到小明不再总是独自作画，而是会选择与其他孩子共同创作，他的画中充满了生动的色彩和具有创意的元素。

3. 与同伴的互动

最令我印象深刻的，是在一次团队合作游戏中，小明所在组遇到了一些困难，而他主动提出了一个解决办法，当他的方案被实施并取得成功后，其他孩子都纷纷为他鼓掌。那一刻，我看到小明脸上洋溢着喜悦和自信。

4. 教学成果的确认

经过一个学期的德育教育，小明不仅在情感交流和人际互动上有了明显进步，学习成绩也有所提高。他开始愿意分享自己的学习心得，与同学们合作解决问题。这份进步，不仅属于小明个人，更是整个班级共同努力的成果。

四、结论

教育不仅是知识的传授，更是情感与人性的培养，经过为期一个学期的德育教育干预，我们可以明显地感觉到小明在情感交流、团队合作以及自我认知等方面的积极改变。

小明的进步，既是对我个人教学方法的肯定，也是对德育教育的强有力证明。它告诉我们，每一个孩子都有他的闪光点，只要我们耐心地去挖掘、用心地去培养，他们都有可能成为社会的宝贵财富。

最后，对于轻度自闭症的孩子，我们更应该以一个开放和接纳的态度去对待他们，给予他们更多的关心和支持。在教育的过程中，我们不仅是教师，更是他们的朋友、家人和伙伴，只有这样，我们才能真正实现教育的最终目标，那就是培养出健康、快乐、有情感且理智的孩子。

参考文献

［1］李亚娟.关注儿童情绪情感的德育课程构建与实施［J］.现代教学，2018（10）：5.

［2］刘玉玺.自闭症儿童体适能课程模式开发研究［C］.第十一届全国体育科学大会论文摘要汇编，2019.

［3］向垚梅娇，马金晶.绘画治疗对轻度自闭症儿童情绪行为问题的干预——以C康复残疾人中心的10名儿童为例［J］.海外文摘·学术，2019（11）：3100-102.

［4］周爱保，马晓晨.关于积极心理学下对学生进行情感教育的方法研究［J］.饮食保健，2018，5（16）：254-255.

［5］黎裕珍.小学班主任将激励策略有效运用于德育教育中的方法［J］.读与写（上旬），2021.

［6］袁欣欣.让德育教育走进幼儿的一日生活中［J］.读与写（上、下旬），2021，18（10）：275.

"双减"背景下家校共育的问题及策略

商丽媛

苏霍姆林斯基曾深刻指出："教育的效果取决于学校和家庭的教育影响的一致性。"这一论断清晰地表明，家庭和学校教育共同构成一个有机的整体，二者紧密相连、不可分割。优质的学校教育离不开家庭教育的有力支持与积极参与，反之亦然。一所学校若期望实现高质量、长远的发展，就必须充分激发学生家长参与学校建设的热情，通过一系列精心策划的活动和有效措施，赢得家长对学校管理和发展的高度认同，从而达成学生、家长、学校多方共赢的理想局面。2021年7月24日，中共中央办公厅、国务院办公厅印发了《关于进一步减轻义务教育阶段学生作业负担和校外培训负担的意见》。同年，《家庭教育促进法》相继出台。在这样的政策环境下，"双减"背景下的家校共育面临着全新的挑战。真正意义上的家校合作，要求家长深入了解学校的教育教学目标，使家庭教育与学校教育实现精准配合。只有如此，家校共育才能既助力家长提升家庭教育质量，又推动教师专业成长以及学校的持续发展。

一、"双减"政策下的家校共育新背景

（一）"双减"政策的核心目标与意义

"双减"政策实施后，人们普遍思考：我们该如何前行？需要明确的是，"双减"旨在减轻孩子过重的学业负担，降低家庭校外培训支出，并非倡导家长和孩子消极"躺平"，而是致力于从根本上促进孩子德智体美劳全面发展。那么，怎样才能满足儿童全面发展的需求呢？这离不开社会、学校、家庭等多方面的协同努力、各尽其责。让学习回归学校，这本就是教育的应有之义，学

校作为育人的主阵地，承担着重要使命。然而，无论教育政策如何调整，家长始终是孩子教育的第一责任人。只有家校携手、齐抓共管，才能有力推动"双减"政策的顺利实施。

（二）家校共育的新挑战与机遇

家庭教育作为人生教育的起点，对国家的未来具有深远影响。在过去，学校教育与家庭教育相对分离，家长会往往被视为家校合作的主要形式。如今，家长的角色发生了根本性转变，更加注重合作与责任分担。危机往往孕育着新机，"双减"为家庭与学校合作教育带来了新的契机，家校合作正朝着制度化、专业化、常态化的方向发展，逐步实现共性的学校教育与个性的家庭教育有机结合。

二、家庭教育：奠定人生基石的关键力量

（一）家庭教育的独特价值与作用

实施"双减"政策后，部分家长可能会产生误解，认为既然国家已为孩子减负，孩子回家后就应尽情享受生活，忽视了家庭教育的重要性。在后教培时代，孩子拥有了更多自由支配的时间，而这段时间恰恰是家庭教育发挥主导作用的黄金时期。

因此，在"双减"政策下，如果家长不重视家庭教育，孩子的学习成绩很可能出现下滑。真正有远见的家长，会积极参与到孩子的学习规划中，助力孩子培养自主学习能力。

（二）家庭教育与学校教育的互补性

将教育完全托付给学校，孩子的成长是不完整的。缺少了家庭教育的补充，孩子在未来生活中可能会失去竞争优势。俗话说，父母是孩子的第一任教师。从幼儿时期开始，家长的一举一动、一言一行都时刻影响着孩子。家长日常的言谈举止、做事风格、对人的礼仪习惯以及自身的人格修养，都在潜移默化中塑造着孩子的成长轨迹。一位优秀的教师，或许能够在三五年甚至更长时间内影响学生，教导他们行为规范、传授知识，但无法陪伴学生一生，也难以时刻在其身边进行教育引导。相比之下，家长对孩子的教育影响更为深远，家庭教育对孩子的塑造作用远远超过学校教育。教育界常说的"5+2=0"理论，即5天的学校教育成效显著，但如果2天的家庭教育未能跟上，学生的教

育可能会停滞不前，甚至倒退。这一理论深刻揭示了家庭教育的重要性。国家教育部原部长陈宝生也曾指出："家庭教育不到位，不仅会抵消学校教育的成果，还会给孩子带来一定的负面影响。"例如，教师在学校教导学生要努力上进、认真学习，然而孩子回到家中，却看到家长沉迷于麻将或打牌，在这种懒散的氛围中，孩子很难保持学习热情，甚至可能参与其中。如此一来，学校精心培养的好习惯，在家中可能瞬间消失。因此，家长应当切实承担起家庭教育的责任，只有优质的家庭教育，才能巩固学校教育的成果，并弥补学校教育的不足。

三、洞察家校共育：现状审视与问题剖析

家校共育对于学校教师、家庭学生以及整个社会都具有不可忽视的重要价值，对我国新时代教育改革与发展意义重大。然而，目前我国家校共育的实践活动仍面临诸多困境。

（一）家长视角下家庭共育的变形现象剖析

从家长的角度来看，家庭共育存在两个较为突出的变形现象。其一，部分家长认为教育完全是学校的职责，他们将孩子送入学校后，便觉得孩子的所有教育都应由学校负责，无须家长配合。但在一个班级中，面对40多名学生，教师往往只能进行面向全体的知识传授，难以做到因材施教，无法满足每个学生的个性化需求。此外，网络上的一些舆论夸大了教师的某些行为，导致家长对教师极度不信任，进而干扰了教师正常的教育教学工作。

（二）教师视角下家校共育的阻碍与信任困境

从教师的角度而言，一方面，教师对家长的学识水平存在疑虑，认为家长层次参差不齐，部分家长缺乏专业知识背景，无法有效辅导孩子功课，甚至可能增加学生和教师的工作负担，起到反作用。另一方面，由于教师工作繁忙，日常任务繁重，与家长缺乏沟通与交流，家校共育意识较为淡薄。由此可见，在家校合作共育中，家长与教师之间的信任是双方有效沟通的重要前提。然而在实践中，无论是教师还是家长，都在一定程度上存在偏见，导致双方缺乏有效沟通，最终导致合作意识逐渐淡化。

四、探寻提升家校共育水平的密钥

学校和家庭犹如教育的"两只手"，缺一不可，否则教育将难以取得良好效果。苏霍姆林斯基多次强调：教育的效果取决于学校和家庭的教育影响的一致性。完善的家校合作关系能够更好地促进孩子健康成长，培养学生良好的行为习惯，优化学校教育环境。《管子·权修》中有这样一段话："一年之计，莫如树谷；十年之计，莫如树木；终身之计，莫如树人。一树一获者，谷也；一树十获者，树也；一树百获者，人也"，其意为：做一年的规划，种植庄稼最为适宜；做十年的规划，栽种树木是最佳选择；而做一生的规划，培养人才才是重中之重。那么，如何提升家庭教育水平，促进家校共育深度融合，助力孩子更好地成长呢？对此，我有以下两方面的体会。

（一）积极沟通作舟楫，划动孩子成长的蓬勃浪潮

家长与老师进行积极有效的沟通，旨在了解孩子在学校的生活学习情况以及情绪状态，以便有针对性地帮助孩子。海淀实验二小在促进家校互动方面采取了诸多举措，如举办家长会、开展各类节日活动、运营官方微信公众号等。此外，老师们还通过微信建立班级联络群，每天不辞辛劳地发布孩子的学习内容和要求，让家长能够实时掌握孩子的学习任务；认真负责的老师们还时常分享孩子的生活学习状态，使家长能够全面了解孩子在学校的表现。尤为难得的是，老师们还经常与家长交流教育理念和心得，从中我们能深切感受到老师们的高素质、高度的责任心以及对孩子和教育事业的热爱。通过这些交流，我学到了"传递正能量"的教育方法，学会帮助孩子从积极的角度看待问题，引导孩子向阳生长；深刻认识到阅读对孩子成长的重要性；明确了"父亲在孩子的教育中不能缺位"，并努力创造条件让孩子有更多时间与父亲相处。

家长要认真倾听孩子的心声，从孩子的视角了解他们在学校的生活。在倾听过程中，鼓励、安慰和指导会在不经意间影响孩子的心理状态。

（二）以良好心态为翼，助力孩子健康快乐自信翱翔

一个班级中的孩子在成长发育方面存在差异，一个孩子在各项能力的发展上也并非均衡。通常，我们对于孩子在身高体重等生理方面的差异能够较为宽容地接受，但对于孩子在能力方面的差异却难以保持淡定。由于家长对孩子十分了解，往往能够清晰地看到孩子的不足之处。以我的孩子为例，她在运动能

力方面的发展相对较慢：转呼啦圈时容易掉落；跳绳时，虽然能跳得很高，但数量有限。孩子刚开始写字时，字迹如同蚯蚓般歪歪扭扭，还曾出现左右不分、"b""d"混淆、记不住整体认读音节等问题。有时，我会不自觉地拿孩子与自己小时候以及其他孩子进行比较，心中难免着急和纠结，为什么我的孩子不如别人呢？但实际上，这些不足都是孩子成长过程中必然经历的自然阶段，没有人天生就具备所有优秀的能力。违背事物的发展规律，急于求成反而会对孩子造成伤害。比如，孩子写字不好是因为手部小肌肉尚未发育完善，如果过度练习，可能会适得其反，影响发育，延缓能力的发展；左右不分、写字颠倒等问题，可能是婴儿时期爬行不足导致的，通过适当增加运动和练习能够得到改善……了解了这些，我意识到我们需要做的就是耐心等待，静待花开。

在这个过程中，除了关注孩子的不足，我们更应注重发现孩子的长处，欣赏孩子。孩子通常对经常受到表扬和鼓励的事情更有积极性，会反复去做。老师们在这方面做得很好，家长更应调整心态，相信孩子、赏识孩子，肯定孩子的努力，帮助孩子建立自信心，相信他们会越来越好。我也明白挫折教育的重要性，但对于刚开始系统学习、自信心尚在建立过程中的孩子来说，他们更需要的是耐心和鼓励，应尽量避免批评，有时甚至需要家长创造条件表扬孩子，激发孩子的内在动力。从最初的懵懂无知到如今的文明有礼，孩子都在不断成长进步。

从教育的本质来看，学校教育与家庭教育宛如鸟之双翼、车之两轮，唯有协同一致，教育之舟才能平稳远航，否则将面临搁浅的风险。在"双减"政策实施的大背景下，家校共育的需求变得比以往更加迫切，然而，也面临着前所未有的严峻挑战。

过去，家校合作常处于学校主导、家庭配合的低层次模式。但如今，为实现教育的高质量发展以及学生的全面发展，这种模式亟须改变。家校双方应以学生为核心，充分发挥各自优势，积极构建合作共育的关系，逐步迈向学校与家庭携手共进、共同发展的高层次模式。唯有如此，才能真正达成教育的目标，让学生在良好的教育环境中茁壮成长。

参考文献

[1]中共中央办公厅、国务院办公厅印发《关于进一步减轻义务教育阶段学生作业负担和校外培训负担的意见》[EB/OL].[2021-08-19].http://www.moe.gov.cn/jyb_xxgk/moe_1777/

moe_1778/202107/t20210724_546576.html.

　　[2]胡芳.我国中小学家校合作的问题及对策[J].现代教育论丛,2011(2):23-26.

　　[3]杨扬.新时代家校合作存在的问题及对策研究[J].教学与管理,2020(1):49-52.

　　[4]李潮海,徐文娜,康健.新时代中小学家校合作共育的理论基础与策略创新[J].现代教育管理,2019(11):12-19.

　　[5]陈珑丹,余娟.构建家校学习共同体[J].中国教师报,2021(10).

　　[6]景云.新时代家校合作存在的问题及对策探析[J].思想政治课研究,2019(4):16-20.

　　[7]爱德华·格拉泽,罗建辉.社会资本的投资及其收益[J].经济社会体制比较,2003(2):35-42.

　　[8][苏]B.A.苏霍姆林斯基.帕夫雷什中学[M].赵玮等,译.北京:教育科学出版社,1983.

　　[9]边玉芳,洪明."双减"政策下家庭教育观念的重塑[J].中国教育学刊,2022(1):1-6.

　　[10]范涌峰,王嘉毅.协同与共治:"双减"背景下家校社协同育人的价值、困境与路径[J].中国教育学刊,2022(4):14-19.

　　[11]刘要悟,李润洲.家校合作:内涵、问题与对策[J].教育研究,2019,40(1):110-117.

合理运用家校社资源促进小学博物馆
研学旅行意义的探讨

孙　娜　毛　芳

一、问题提出

（一）研究背景

2023 年 5 月，习近平总书记在中共中央政治局第五次集体学习时强调："学校、家庭、社会要紧密合作、同向发力，积极投身教育强国实践，共同办好教育强国事业。"这一重要讲话为学校家庭社会协同育人清晰地指明了方向。健全学校家庭社会协同育人机制，凝聚育人合力，培育协同育人生态，已然成为全社会建设教育强国的共同课题。

研学旅行，旨在通过亲身体验与实践，深化学生对知识的理解和运用。它不仅能够拓宽学生的视野，还能培育他们的实践能力与创新精神，对学生的全面发展意义重大。在教育体系中，学校、家庭、社会各自担当着关键角色。然而长期以来，存在资源分散、沟通阻滞等问题。在家校社协同研学旅行中，学校可提供专业的课程规划与教学指导，家庭给予情感支持与陪伴，社会则供应丰富的实践场所与资源。北京得天独厚的丰富博物馆资源，为协同研学创造了有利条件。只有三方紧密协作，才能充分利用这些资源，助力学生在研学中实现更全面的成长。

北京拥有 50 万年的人类历史，3000 多年的城市发展史，800 多年的建都史，是举世闻名的历史文化古都。故宫博物院、中国国家博物馆、中国科学技术博物馆等众多博物馆，各具特色，内涵丰富。小学生假期充裕，如何高效协同家校社力量，开展小学生假期研学旅行，引领学生迈向更为广阔的天地，在真实情境中体验、合作、探究，切实形成适应未来社会发展的必备品格和关键能力，成为至关重要的问题。

（二）目的意义

在中小学素质教育进程中，研学旅行已成为关键一环。其知行结合的创新型教育方式，有助于提升新时代中小学生的文化素养。协同家校社，在中小学开展线上、线下相结合的研学旅行，能够凝聚育人合力，丰富中小学的文化生活，增加学生对集体生活方式和社会公共道德的体验，提升中小学生的自理能力、创新精神和实践能力，让素质教育成果得以可视化呈现。立足提升学生的传统文化教育、科技教育、爱国主义教育、创新能力、实验精神等，深入挖掘并整合博物馆教育资源，打破学校与社会的资源界限，将博物馆资源与研学旅行、学生兴趣紧密相连，与学校育人目标相契合，与学科课程相融合，构建家校社协同育人下，集资源与课程有机融合且具有学校特色的"博物馆课程"。

二、研究目标

1. 贯彻落实《关于推进中小学生研学旅行的意见》精神，推动博物馆研学旅行纳入学校课程教育教学计划，探寻综合实践育人的有效路径。培育学生的合作精神、创新能力及综合素养，增强文化自信，实现文化传承。

2. 通过博物馆研学旅行课程体系建设，促进学校"验问"课程体系的完善，积累成功典型案例经验，为新一轮以素养为导向的课程改革提供成功实施范例。

3. 借助家校社协同力量，推动博物馆研学旅行纳入学校课程教育教学计划。学校负责制订系统的研学课程方案，家长协助组织学生参与活动、保障学生安全，社会（如博物馆、相关教育机构）提供专业的讲解与实践指导。通过这种协同模式，培育学生合作精神、创新能力及综合素养，增强文化自信，实现文化传承。

三、研究发现

（一）研究成效

学校秉持为创造者奠基的办学理念，以培养文化底蕴深厚、勤于思考、善于发问、勇于实验，富有创新精神的祖国未来建设者和接班人为教育目标。然而，小学生受自身年龄特征和校内课堂教学形式的限制，对中华优秀传统文化难以产生感性体会和综合认识，深度学习面临挑战。博物馆研学课程的设计思路是，通过线上学习、亲子实地考察体验，结合有架构的实践活动，在培养学生创造品格的同时，引导学生自幼熟悉中华民族文明历史，积淀文化底蕴，明晰社会担当，在瞬息万变的全球化进程中始终坚守中国心。

学校的博物馆研学课程面向一至六年级全体学生，而非局限于少数学生参与。这无疑给研学活动的组织和管理增添了巨大难度，但学校从未因此却步，而是积极寻求家长支持、开拓社会资源，对每一次活动进行精心的设计和细致的分工。目前，在具体实施过程中，行前，学校会派出专人实地探查，或聘请专家录制线上博物馆介绍的相关课程，组织学生通过线上视频进行学习。行中，由家长带领学生前往参观、学习，依据研学记录手册的内容，实现"学"与"游"的有机融合，确保研学活动既有"行"又有"知"，做到知行合一。此外，研学还应涵盖"研"的内容，即学生可在研学过程中或结束后，针对自身感兴趣的问题，进一步开展一定的研究性学习活动。学校在研学课程设计之初，便为学生预留了个性化研究的时间和空间，充分引导学生在研学过程中，针对目的地相关信息和资料（尤其是与传统历史文化相关的内容），多方面、多角度地开展搜集与考察、探访与调查、实验与总结、设计与制作、探索与发现等研究活动，将研究性学习与研学体验相结合，为培养具有深度思考能力、个性化发展的创新型人才拓展更为广阔的发展空间。

家校社沟通协作机制方面，学校搭建了家校社沟通平台，定期组织线上线下会议，共同研讨博物馆研学课程的设计与实施细节。在课程设计阶段，学校教师、家长代表和博物馆工作人员共同参与，结合学生兴趣和学校育人目标，确定研学主题和内容。例如，在设计以"中国古代科技"为主题的研学课程时，教师从学科知识角度提出教学重点，家长根据孩子的兴趣反馈建议，博物馆工作人员则提供专业的展品信息和讲解思路，三方共同完善课程方案。

家长参与方式呈现多样化。除在行中带领孩子参观学习外，家长还积极投身课程前期的准备工作。部分家长凭借自身职业优势，为研学课程提供资源支持，如从事历史研究的家长为学生开展专题讲座，介绍历史背景知识；有的家长协助学校组织志愿者队伍，在行前对学生进行安全教育和培训，保障研学活动安全有序推进。

社会资源整合成效显著。学校与多家博物馆建立长期合作关系，博物馆为学生提供专属的研学通道、专业讲解员和互动体验活动。同时，学校还邀请社会教育机构参与研学课程开发，引入先进的教育理念和教学方法，丰富课程形式和内容。例如，与某教育科技公司合作，开发线上虚拟博物馆研学课程，作为线下研学的补充，让学生在课前课后都能进行深入学习。

（二）研究结论

学校将博物馆研学作为深化素质教育改革的重要举措，持续探索和创新研学课程模式。在家长和社会的大力支持下，开展了大量综合实践活动。在设计博物馆研学活动时，充分结合不同层级学生的实际情况，通过自主学习、合作交流、问题探究以及亲子实践创新等方式，助力学生在研学过程中获取课本之外的知识，从而更好地丰盈学生的核心素养，实现课程活动的育人价值。针对一至三年级学生好奇好动、喜欢模仿、专注力差，正值学习习惯、情绪态度逐渐定型的关键期等年龄特点，将博物馆研学重点定位为引导体验中国古代艺术文化。四至六年级学生随着知识的增多加深，生理与心理变化显著，已从被动学习向主动学习转变，自主意识增强，抽象思维能力提升，个体的性格和人生观初步形成。因而高段学生的博物馆研学重点定位为古迹文化内涵和人文历史的探究。

（三）分析和讨论

1.博物馆研学课程的育人价值

有助于培育学生社会主义核心价值观：丰富多彩的博物馆研学活动，能让学生亲身感悟中国传统文化的悠久璀璨和时代发展的日新月异，了解人类社会发展的历史必然性，认识中国特色社会主义制度的优势。在潜移默化中培育和践行社会主义核心价值观，进而激励学生坚定民族自信，从小将个人理想与民族事业紧密相连，树立为实现中华民族伟大复兴而奋斗的理想。

有助于增长学生见识：博物馆研学的教育价值目标在于提升综合素养，实现终身教育，而研学课程的开发能更好地彰显博物馆研学的教育属性。高品质的研学课程能为研学者提供专业学术知识，开展高质量的文化素质教育，让研学群体充分感受文化魅力，增强文化自信。目前，研学课程设计主要遵循"前置课程（线上学习）+实地探访+体验式课程"的模式。博物馆研学课程开发也可参照此模式，围绕研学主题，综合各文化学科要素，形成整体认知。研学课程的分众化，是针对研学群体需求的差异性量身定制课程的策略，能够满足不同群体需求，以实现研学效果的最大化。

有助于家校形成合力：周末、寒暑假期，父母带领孩子走进博物馆进行研学参观，以孩子为中心，注重亲子关系，鼓励孩子亲手实践、亲身体会，让孩子获得教育和游玩的双重体验，通常与户外课堂、研学旅行相结合。这让孩子们体会到在家长陪伴下探索自然、共同成长的乐趣。

2. 研学课程的实践策略

明确研学主题，奠基育人价值：在家校社协同过程中，共同明确研学主题。学校发挥教育专业优势，确定契合学生认知水平和教育目标的主题方向；家长根据孩子的兴趣爱好提供参考意见，确保主题能激发学生的参与热情；社会机构从文化资源和实践角度提供建议，使主题更具文化内涵和实践意义。例如，在"探寻北京胡同文化"研学主题确定过程中，学校考虑培养学生对本土文化的认知和观察能力，家长反馈孩子对民俗文化感兴趣，社会民俗专家则提供胡同文化的历史背景和特色资料，三方共同确定该主题，并围绕主题设计系列活动，包括走访胡同居民、制作胡同文化手抄报等，让学生在实践中感受传统文化魅力，提升综合素养。

开发首都博物馆课程，开展课外深度学习：加强家校社在博物馆课程开发中的合作。学校组织教师团队与博物馆专业人员、社会教育专家共同研讨课程内容，将学科知识与博物馆展品有机结合，开发出具有系统性和趣味性的课程。家长参与课程的宣传推广和学生学习成果的反馈收集，鼓励孩子积极参与课程学习。社会机构提供场地、设备和专业指导，支持课程的实践活动开展。例如，在开发"故宫文化探秘"课程时，博物馆提供文物展示和讲解资源，社会教育机构协助设计手工制作、角色扮演等体验活动，家长帮助孩子准备学习资料，学校教师负责教学组织和指导，共同推动学生在课外进行深度学习。

巩固研学育人成效，拓宽研学育人途径：在家校社协同下，共同巩固研学育人成效。学校组织学生开展研学成果展示活动，如举办展览、演讲比赛等，邀请家长和社会人士参与，增强学生的成就感和自信心。家长在家中引导孩子继续深入思考研学内容，鼓励孩子将所学知识运用到日常生活中。社会媒体、文化机构等对学生的研学成果进行宣传报道，拓宽育人途径，提升研学活动的社会影响力。例如，学生在北京自然博物馆研学后，制作了自然科学主题的短视频，家长将视频分享到社交媒体上，引发社会各界关注，一些科普机构还邀请学生参与科普宣传活动，进一步巩固了研学育人成果。

四、问题与思考

运用家校社资源促进小学博物馆研学旅行当前主要存在两个问题：一是进一步深入研究的专业化程度相对较低，专家指导以及可直接借鉴的理论和实践成果相对匮乏；二是随着研究的持续深入，一些新问题不断涌现，需要有针对性地进行调整、研究和解决。

为提升学生研学质量，充分发挥学生的自主性，教师对学生的指导应适时、适当，注重方法引导而非直接告知结果。转变传统的教师本位观念，注重培养学生"立德树人"的核心素养，以学生为主体，让他们充分发挥自主能动性。在研学旅行的整个过程中，教师应让学生亲自体验、探究、学习，避免为学生包办任何环节。

参考文献

[1]陈光春.论研学旅行[J].河北师范大学学报（教育科学版），2017（3）.

[2]陆庆祥，程迟.研学旅行的理论基础与实施策略研究[J].湖北理工学院学报（人文社会科学版），2017（2）.

[3]李祥，郭杨.中小学研学旅行的风险及其规避[J].中小学管理，2017（8）.

"双减"背景下在小学班级中开展
劳动教育的策略研究

王佳宇

劳动教育是落实素质教育的重要抓手，也是促进学生全面发展的重要途径。2022年，教育部正式印发《义务教育课程方案》，将劳动从原来的综合实践活动课程中完全独立出来，并发布《义务教育劳动课程标准（2022年版）》。劳动教育的独立价值不依赖于德、智、体、美各育，其他各育不直接面向劳动，而且与其他各育相比，劳动教育具有独特的价值优势。新时代既为劳动教育带来了严峻挑战，也为充实劳动教育的内涵提供了现实条件。

一、现状分析

（一）现阶段劳动教育开展的意义

劳动教育是新中国成立以来一以贯之的中小学教育的重要组成部分，但在实践中，由于各种因素的影响，人们对于劳动的态度、情感发生了改变，从而出现"劳动教育在学校中被弱化，在家庭中被软化，在社会中被淡化"的现象。"德智体美劳"教育方针对劳动教育再发展提出了新的要求，开展劳动教育对于落实五育并举教育方针，落实立德树人根本任务，推进社会主义教育事业发展，具有重大的战略性意义。

1. 开展劳动教育，是落实新时代人才培养目标的必然要求

马克思曾说："任何一个民族，如果停止劳动，不要说一年，就是几个星期，也要灭亡，这是每个小孩都知道的。"劳动本身对于一个民族的发展来说起着关键性作用，劳动创造了人本身，同时也推动着人的发展，推动着社会的

发展与进步。因此，开展劳动教育，培养合格的劳动者非常重要。

2. 开展劳动教育，是提升新时代儿童综合能力的重要途径

杜威认为儿童在活动课程中通过（劳动教育）间接训练，奠定了将来从事某种职业的可能，其最终归宿指向了职业教育。劳动教育与实用主义教学理论有着密切的联系，学生经验的获得需要到有趣的活动与实践当中，而情境中的真实问题刺激儿童思维的积极性，使其运用已有的知识与经验想出解决问题的方法，强化已有知识并建立一个新的经验。儿童对于生活中的事物充满好奇，对于一些抽象的问题和理论学习理解能力比较差，在劳动实践中能够让他们通过自己动手操作加深对知识的理解和强化，锻炼他们的意志及做事的条理性和规范性，从而提高综合能力。

（二）现阶段劳动教育开展的策略

立德树人作为新时代中国特色社会主义教育体系的灵魂，广泛融合在思想道德教育、文化知识教育和社会实践教育的各个环节。作为其重要组成部分的劳动教育，并不是一种脱离于人的外在化的灌输式教育，而是一种彰显人本身生命本质、实现人生命成长的教育实践。这就需要我们重视劳动教育，通过引导和指导学生进行劳动，培养学生的劳动能力。通过梳理文献我们发现，有效开展劳动教育主要可以从以下几个方面着手：

1. 明确新时代劳动教育的目标

新时代的劳动教育不仅在于培养学生的专业知识与技能，还要培养学生正确对待劳动的态度，使学生养成热爱劳动的习惯，形成正确的劳动价值观。劳动教育的主要目标是提高小学生的劳动素养，促进学生树立良好的劳动意识，养成良好的劳动习惯，形成积极的劳动态度，继而培养他们勤奋学习、自觉劳动、乐观生活、勇于创造的精神，为学生的终身发展和人生幸福奠定基础。

2. 深化劳动教育价值的理解，形成教育合力

在小学劳动教育实施的过程中，要加强家庭、学校、社会之间的联系，将校内课程开展与校外实践活动相结合，同时通过相关活动开展促进家长与学生的交流，帮助家长认识到劳动教育的重要性，进而在家务劳动中注重培养学生的劳动态度与习惯。通过家、校、社三位一体的构建，推动劳动教育有效开展。因此，培养孩子树立良好的劳动意识，养成较好的劳动习惯，不仅需要营造劳动环境，还需要父母理解劳动教育的价值并言传身教。

3. 遵循劳动教育规律，分层构建课程体系与内容

《义务教育劳动课程标准（2022年版）》中将劳动课程内容共设置成10个任务群，每个任务群由若干个项目组成。从不同学段的目标及内容可以看出义务教育阶段劳动教育本身的特殊性及其基本规律，需要分层次、分阶段地落实劳动教育任务。

首先，劳动意识、态度与习惯培养的教育，其核心任务是在劳动意识、态度的基础上培养儿童的劳动习惯。在儿童的社会性发展中，劳动意识与态度并不是从来就有的，儿童往往要先形成一般的劳动意识，以及劳动的态度，才能养成良好的劳动习惯。其次，劳动知识掌握与技能培养的教育，其核心任务是推进劳动知识教育与劳动实践行动的有机融合，全面促进学生的德智体美劳全面发展。最后，创新精神与创造意识培养的教育，其核心任务是培养学生的创造性思维能力，提升学生的综合劳动素养。

二、问题探究

现阶段，许多学生从小备受长辈的关怀、呵护和宠爱，大多没有接触过劳动，更难以感悟劳动的不易和价值。在新形势下，学校劳动教育要真正做到"提质增效"，面临着诸多困境。

（一）对劳动教育本身的价值认识不到位

受各种因素的影响，在价值理念方面，学生对劳动价值的认识不到位，认为劳动教育仅仅强调的是体力劳动及劳动基础与技能的培养，没有清楚地认识到劳动教育不仅仅是强调体力劳动，更加注重劳动态度、习惯、情感的培养，注重具有社会责任感、创新精神的合格公民的培育。

（二）缺乏整体性、系统性的课程建构

傅敏指出，"整体课程范式是对学科课程范式和经验课程范式的革命，是学校课程改革实践不断探索的产物，是符合课程价值观本身的发展趋势"。系统论认为，整体是由部分构成的有机统一，整体不是各部分的机械组合或简单叠加，系统的整体功能是各要素在孤立状态下所没有的性质。因此，劳动教育课程要注重课程目标、课程内容、课程实施、课程评价等要素的紧密相连。

（三）未能形成开展劳动教育的教育合力

家校合作开展劳动教育是小学阶段开展劳动教育的重要途径，学生大部

分劳动活动需要在家里完成，家长对于孩子劳动素养的养成起着至关重要的作用。学校对于培养学生素养起着指导作用，因而劳动教育需要家庭和学校协力合作，形成教育合力，使学生养成良好的劳动习惯。因此，我们要对如何有效地开展劳动教育，探索出有效的、可操作性强的方法和策略。

（四）课程设置碎片化

目前，大多数学校劳动课程的设置都依赖于以往劳动教育课程的"存量"，大都存在课程设置缺乏系统性、教学内容单一化等问题。

一方面，表现在劳动课程设置碎片化，课堂教学与课后服务的关联性不足。其一，就劳动教育课后服务本身而言，尚未形成全面的系统化课程体系。劳动教育课后服务如何做到有序安排、时间如何分配、内容如何协调等，也有待进一步明确。其二，劳动课堂教学和课后服务缺乏整体性设计。如何区别课堂基础课程与课后延伸拓展课程，如何处理好共同基础与个性发展的问题则需要进一步设计。

另一方面，从劳动课程资源开发方面看，学校劳动教育的空间场地不足、资源不够丰富、内容也较为单一。当前，就劳动必修课程而言，大多以教师室内教授项目为主，形式较单一。即便开展了劳动教育课后服务，也面临着校内空间场地不足、劳动教育资源内容单一、设施设备无法配套等多种挑战。

三、策略研究

教育兴则国家兴，教育强则国家强。培养什么人、如何培养人以及为谁培养人，一直是习近平总书记强调的重中之重。因此在研究过程中，我们始终围绕这一根本性问题展开思考。当前存在的实际问题与劳动教育的培养目标，我们从以下几个维度进行了实践探索。

（一）观察生活，培养学生的劳动意识

在设计小学劳动教育活动时，我们多从学生动手实操角度出发，让学生在实践过程中深刻体会劳动教育的意义。同时，在教学活动中，我们也实时关注学生的情感反馈，并加强与学生之间的沟通和交流，确保能够真正了解学生的内心感受，进而不断调整自身劳动教育理念，开展更有针对性的教学活动，满足学生个性化的学习需求，顺利实现提升学生道德品质与综合水平的教育目标。

现阶段，大部分家庭都是独生子女，小学生从小便过着衣食无忧的生活，所以他们无法真正理解劳动的意义。在实际教学过程中，我们引导学生观察生活，捕捉生活中的劳动信息，从而加深学生对劳动的认知和理解。

（二）讲劳动故事，让学生感受劳动的魅力

为了提升核心素养视角下劳动教育的作用与效果，我们设计出有针对性的教学活动，并且在活动中适当融入一些常识性的教育问题，有效培养学生的劳动意识与公德心，最终形成良好的道德行为。值得注意的是，小学劳动教育并不能仅仅通过学校来完成，更需要家庭、学生的配合与支持，根据学生的年龄、心理和身体特征等开展有针对性的安排设置，营造出轻松愉快的学习氛围，并不断创新劳动活动的内容与渠道。

在小学劳动教育中，我们带领学生品味劳动背后的故事，这样才能够带动学生情感，从而使其感受到劳动的魅力。因此，在实际教学过程中，我们积极引入劳动故事，以此来提升劳动教育的整体效果。

（三）设计实践活动，为学生提供参与劳动的机会

在开展教学活动前，我们结合先进的教学理念深入分析和研究教学任务，这样才能够确保教学活动设计的合理性，帮助学生明确自身学习目标，让学生能够逐渐理解劳动的内涵。

首先，我们要明确学校是实施教学活动的主要场所，教师自身就是开展教育教学活动的主导角色，教师要帮助学生树立正确的劳动观念，端正学生的劳动态度，帮助学生掌握劳动的基本技能，并养成良好的劳动习惯。同时，教师可以设计类型丰富的实践类劳动项目，让学生的动手能力得到提高。各年级的项目设置都应由表及里、从浅入深，制订科学合理的教育目标，将各种实践活动融合成完整的课程结构，并让其逐渐成为劳动教育的主要内容。

其次，我们带领学生开展田园劳作类活动，这类活动比较适合中高年级段的学生参与，能让劳动教育课堂回归自然，让学生们共同分享劳作的喜悦。有条件的学校可以在校园内进行瓜果蔬菜的种植，让学生的劳动体验得到丰富，并感受劳动的快乐。同时，可以对田园劳作类活动进行拓宽与外延，将一些农事谚语或二十四节气等融入教学活动中，也可以让学生观察植物的生长规律，将劳动教育课程与其他学科内容相结合，不断培养学生的文化内涵。

（四）家校合作，培养学生的劳动习惯

在培养学生劳动习惯的过程中，家校合作具有非常关键的作用，家校配合

能锻炼学生的劳动能力，从而达到良好的教育效果。例如，配合学校自编劳动教材《劳动日记365》的学习，家长作为裁判者，根据学生的表现在评价表中写上评语。此外，我们在班级中举办一些有趣的亲子劳动活动，提高学生的劳动积极性，使习惯养成常态化。让学生在家长的带领下参与到竞争活动中，比如和家长比赛系鞋带，切实体会到劳动的乐趣，进而养成良好的劳动习惯。开展"食材探索"系列线上活动，学生和家长一起制作一道家常菜。这样既培养了孩子的劳动意识、创新意识，又增进了亲子感情。

四、结语

基于"双减"政策的引领，笔者在学校教育工作中，一直比较关注"减负""增效"。同时，如何开展劳动教育也是一个较为重要的课题。学校的劳动教育活动，也要积极渗透"双减"政策，全面展现劳动教育的价值意蕴。此外，在学校劳动教育活动中，一定要重视五育并举、强化劳动教育，这也是适应时代发展的重要举措。在学校日常劳动教育活动中，教师要让学生在出力流汗、亲力亲为的劳动过程中成为学习与生活的主导者，增强学生的社会责任感，把学到的一些生活技能、学习技能运用到实际生活中，全面奏响育人"协奏曲"。

综上所述，劳动教育对小学生的成长发育具有关键性作用，该年龄段的学生充满无限活力，正处于培养探索创新精神、养成劳动习惯的关键阶段。教育家陶行知先生倡导"生活即教育"理论，要求"教学做合一"，让学生在动手实践中获得经验，成为发现者和探索者，真正成为学习的主人。劳动教育为学生提供了有利的环境，学生可以在其中体会劳动的乐趣，在动手实践中将已有知识与新经验进行有效融合，从而提高劳动能力。

参考文献

[1]张云雷.基于小学生"三点半校内课后服务"的学校管理策略研究[D].牡丹江：牡丹江师范学院，2021.

[2]华伟.家庭：学生发展核心素养培养的重要场域[J].江苏第二师范学院学报，2020，36（4）：3.

［3］赵莹. 核心素养培育下的西安市小学生劳动教育现状调查研究［D］. 西安：西安理工大学，2018.

［4］李佳琦. 劳动教育促进小学生核心素养培育的理论与实践研究［D］. 洛阳：洛阳师范学院，2021.

［5］夏秀华. 小学劳动教育的管理与实施现状调查研究——以 M 市小学高段为例［D］. 牡丹江：牡丹江师范学院，2021.

［6］王小蒙. 小学劳动教育的现状、问题及策略研究［D］. 呼和浩特：内蒙古师范大学，2021.

［7］王芸. 小学劳动教育实施策略探究［D］. 大理：大理大学，2021 年.

［8］赵蒙成. 新时代劳动教育的本体价值与实践进路［J］. 现代教育管理，2022（2）：10.

［9］杨家琦. 新时代小学生劳动教育研究［D］. 呼和浩特：内蒙古师范大学，2021.

［10］洪伊莎. "新劳动教育"的回归之于当代小学教育［J］. 幸福家庭，2019（12）.

［11］袁宝权. 家庭作业与劳动教育的融合路径分析——以小学数学家庭作业为例［J］. 考试周刊，2021（A5）.

［12］葛健慧. "双减"背景下小学劳动教育实施策略［J］. 读写算，2022（20）.

［13］高营. 杜威. "做中学"教育思想及其对我国职业教育教学改革的启示［J］. 教科导刊（下旬），2018（4）：6-7.

［14］乔锦忠. 补齐劳动教育短板，重构"五育"教育体系［J］. 人民教育，2018（21）：33-35.

［15］庞茗萱，高维，程亚楠. 天津市小学生劳动教育现状调查研究［J］. 上海教育科研，2017（8）：46-50.

［16］傅敏. 论学校课程范式机器转型［J］. 教育研究，2005（7）：38-43.

核心素养视域下小学课后服务美术社团
创新课程与成效

王燕茹

课后服务是学校教育的延伸，美术社团的课后服务正处于探索发展阶段，大部分小学美术社团服务的内容和形式存在的问题主要表现在课程内容相对单一、没有整体的系统规划，久而久之学生流失现象非常严重，让课后服务流于形式。本文将从小学美术社团课程开发的路径与方向，探讨"双减"政策下小学课后服务美术社团课程的构建与成果。

一、开发课后服务美术社团课程的现实意义

开发课后服务社团课程是完善小学育人模式的需要。首先，课后服务社团课程与常规课堂的课程并不冲突，是对常规课堂课程的扩展、提升和融合。社团课程和课堂教学相互渗透、有机结合有利于充分发挥学校课程整体的育人功能。以培养小学生兴趣和融入中国民间传统文化为美术社团课程的开发目标，依据学校现有资源进行整体设计，将为小学育人模式注入新的活力，成为促进小学美术教育发展的动力和源泉。其次，社团课程有助于小学生综合素质的提升，因为课程实施的方法和手段与传统课堂教学不同，会更加关注学生在参与过程中的体验、注重团队合作精神的培养。社团课程的实施可以让学生在快乐模式中学习和参加团队活动，有利于拓宽学生的视野，发展个性，充分发掘和培养学生的兴趣爱好，进而提升综合素质。

二、"双减"背景下社团课程的开发与探究

（一）课程理念

课程的开发以习近平新时代中国特色社会主义思想为指导，以《义务教育艺术课程标准（2022年版）》为基础，以立德树人为根本任务，加强社会主义先进文化、革命文化、中华优秀传统文化的教育，坚持以美育人、以美化人、以美润心、以美培元，引领学生在健康向上的审美实践中感知、体验与理解艺术，逐步提高感受美、欣赏美、表现美、创造美的能力。引导学生参与各类艺术活动的同时学习和领会中华民族艺术的精髓，增强民族自信心与自豪感，充分发挥艺术课程在培育学生审美和人文素养中的重要作用。美术社团课程主要引导学生以对视觉形象的理解感知进行艺术创造，是学校进行美术教育的主要途径之一，在实施素质教育和"双减"政策的当前形势下，美育有着不可替代的育人作用。

（二）课程内容与民间美术相结合

结合新课标的育人理念，美术社团坚持以美育人，引导学生参与艺术活动的同时学习和领会中华民族艺术的精髓，提高民族自信心。因为民间美术对于小学的美术教学具有重要意义，所以学校从常规的美术课堂中挖掘与中国民间美术相关的美术课程延伸到社团课程中去。民间美术有着非常鲜明的美术特点，有浓厚的生活性和鉴赏性，能帮助小学生结合生活完善自己对美术的创造。另外，作为所有美术创新的开始，它具有很强的融合性，非常方便与教学融合在一起，所以美术教师应重视民间美术在美育中的作用。人美版教材里的民间美术种类繁多，那么怎样才能筛选出学生喜爱的内容呢？学校通过调研和梳理发现，大多数学生比较喜欢扎根泥土的现代民间美术农民画。比如，二年级的《农民画里的节日》、四年级的《快快乐乐扭秧歌》，这些课程都涉及农民画知识点，通过常规课堂的学习，学生已经初步了解了什么是农民画以及农民画的特点，但是课堂的时间是有限的，不能进行深入的探索与体验，而美术社团则可以解决这一难题，于是，农民画社团在"双减"政策下开启了课程的探索模式。

（三）农民画与儿童画的关系

1.农民画与儿童画的色彩

首先，农民画绘画工具相对简单，对于教室资源紧张的学校来说，它携带收纳都很方便。其次，孩子们喜欢农民画鲜艳的颜色。《儿童画教程》中的"走进儿童世界"一课中讲道：儿童喜欢用平面画法，直接用纯度很高的色彩涂抹，画面呈现出很强的装饰性。民间艺术家库淑兰说过：我不懂配色，两种颜色在一起鲜就是好。所以，民间美术作品往往呈现随意赋彩的特点，喜欢用原色、间色、对比强的颜色作画，这和儿童用色习惯是一样的。

2.农民画与儿童画的表现形式

农民画和儿童画的表现形式都相对自由，不受任何学院派绘画模式的影响，他们有时候会按照自己的直觉打破时空、环境的限制和意愿，巧妙地对景物、人物等进行大胆的夸张、变形、添加和想象，坚持"我画我心，笔随心走"。

（四）课程实施方法

1.体验农民生活，激发创作欲望

利用好身边的自然环境资源，组织学生开展"走进大自然"课程活动。生活中的农田为学习营造了良好的学习氛围，假期家长可带领学生观察体验农民劳作的情形。学生通过实际劳作，了解劳动的动态、环境的变化，体会人物劳动时的心情，这些对绘画的创作都大有益处。

2.课堂学习方法，改、添农民画

根据农民画家作品表现的题材和内容，在借鉴的基础上再创造，学习并尝试表现。有了这样的铺垫，学生再创作就不那么困难了。这种教学非常适合中高学段的孩子，因为中高年级学生的造型能力较强，能把握好饱满的农民画的构图形式、表现题材，也更容易体会、理解农民画的内涵。

《学画农民画》，利用农民画家的作品，分析怎样改和添画农民画，用改画的方法可以从哪几个方面改？添画又可以添加什么内容？这是我们学习的关键所在。学生通过改画，在观察、比较中找出问题的答案，如在农民艺术家作品的基础上修改，借鉴题材内容、构图形式、表现手法、色彩的搭配等，可以改变主体的色彩或细节，还可以根据题材内容改画背景，添画新的内容充实画面，也可根据自己的感受或想法改或添加，这种半创作和半临摹相结合的学习方法很适合初学农民画的学生，这非常有利于学生快速地进入农民画创作的阶段。每个学生的潜力都是巨大的，放手让他们去做，有时候作品会超乎我的想象。

三、社团成果

当前，校园美育工作在国家整体教育规划中越来越受重视，做好美育教育工作，是民之所盼，也是众之所向。学生通过学画农民画真实地感受到中国劳动人民的日常生活，不仅从画面中锻炼了学生的造型能力、复杂的色彩搭配能力、多变的线条表现力以及耐心、细心，而且每一次的作画过程就是农民画中真、善、美的品质伴随着学生成长的过程。学生深刻地认识到劳动最光荣，劳动人民是最可爱的人。

如今，学生越来越喜欢农民画，喜欢它特有的亲和力、凝聚力、热爱生活以及吃苦耐劳的精神等。学生不仅仅是学画农民画，更多的是把这种精神运用到自己日常生活中的待人、接物、处事中去，用自己善良的品质，团结助人、艰苦朴素的精神感染着身边的每一个人。

农民画社团不但使学校的课后服务内容变得丰富多彩，最重要的是使学生受益匪浅。学生把从农民画中学到的夸张的表现手法、饱满的构图、千变万化的线条灵活地运用到儿童画的创作中去，真正做到了活学活用。

课后服务美术社团课程的开发，其价值并不仅仅在于课程资源开发的本身，更在于学生通过用画笔与自然、与历史、与社会、与生活进行对话与分享，从而加深对周围世界的认识和理解，丰富个人的内心世界，提升个人的审美能力。课程的开发，还有利于校本课程建设，凸显校园文化，提升办学特色，更有利于提高教师开发课程资源的能力，培养学生的创新精神和创新能力。艺术浸润心灵，愿美术社团课程能从心灵深处唤醒孩子们的童真和智慧，唤醒孩子们对世界、人性美的感悟，让我们一起"扎根沃土·腾飞世界"吧。

破茧与蝶变：基于六年级学生心理特点绘制未来蓝图

杨　宏

一、引言

（一）研究背景

六年级作为小学与初中的衔接过渡阶段，学生的身心发展具有鲜明的独特性与复杂性。随着青春期的渐近，学生身体发育加速，这一系列生理变化成为心理转变的重要诱因，进而催生出一系列独特的心理特点。青春期逆反心理悄然萌芽，学生不再盲目依从家长和老师的教导，开始以抵触态度回应；部分学生受自我意识增强的驱使，渴望在群体中展现自身，通过夸张言行吸引他人注意，表现出哗众取宠的行为；还有一些学生受英雄主义情结的影响，内心强烈渴望展现勇敢、正义的品质。

在家庭场景中，这类心理特点引发的冲突屡见不鲜。例如小宇，家长希望他利用周末时间参加课外辅导，为升学考试做准备，而小宇觉得平日学习已经足够努力，周末理应放松休闲，双方因观念分歧产生激烈争执。在学校环境里，小萱为吸引同学关注，故意在课堂上大声喧哗、做鬼脸。在班级活动中，小刚总是积极争取承担最具挑战性的任务，期望借此成为同学们眼中的"英雄"。

这些心理特点不仅直接影响学生的日常行为，更对其未来发展意义深远。若不能及时引导与调适，学生极有可能在学业、社交等多个方面陷入困境。国家高度重视小学生心理健康，《中小学心理健康教育指导纲要（2012 年修订）》

明确规定，要根据不同年龄阶段学生的身心发展特点，有针对性地开展心理健康教育，致力于培养学生良好的心理素质，促进其身心全面和谐发展。这一政策不仅为研究六年级学生心理特点及绘制未来蓝图提供了关键的政策指引，也凸显了深入探究该阶段学生心理特点并制订相应引导策略的紧迫性与现实意义。

（二）研究目的与意义

本研究聚焦于全面剖析六年级学生的心理特点，深入探究这些特点对其行为表现的影响机制，并基于此提出切实可行的策略，助力六年级学生树立明确的目标，绘制美好的未来蓝图。

从学生个体发展视角来看，帮助学生正确认识并合理调适自身心理特点，对于他们平稳度过这一关键转折期、为未来学习和生活奠定坚实基础具有不可忽视的作用。正如人本主义心理学家罗杰斯所强调的，个体的自我认知和心理调适能力在其成长发展过程中占据核心地位。从家庭层面而言，家长深入了解孩子的心理特点，有助于营造和谐的家庭氛围，减少亲子冲突，促进家庭关系的融洽。对于教育者来说，深入洞悉六年级学生的心理特点，能够精准调整教育教学方法，显著提升教育教学的针对性和有效性。依据因材施教原则，教育者可以根据学生的心理特点制订个性化的教育方案。从宏观教育体系层面出发，本研究能够丰富小学阶段心理健康教育的理论与实践，推动教育体系不断完善，使其更好地适应学生身心发展的需求，为教育政策制订、课程设计以及教育资源分配提供科学依据。

（三）研究方法

为确保研究的科学性与可靠性，本研究综合运用了多种研究方法。借助文献研究法，广泛查阅国内外关于六年级学生心理特点及青少年未来规划的学术文献、研究报告和教育著作，系统梳理前人的研究成果与现状。重点关注皮亚杰、埃里克森、班杜拉等心理学家的相关理论，以及国内外最新的实证研究成果，为研究筑牢坚实的理论基础。通过案例分析法，收集大量六年级学生在学习、生活中的真实案例，深入剖析这些案例，直观呈现学生的心理特点及其行为表现，挖掘背后的深层原因。运用问卷调查法，设计科学合理的问卷，对六年级学生进行大规模调查。问卷内容涵盖学生的家庭环境、学习情况、人际关系、心理状态等多个方面。收集数据后，运用统计分析方法进行处理，全面、准确地把握六年级学生心理特点的普遍性与特殊性，深入了解不同性别、家庭背景、学习成绩学生在心理特点上的差异，为后续策略制订提供有力的数据支持，为制订个性化教育策略提供数据依据。

二、六年级学生心理特点剖析

（一）青春期逆反心理

1. 表现形式

六年级学生青春期逆反心理在家庭和学校场景中表现显著。在家庭方面，学生对家长的安排和建议常常持反对态度。例如，小王同学的家长希望他周末参加课外辅导班以提升成绩，小王却认为这剥夺了自己的休息时间，坚决拒绝，甚至为此与家长陷入冷战。在学校，学生对老师的规定和要求也会产生抵触情绪。老师规定课间不能在教室大声喧哗，小赵同学却故意违反，他认为这是老师对自己自由的限制，试图通过违反规定来彰显自己的"个性"。这种逆反心理使得他们在面对权威时，倾向于采取对抗姿态来表达自己的想法和需求。

2. 成因分析

依据埃里克森的人格发展理论，六年级学生处于勤奋感对自卑感、角色同一对角色混乱阶段。在这一阶段，学生渴望独立，极力追求自我认同，对于家长和老师的过度干涉极为反感。家庭中，部分家长缺乏民主意识，习惯于将自己的想法强加给孩子，很少倾听孩子的心声。以小王同学的家长为例，在安排课外辅导时，未充分考虑小王的兴趣和需求，这种缺乏沟通和尊重的教育方式极易引发孩子的逆反情绪。心理学家弗洛姆在论述亲子关系时指出，缺乏尊重和理解的教育容易导致孩子产生叛逆心理。学校教育中，部分老师的教育方式过于严厉，缺乏灵活性和针对性。当学生犯错时，只是一味地批评指责，而未耐心引导。例如，小赵同学违反课间规定，老师仅仅进行简单的批评处罚，并未深入了解其内心想法，这种教育方式不仅无法解决问题，反而会加剧学生的逆反心理。

（二）哗众取宠心理

1. 表现形式

六年级学生的哗众取宠心理在班级中较为常见。课堂上，部分学生为吸引老师和同学的注意，故意提出一些与课堂内容无关的奇怪问题，或者做出夸张的动作和表情。如在语文课上，当老师讲解古诗词时，小李同学突然大声问老师"古代人为什么不用豆包查一下"，引发全班哄堂大笑。在班级活动中，他们也会通过一些极端行为来凸显自己。

2. 成因分析

从心理发展角度来看，六年级学生自我意识逐渐增强，渴望得到他人的认可和关注。在家庭中，如果家长对孩子关注不足，孩子可能会通过哗众取宠的行为来吸引家长的目光。例如小孙同学，其父母平时忙于工作，很少关心他在学校的表现，他便试图通过课堂上的怪异言行引起老师和同学的注意，进而期望家长能够关注到自己。在学校环境中，竞争压力较大，部分学生为在同学中脱颖而出，选择采用哗众取宠的方式来吸引关注。社会学习理论的提出者班杜拉认为，个体行为受到环境的影响，当学生发现通过哗众取宠能够获得关注时，可能会强化这种行为。

（三）英雄主义心理

1. 表现形式

六年级学生受英雄主义的影响，常常渴望在同学面前展现出勇敢、正义的一面。在校园里，当看到同学被欺负时，一些学生会毫不犹豫地挺身而出，即便自身力量可能并不足够。例如，小潘同学看到低年级同学被高年级同学欺负，不假思索地冲上去制止，全然不顾自己可能会受到伤害。在班级事务中，他们也积极承担责任，期望成为班级的"英雄"。比如班级组织大扫除，小艾同学总是主动承担最繁重、最脏的任务，希望通过自己的表现赢得同学们的赞扬。

2. 成因分析

这一时期，学生的价值观开始形成，受到影视作品、文学作品中英雄形象的影响，内心深处渴望成为像英雄一样的人。同时，学校和家庭对勇敢、正义等品质的宣扬，也促使他们希望通过实际行动来践行这些品质。然而，由于认知发展尚未成熟，他们对英雄主义的理解可能较为片面，在行动时往往缺乏对自身能力和后果的理性判断。例如，小潘同学在制止高年级同学欺负低年级同学时，可能没有充分考虑到自身的安全问题以及事件的复杂性。

三、基于心理特点的未来蓝图绘制策略

（一）家庭层面：营造和谐氛围，助力心理成长

1. 改善沟通方式

良好的沟通是建立和谐亲子关系的基石，对于孩子的心理成长起着至关重要的作用。家长应学会倾听孩子的想法和感受，与孩子建立平等的沟通关系。建议每天抽出特定时间，如晚餐后，与孩子进行轻松的交流，让孩子分享学校里的趣事及烦恼。在交流过程中，家长切勿急于评判，要给予孩子充分的表达机会，以理解和包容的态度回应。当孩子抱怨学习压力大时，家长应先理解孩子的心理状态，再与孩子共同探讨缓解压力的方法，而不是批评孩子不够努力。这种沟通方式符合罗杰斯以学生为中心的理念，尊重孩子的感受与需求，有助于减轻孩子的逆反心理，增强亲子关系。家长可以运用积极倾听技巧，通过眼神交流、点头示意、给予反馈等方式，让孩子切实感受到被尊重和理解。

2. 树立榜样力量

家长作为孩子的第一任老师，其自身行为和价值观对孩子的影响深远。在日常生活中，家长应以身作则，展现出积极向上的生活态度和正确的价值观。例如，家长热爱学习，经常阅读书籍、参加培训课程，孩子在潜移默化中会认识到学习的重要性。当面对困难和挫折时，家长保持乐观心态、积极应对，为孩子树立榜样。孩子目睹家长努力克服困难的过程，会从中汲取力量，学会勇敢面对生活中的挑战。这与班杜拉的社会学习理论相契合，家长的积极行为为孩子提供了良好的学习范例。家长可以与孩子分享自己在工作或生活中克服困难的经历，引导孩子从中学习解决问题的方法和积极面对困难的态度。

3. 合理期望与引导

家长要依据孩子的实际情况，为孩子设定合理的期望和目标。避免给孩子过高的压力，杜绝将自身未实现的梦想强加给孩子。当孩子取得进步时，要及时给予肯定和鼓励，增强孩子的自信心。例如，当孩子某次考试成绩提高时，家长应具体指出孩子哪些方面表现出色，给予真诚的赞扬，同时鼓励孩子继续努力。在引导孩子制订未来规划时，要充分尊重孩子的兴趣爱好和特长，助力孩子发掘自身潜力，明确发展方向。从心理学角度来看，合理期望能够激发孩子的成就动机，符合耶克斯－多德森定律，适度的动机水平有助于孩子取得更

好的学习与发展成果。家长可以与孩子一起制订学习和生活目标，将大目标分解为小目标，让孩子在实现目标的过程中获得成就感，增强自信心。

（二）学校层面：创新教育模式，关注全面发展

1. 心理健康教育课程优化

心理健康教育对于六年级学生的成长意义重大，学校应强化心理健康教育课程建设，丰富课程内容和教学方式。在课程内容方面，除讲解基础心理健康知识外，应增加更多与六年级学生实际生活紧密相关的案例分析和讨论环节。针对学生间的冲突问题，可播放相关视频案例，引导学生分析冲突产生的原因、后果及避免方法，让学生在讨论中学会正确处理人际关系。在教学方式上，采用角色扮演、小组合作等形式，提升学生的参与度和积极性。组织学生进行心理剧表演，让学生在模拟情境中体验不同的心理状态，学会应对各类心理问题。这一做法融合了建构主义学习理论，强调学生在实际情境中主动构建知识与经验，有助于学生更好地理解和应对自身心理问题。学校还可邀请心理专家定期开展心理健康讲座，结合实际案例为学生讲解心理知识和应对方法，提高学生的心理健康意识。

2. 个性化教学策略实施

教师要关注每个学生的个性差异，制订个性化的教学策略。对于学习困难的学生，要给予更多的关心和辅导，深入了解其学习困难的原因，有针对性地提供帮助。例如，部分学生因数学基础薄弱跟不上教学进度，教师可利用课余时间为其补习基础知识，制订适宜的学习计划，逐步提升其学习成绩。对于学习成绩优异的学生，提供拓展性学习任务，满足其学习需求，激发学习潜力。同时，在课堂教学中，鼓励学生积极思考、提出问题和见解，培养学生的创新思维和独立思考能力。多元智能理论认为，每个学生都有不同的智能优势组合，个性化教学策略能够更好地发掘和培养学生的多元智能，促进学生的全面发展。教师可以通过课堂观察、作业分析、与学生交流等方式，了解学生的学习特点和需求，制订个性化教学方案。

3. 丰富校园活动开展

学校应开展丰富多彩的校园活动，为学生搭建展示自我的平台。组织绘画、音乐、科技等兴趣社团，让学生依据自身兴趣爱好选择参与，培养学生的特长和兴趣。举办运动会、文艺汇演等活动，增强学生的团队合作意识和竞争意识。通过这些活动，学生能够在不同领域发现自身价值，提高自信心，同时

在活动中锻炼沟通、协调和解决问题的能力，促进学生的全面发展。从心理学角度来看，这些活动能够满足学生的多种心理需求，如自我实现需求、社交需求等，有助于学生形成积极的自我概念和良好的心理品质。

（三）学生自身层面：增强自我认知，激发内在动力

1. 目标设定与规划

学生要学会自我反思，深入了解自身的兴趣爱好、优势和不足。通过参加各类活动、阅读不同类型的书籍等途径，探寻自己的兴趣所在。依据自身兴趣和优势，制订短期和长期目标。短期目标可以是本学期内提升某门学科的成绩，长期目标可以是未来期望从事的职业方向。例如，喜爱绘画的学生可设定短期目标为参加学校绘画比赛并获奖，长期目标为成为优秀画家。制订目标后，要将目标细化为具体的行动计划，脚踏实地逐步实现。这一过程符合自我效能感理论，当学生明确目标并通过努力逐步实现时，能够有效提升自我效能感，增强内在动力。同时，学生应定期对目标的完成情况进行评估，根据实际情况及时调整目标，确保目标的可行性和有效性。

2. 情绪调节与管理

学生要掌握一些情绪调节方法，以便在遭遇不良情绪时能够及时进行自我调节。可采用深呼吸方法，当感到愤怒或焦虑时，闭上眼睛，缓慢吸气再缓缓呼气，重复数次，使情绪逐渐平复。运动也是一种良好的情绪调节方式，通过跑步、打球等运动，释放身体内的压力荷尔蒙，缓解不良情绪。此外，学生还可通过与朋友、家人倾诉，将内心的烦恼与困惑倾诉出来，获取他人的支持与建议，从而更好地管理情绪。情绪 ABC 理论指出，人们的情绪和行为反应不是直接由激发事件引起的，而是由个体对事件的认知和评价所决定的。通过学习情绪调节方法，学生能够改变对事件的认知，从而更好地控制情绪。

3. 社交能力培养

在日常学习和生活中，学生要注重培养自身的社交能力。学会倾听他人的意见和想法，尊重他人的观点和感受。与同学交往时，要学会理解和包容，遇到矛盾和冲突时，避免冲动，通过沟通和协商解决问题。积极参与班级活动和学校组织的社交活动，拓展社交圈子，结交更多朋友。通过与不同的人交往，学生能够学习他人的优点，提升人际交往能力，为未来发展奠定良好的人际关系基础。

四、结论与展望

（一）研究总结

本研究深入剖析了六年级学生青春期逆反、哗众取宠、英雄主义等心理特点，明确了这些心理特点对学生日常行为表现的多方面影响。若这些心理特点不能得到及时引导，将对学生的未来发展构成潜在威胁。基于这些心理特点，本研究从家庭、学校和学生自身三个层面提出了相应的策略。家庭层面通过改善沟通方式、树立榜样和合理期望引导，为孩子营造良好的家庭氛围；学校层面通过优化心理健康教育课程、实施个性化教学和丰富校园活动，促进学生的全面发展；学生自身层面通过增强自我认知、调节情绪和培养社交能力，激发内在动力，实现自我成长。这些策略彼此紧密相连、相互促进，从不同维度形成合力。无论是家庭层面营造和谐氛围、学校层面创新教育模式，还是学生自身增强自我认知，其共同指向都是助力六年级学生精准洞察自身心理状态，有效调适不良心理，清晰确立未来目标，精心勾勒出一幅绚丽的未来蓝图。

（二）未来期待

期望本研究能够引起家长、学校和社会对六年级学生心理健康问题的高度重视。在未来的教育实践中，各方应紧密协作，形成强大的教育合力，共同关注学生的心理成长。家长应不断提升自身的教育素养，为孩子营造温暖、和谐的家庭环境；学校应持续优化教育教学模式，将心理健康教育贯穿于整个教育过程；学生自身应积极主动地参与自我成长与发展，不断提升综合素质。相信在各方的共同努力下，六年级学生能够顺利度过这　关键转折期，为未来的人生道路奠定坚实基础，实现从破茧到蝶变的精彩跨越，创造属于自己的美好未来。具体而言，学校可以定期组织家长培训活动，提升家长对孩子心理特点的认知以及掌握教育方法；家长要积极配合学校的教育工作，与教师保持密切沟通；学生要主动参与学校和家庭组织的各类活动，不断提升自己的能力和素质。通过各方的协同合作，为六年级学生的健康成长创造良好的环境。

"双减"背景下的课后服务实施

——快乐的泥塑课程

侯　颖

一、课程简介

（一）课程背景

"双减"政策的实施对中小学校的办学生态提出了新要求，也为课后服务模式的创新提供了契机。如何实现减负提质增效，成为我校教育教学改革的重要课题。在此背景下，学校以课后托管全覆盖为基础，通过整合科技、艺术、体育等社团活动，构建满足学生个性化需求的"轻课程"体系。泥塑课程作为代表性成果之一，依托学校"验问课程"体系，以"为创造者奠基"为办学理念，致力于培养具有文化底蕴、发问精神和实践能力的未来人才。

（二）特色介绍

泥塑课程聚焦课后延时服务的减负提质增效，有效把握未来课程发展趋势，以学生成长为核心，以问题为导向，采取"课堂教学＋社团活动＋课后辅导＋社会实践"的教育模式，满足学生未来美好生活需要，契合学生的个性化成长需要，推动学校传统文化教育，极大地促成了泥塑课程与校园文化、主题活动、学生成长的深度融合，有效促进了"教"与"育"、传承传统与面向世界、面向未来的统一。

学校在课后社团时间开展泥塑课程已有10年之久，从最初的单技法传授到学生可以融会贯通、灵活使用各种技法，从10余个学生参加到已实现部分班级和学生的参与，泥塑课程在学校落地、生根、发芽，走出了一条独具海淀实验二小特色的校本课程发展之路，实现了泥塑校本课程在新时代下的重绽光彩。

1. 课程与校园文化的融合

基于学校"验问"学习模式与"验问课程"体系，将课程内容与校园文化有机融合，创建主题性（二十四节气、五十六个民族、生活装饰、人物花卉等）的活动内容。例如，学生通过制作"五十六个民族黏土浮雕"（见图1），深入理解民族文化内涵，推动校园文化多样化发展。

图1　五十六个民族黏土浮雕作品

2. 主题活动与课程建设的融合

打破学科壁垒，基于泥塑课程、主题、任务，结合美术、书法、语文、道德与法治、综合实践等课程以及德育和少先队课程与活动，围绕建国七十周年、建党100周年、冬奥等重大主题活动，统筹协调，开展综合性的主题教学活动（见图2）。引导学生主动探索、研究、创造，提高综合解决问题的能力，达成基于同一实践活动主题下，学生收获"1+1 > 2"的教育效果。

图2 学生参与主题活动作品

3. 学生成长与泥塑课程的融合

契合校情、学情、教情，发挥学校传统文化优势资源，契合学生个体认知、性格、情绪等特点，满足学生的个性化发展需要，基于学校"验问"课程体系，推动泥塑课程、课堂教学、课后辅导、社会实践等的协同发展，让学生在一件件泥塑作品的创作、欣赏、体验的过程中，实现个性化发展、可持续发展。

二、课程目标

（一）助力文化迈向纵深，丰富学校文化样态

以学校"全面育人，教有特色，全面发展，学有特长"的办学思想为统领，基于非遗传统文化，挖掘泥塑独特的艺术价值和育人特色，推动泥塑课程落地，丰富校园文化建设的内容和形式，丰富学校文化样态，推动校本课程的建设与创新，实现泥塑课程与校园文化的高度融合，助力学校传统文化建设迈向纵深，提高育人质量与效果。

（二）实现学生学有特长，大力提升综合素养

培养学生形成问题意识、批判精神、创造能力和想象力，培养学生的健全人格、创造能力、审美思维，培养学生掌握一项艺术特长。引导学生在活动中体验参与，在参与中快乐学习，在"做中学、学中做"中获得艺术素养、文化素养、审美素养、人文素养等的综合提升。

（三）提升学生文化自信，增强文化传承意识

通过探究、发现、学习泥塑的表现形式，让学生在品味泥塑艺术之美中，在体验泥塑多元制作技法中，提升文化自觉，增强文化自信，感知优秀传统民俗文化之魅力，增强对民间工艺美术的兴趣，激发热爱、学习、保护、发扬乡

土文化的意识。

（四）助推"双减"落地，促进课堂提质增效

泥塑课程是学校落实"双减"，实施五育并举全面育人战略的生动诠释。基于非遗传统文化，挖掘泥塑独特的艺术价值和育人特色，依托泥塑课程与不同学科之间的融合，提升课后服务质量与教育教学质量，从而构建出优良教育生态，助力课堂提质增效，促进学生全面、健康成长。

三、课程内容目录及课时进度

（一）课程内容目录

本课程教学针对三年级学生，兼顾泥塑和绘画（可视学生学习需求和条件有相应侧重），共涉及课后延时服务课程传统节日中的八个内容，分别为《泥塑虎》《福字》《灯笼·雪容融》《团团圆圆》《粽子》《赛龙舟》《月饼》《兔爷》（见图3）。

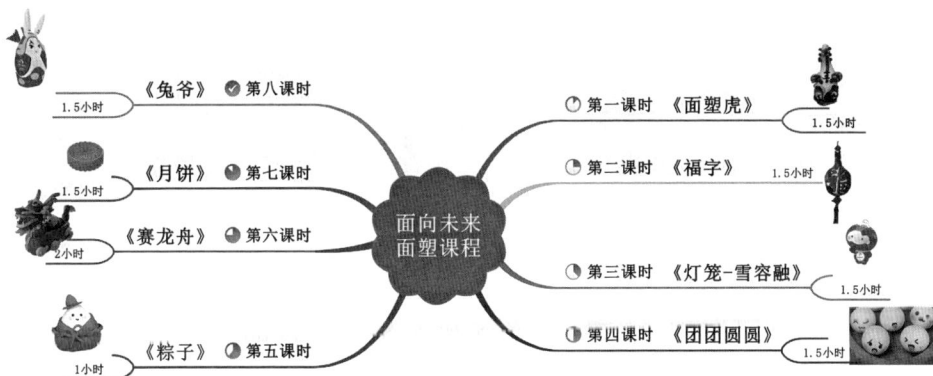

图3　活动课程概况

（二）课程图片展示

图 4　课堂教学及学生们的作品

（三）课时进度计划

每周安排（每节课后单设课程学习和活动实践），也可隔周安排（有学习有实践）。

实施保障措施如下：

硬件需求：普通教室、多媒体设备、黏土及工具。

师资要求：掌握传统纹样与节日文化，熟练揉、捏、压等技法。

学生基础：了解传统节日民俗，具备基础黏土操作技能。

教室及场地：普通教室。

（四）授课形式

泥塑课程与课堂教学、课后社团协同发展，主要在课后社团时间进行活动，课程内容具有一定的实践性和综合性，具有较强的实用价值。在教学中主要采取以下五种授课形式。

（1）任务驱动法。学生在完成任务的过程中，培养分析问题、解决问题的能力，培养独立探索及合作精神。布置相对具体的探究性学习任务，学生查阅资料，对知识体系进行整理，再进行提炼、汇总，最后由教师进行总结。学生以小组为单位进行，或个人为单位组织进行，以达到共同学习的目的。

（2）讲授法。教师通过简明、生动的口头语言向学生传授知识、发展学生智力。通过叙述、描绘、解释、推论来传递信息、引导学生分析和认识问题，使学生在较短时间内获得大量系统的科学知识。

（3）直观演示法。教师在课堂上示范、播放视频，学生通过观察获得感性认识，了解知识，掌握泥塑技法，明晰创作流程。

（4）练习法。学生在教师的指导下巩固知识、运用知识、形成技能技巧。

（5）自主学习。给学生留出解决问题的空间，利用网络资源自主学习寻找答案，提出解决问题的措施，进行讨论评价。通过自主学习锻炼了学生提出问题、解决问题的能力，提升了教学质量与育人效果。

（五）课程评价

鉴于艺术课程性质，评价兼具德育、美育、劳动教育等指标和要求。本课程评价坚持评价内容多维化、评价主体多元化、评价方式多样化的原则，以学生发展为本，以表现性评价为主，采取自评、互评、师评相结合的方式，既关注学生的泥塑作品，又注重学生的制作过程和成长所得；既注重过程性评价，也聚焦终结性评价；既关注学生艺术知识和技能发展，也注重学生艺术、审美、人文素养以及感知力、想象力、创造力、欣赏力等的提升。

1. 评价准则

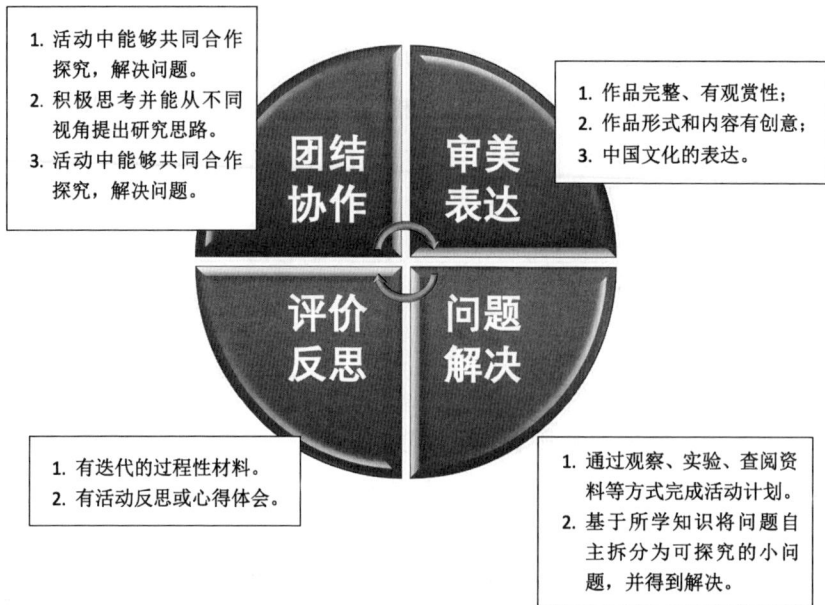

1. 活动中能够共同合作探究，解决问题。
2. 积极思考并能从不同视角提出研究思路。
3. 活动中能够共同合作探究，解决问题。

1. 作品完整、有观赏性；
2. 作品形式和内容有创意；
3. 中国文化的表达。

1. 有迭代的过程性材料。
2. 有活动反思或心得体会。

1. 通过观察、实验、查阅资料等方式完成活动计划。
2. 基于所学知识将问题自主拆分为可探究的小问题，并得到解决。

2. 评价方式

过程性评价和阶段性评价相结合。

3. 评价量规

（1）过程性评价。

等级 维度	★★★★	★★★	★
美观程度	色彩鲜艳，画面美观有创意，内容和谐，具有一定的艺术性	色彩简单，作品较美观	色彩单一，作品不美观
主题呈现	主题突出，醒目易懂，构图有创意	有主题，有想法	有主题，造型单一
小组合作	分工明确，每位成员都有具体任务，合作效果良好	有分工，但工作有时不顺畅	无分工，任务由少数组员完成

（2）终结性评价：适用每个课时。

等级 维度	★★★★	★★★	★
团队合作	分工明确	有分工，但不明确	分工不明确，不能落实到每个人
作品设计	设计出好的作品	能设计出作品模型	设计能力差，不能设计作品
作品完成度	完成作品	完成大部分作品	完成少部分作品
创新点	有明确创新元素	略有创新元素	没有创新元素
反思改进	能通过评价进行反思改进	知道如何评价反思	不能进行反思

　　"塑形塑像塑人才，育情育德育未来。"泥塑＋泥塑课程进校园、进社团的重要体现，与学校文化二者之间具有较强的文化内涵关联性，具有深度融合的可行性，相互促进，体现了文化建设的整体性、一致性和包容性。千载泥塑，值得我们用一生去传承；大美新时代，值得我们用一生去装点。立足美术传统文化教学，聚焦学生核心素养，着眼于学科育人能力提升，围绕育人质量的大胆创新与实践，我们将在探索之路上一路向未来。

参考文献

　　[1]袁梅.核心素养下泥塑教学创新与实践[J].体育·美育课程教学研究，2019（21）：224.

　　[2]段量斌.浅谈泥塑教学中的造型问题[J].美术学刊，2010（10）：47-49.

　　[3]尹少淳.新版课程标准解析与教学指导[M].北京：北京师范大学出版社，2022.

　　[4]周文叶.中小学表现性评价的理论与技术[M].上海：华东师范大学出版社，2014.

第六章

探索技术赋能 推动智慧校园持续发展

利用数据诊断赋能作业设计，促进学生个性化发展

冯冬梅

一、问题的提出背景及意义

（一）"双减"政策要求教师进行作业设计

《关于深化教育教学改革全面提高义务教育质量的意见》和《关于印发中小学生减负措施的通知》等相关文件都明确指出要提高作业设计质量的要求。2021 年，全国教育工作会议特别提出"双减"，要求切实解决当前学生作业中存在作业量大、作业形式单一、机械重复性较多、趣味性和实践性不足等问题。众多国家文件的出台将"作业设计"提上了改革的前沿。要想真正减轻学生过重的作业负担，就要求教师有大局观，从单元的视角将作业进行整体设计，并对作业进行精准分析，这样才能提高作业的针对性和时效性。

（二）从单元整体的视角进行作业设计，可以促进核心素养的落地

数学学科的单元具有较强的逻辑性，针对本单元中的核心目标从单元整体的视角进行作业设计，将同一个单元中蕴含强烈的逻辑关系的知识进行重构，有助于学生在解决单元作业的过程中构建起一个与之相关的知识框架。通过设计适合学生的单元作业，将蕴含着深刻思想、方法、精神和观点的内容有效地融入单元作业中，在弘扬数学科学本质的同时，注重突出数学的人文精神，从而实现科学主义和人文主义在数学教育中的融合。学生在运用特定领域的知识和相关的认知策略去解决问题的过程中促进其对数学知识的深度理解、感悟数学的理性精神以及思想方法，提高了解决问题的能力，从而实现核心素养的落地。

（三）利用作业 App 进行数据分析，促进数学作业的再开发

作业是学生学习过程的重要组成部分，是教师围绕教学目标而设计的检验教学效果的手段，是获取学生学习反馈的重要途径，也是学生掌握知识、形成技能、发展思维的有效途径。作业 App 可以更好地帮助教师对学生的作答情况进行分析，通过数据的对比了解每个学生的学习现状，关注学生学习中的困难，实现学生学习表现的显性化、可视化。

教师利用作业 App 获取的数据及分析结果，对单元作业的设计进行再开发、再实践，使学生能在原有水平基础上，借助探究性、挑战性、综合性、创新性的学习支架，利用综合性知识，在问题解决的过程中，建立结构化知识系统，真正理解和掌握基本的数学知识与技能、思想和方法，激发学生的问题意识和研究热情，解决学生的迷思问题，并逐步培养学生反思的能力，促使学生思维水平的提升。

二、解决问题的过程与方法

（一）从单元的视角出发，优化作业设计

1. 开展单元作业设计的价值

作业是教学过程中不可或缺的一部分，它不仅可以用来巩固所学知识、检验学生掌握情况、使学生掌握必备的基础知识和基本技能，而且能培养学生的抽象思维和推理能力，培养学生的创新意识和实践能力。要想利用好作业这一主阵地，促进学生全面发展，需要教师主动开展作业研究。数学知识是螺旋上升的，这就需要教师运用联系的、发展的眼光看待具体的数学内容，从"大单元"的角度出发设计探究性、综合性的作业。

"大单元"可以是现行数学教材编排的基本单位，也可以依托教材单元编排，以单元核心知识目标为依据，将单元内容进行重新调整或重构，使其融合为有意义的教学单元，这是对原教材单元的整合再开发。通过整合单元内容，在基础性作业的基础上，探索探究性、挑战性、综合性、创新性作业，优化作业设计，引导学生利用综合性知识解决问题，建立结构化知识系统，避免知识碎片化，让学生真正理解和掌握基本数学知识与技能、数学思想和方法，激发问题意识和研究热情，逐步培养反思能力，切实做到既"减轻学生课业负担"又"提升学生学习效果"，进而提升学生综合素养。

2. 单元视角下作业设计的开发

在进行单元作业开发前，要先对单元的内容进行分析，并在此基础上确定单元的具体概念。基于核心内容分析提炼出单元主题，结合单元具体概念，制订单元及课时学习目标、学习结果表现细目表。

表1　单元目标、关键问题及学生关键学习结果表现细目表

单元主题	寻要素，找关系，运用推理获得度量图形面积的一般方法				
具体概念	1. 测量面积的基本方法是用统一面积单位不断累加，方格纸是测量的基本工具 2. 发现图形要素之间的关系可以帮助我们获得图形面积的猜想；通过割补、拆分、拼接等转化为已知图形，这提供了运用推理产生新的图形面积公式的角度 3. 以上过程发展了推理能力和直观想象，以及自主学习和问题解决的能力				
单元目标	T（迁移目标）面临新图形的时候，有寻找要素之间关系或转化为原有图形来获得面积的意识，并能初步得到结果 U（理解目标）进一步认识到测量面积的基本方法是用统一的小方格密铺；经历图形面积猜想与验证的过程，认识到寻找要素之间的关系可以获得图形面积的猜想；认识到图形通过割补、拆分、拼接等可以转化为已知图形，然后比较转化前后的图形并得到新图形的面积公式 K（知识目标）能推导平行四边形、三角形、梯形的面积计算公式，并能正确计算面积，解决简单的实际问题 E（情感目标）在问题解决的过程中，获得成功探索问题的体验并感悟数学与生活的密切联系	关键问题	1. 根据面积的意义如何获得图形的面积？基本方法是什么？ 2. 猜想到的新图形（如平行四边形）的面积公式是什么？哪个猜想是正确的？ 3. 哪些要素影响了图形的大小？ 4. 反思自己是如何获得新图形面积公式的。利用上面的方法还可以得到哪些图形的面积？	学生关键学习结果表现	1. 能借助方格纸测量图形的面积 2. 能用割补、拆分、拼接等转化为已知图形 3. 能发现并理解寻找图形要素之间的关系可以获得图形面积的猜想 4. 能通过比较转化前后的图形推导出新图形面积公式 5. 能利用公式正确计算图形面积，解决简单实际问题 6. 能够在反思问题解决的过程中获得研究多边形面积的一般方法

基于细目表，开发巩固应用、延伸拓展、联系反思类作业。数学作业的分类标准有很多，可以按功能、思维水平、呈现形式、学习方式等分类。在单元视角下整体设计作业时，可将作业类型分为巩固知识、理解概念、迁移应用、联系反思、实践体验五种，每种类型目的不同，旨在通过作业促进学生对所学内容的理解应用建构联系、实现迁移。其中，巩固知识类和理解概念类是比较基础的，是对所学知识的理解应用；迁移应用类作业引导学生解决新情境下较为复杂的问题，需学生选择、组合、改造已有知识和方法并迁移应用，需要高阶思维参与，可见不同的作业类型中学生思维的参与程度不同。

在此基础上，学校开发了反映知识本质、体现能力素养的不同类型的作业。

以"平行四边形面积"为例：

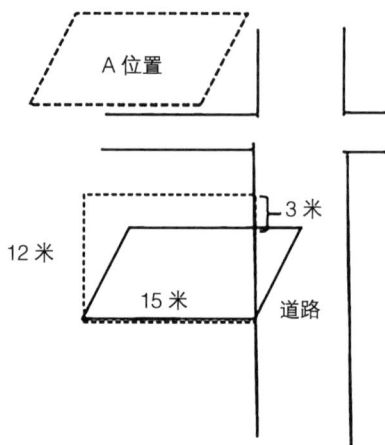

图 1　政府提供的住宅用地方案

淘气家的住宅建在一块平行四边形地上，如图 1 所示，政府计划在他家住宅边建一条马路，需要占用一部分住宅地，政府给淘气家两个方案供选择。

方案 1：在道路另一侧 A 位置提供一块一样的住宅用地。

方案 2：在原来的位置将平行四边形的住宅用地换成长方形的。

请你为淘气家选择一个有利的方案，并说说你的理由。

单元作业设计并没有止步于此，对于在探索过程中遇到困难的同学，教师还会提供不同的学习支架，引导其深入研究，从而促进学生高阶思维的发展。

表 2　学习支架

情况	人数	学习支架	提供支架后学生的学习表现
方案 1 有利（仅关注图形形状不变，所以面积不变）	5	想到了面积不变，你能试着计算这两个图形的面积吗？你有什么新的发现和收获？	1 人不能准确计算出平行四边形的面积，找不到底所对应的高，思维停留在单点结构水平
			4 人能计算出两个图形的面积，并根据面积大小得出结论，思维水平走向了多点结构水平
方案 2 有利（计算两个图形的面积，并进行比较）	32	想一想：如果不计算，你们能想办法说明哪种方案对淘气有利吗？比较这两次的研究思路，你有什么发现？	10 人认为直观看就可以得到对淘气有利的方案，但不能说明具体原因，思维停留在多点结构水平
			22 人能够根据长方形和平行四边形中核心要素的变与不变，关注差异部分，得到结论，思维水平走向了关联结构水平
方案 2 有利（直接关注长方形和平行四边形面积上的差异，从而判断）	11	能观察到长方形和平行四边形核心要素的变与不变，那你能让我们看到在图中变化的部分是哪儿吗？增加了多少面积呢？你有什么发现？	11 人均能画出增加的面积，还能说明增加的部分是多少；有些学生还关注到长方形拉动变成平行四边形的过程中面积变小的部分就是长不变，高减少的那部分长方形；还有 4 人探索了变化的规律。说明这 4 人的思维水平已经开始走向抽象拓展阶段

结合学生解决问题中所遇到的一个个"阶"，为其适度提供思考"支架"，

促使学生的认知、思维得到不断发展、重组与建构。

3. 单元作业设计的表现性评价

评价是作业的重要一环，运用 SOLO 分类理论对作业进行预测，根据预测的作答情况对学习结果进行分类，并通过访谈了解学生解决问题的思维路径、梳理学习结果的成因，在此基础上制订作业评价标准。充分利用作业评价量规，及时、全面地对作业设计情况进行反馈，发现问题，及时修改完善，形成有效的作业评价模式，将学生思维水平显性化，从而帮助学生实现思维进阶。

表3 SOLO 分类评价标准

思维水平划分	评价标准	示例	星级评价 + 语言评价
前结构水平	没有理解题意，不能结合题目内容解决问题	选择方案2 因为两个周长相同的长方形和四边形，长方形面积更大	★再想想，这两块地有什么关系？
单点结构水平	学生能关注要比较两个图形的面积，但只能从增高的角度初步感悟面积大	长方形比平行四边形高3m，看着大，所以选方案2	★★能关注到变化的这部分，有进步哦！想一想：为什么长方形面积大呢？
多点结构水平	学生能关注要比较两个图形的面积，且能根据图中信息得到长方形的面积，并比较两个图形面积	方案1：15×9=135m² 方案2：15×12=180m² 淘气家可以选择方案2，因为换长方形以后，面积变大了，对他们更有利	★★★能想到求两个图形的面积，很棒！
关联结构水平	学生不仅能先求两个图形的面积并比较，还能关注变化的地方，发现长方形面积比平行四边形面积就多了增高3米的这部分面积	如果把平行四边形补成一个长方形，我们发现这个新的长方形住宅比它大，所以方案2对他有利	★★★★不仅能想到求两个图形的面积，还能从变化中关注到增加的部分，很厉害哦！

（二）运用作业 App 进行数据分析，实现作业的私人定制

1. 运用作业机，实现纸质作业数据的完整收集

目前学生作业书写方式依然是纸质，其不受设备、场地、时间、网络等因素的限制，所以依然是主流的作业书写方式。在前面的研究中，我们针对纸质作业进行了单元视角下的作业设计，对每一个知识体系下的"大单元"精心设计作业，对学生学习中的困难提供支架，通过预测用 SOLO 分类对学生的学习情况进行评价。但本研究基于教材的分析、结合核心概念设计的题目是否真的让学生认知、思维得到不断发展呢？同时，作为一线教师，最大的困惑是每个学生的作业在批改后都需要用大量的表格、不同的符号进行统计，然后才能在此基础上进行有效分析。这样的统计工作量很大，无形中增加了老师的工作负担，同时对于每个孩子具体学习情况的进一步跟进也存在很大困难。

基于此，本研究把目光聚焦到了一些教育信息技术产品的研发领域，希望

能够通过信息技术手段既实现为教师减负的目标，又能借助大数据客观地分析出学生的真实情况，进而助推高质量作业的设计与实施。

本研究采用作业机终端设备（类似台灯），配备 PAD，其优势在于教师判作业时可将学生作答的数据收集到平板移动终端中，实现了纸质作业的数据化。

作业机终端通过每个孩子身份信息的二维码来确认孩子的基本信息，教师在作业机下批改作业，所有批改过程通过自动拍照留存的方式采集每个学生作答情况的数据，结束批改后，作业机会自动根据采集到的数据生成报告单，实现纸质作业数据的完整收集。

2. 结合"畅言智慧课堂"App，进行数据的多维度分析

作业机可以帮助我们将纸质作业电子化，实现数据的收集，通过平板上的"畅言智慧课堂"App，教师可以看到本班学生每次作业的作答情况，例如作业的正确率，班级学生较为集中的薄弱知识点、高频错题等。

结合数据分析，精准发现学生在学习上的困难点、存在的迷思概念，进而有效帮助教师进行作业的开发，促进课堂精准讲评，提高课堂时效，为后续开展有针对性的辅导提供支撑。学校管理者也可以根据报告单中的信息进行班级作业监管，客观分析，把握教学质量。

3. 利用"畅言智慧课堂"App，进行作业的私人定制

新课标指出，不同的人在数学上得到不同的发展。加德纳的多元智能理论认为，智能的发展因社会环境和教育条件的差异而有所差异。所以，设计数学作业时，如果按照统一的要求，就会出现作为优势学科的学生吃不饱，感觉太简单了，从而失去兴趣，影响下一步的学习情绪；而作为劣势学科的学生又会感到难度系数偏大，无法获得成就而丧失兴趣的情况。因此，数学教师在进行数学作业设计时需要对不同特征和有差异的学生提出不同的要求，进行分层作业以及个性化作业的设计。

统一的简单的纸质作业无法实现这一功能，目前作业机在这方面不断实践，已能实现班级的私人定制。根据作业机的报告单可以从知识点维度锁定本班学生的共性薄弱点。

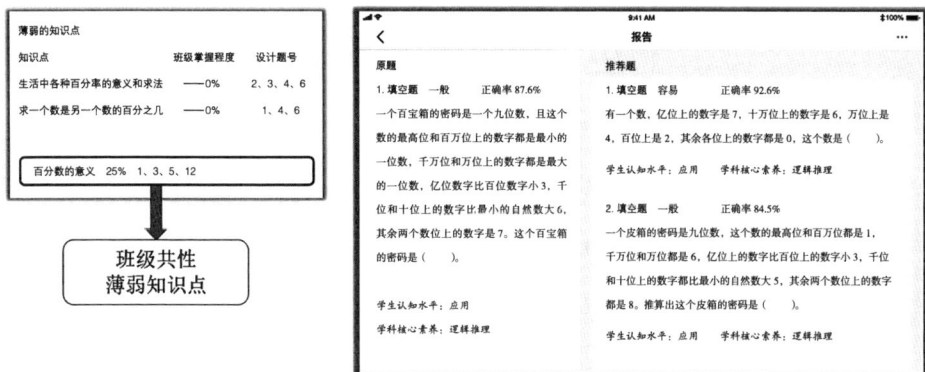

图 2　共性知识薄弱点

如图 3 所示，这个班有 25% 的学生在百分数的意义这个知识点上出现了错误，是班级共性的薄弱知识点，针对这样的结果，作业机进行了二次分层，自动推荐了符合这一知识点的巩固题和拓展题，帮助学生再次理解。同时，老师们在对百分数认识这个单元进行作业设计时也更有针对性，突破了大家从教师视角主观设计单元作业的弊端，实现了以学生为主体的单元作业设计。

作业机的出现减轻了教师进行作业统计及梳理的负担，补充了教师因数据缺失可能出现的偏差，为教师提供了班级学生作答情况的丰富数据，便于学情追踪和有针对性的讲解。同时，大数据反馈也有利于学校进行作业的管理。

三、研究的主要成果

（一）单元整体作业设计的框架初具雏形

在单元整体作业设计中，我们借鉴了张丹老师的作业设计框架，根据单元内容，确定单元主题，在分析单元内容的基础上确定单元具体概念，结合单元具体概念确定单元目标、单元关键问题，结合每课时的具体内容分解单元目标，将其拆解成若干个课时目标并确定考查学生的关键学习结果表现。同时，在此基础上，尝试将数学作业按思维层级分为巩固知识、理解概念、迁移应用、联系反思、实践体验五种类型，每种类型体现了不同的目的。为了更准确地测查学生的关键学习结果表现，在题目的选择、改编上，本研究经历了溯源—解析—调整的过程。下图为本研究使用的单元整体作业设计的框架。

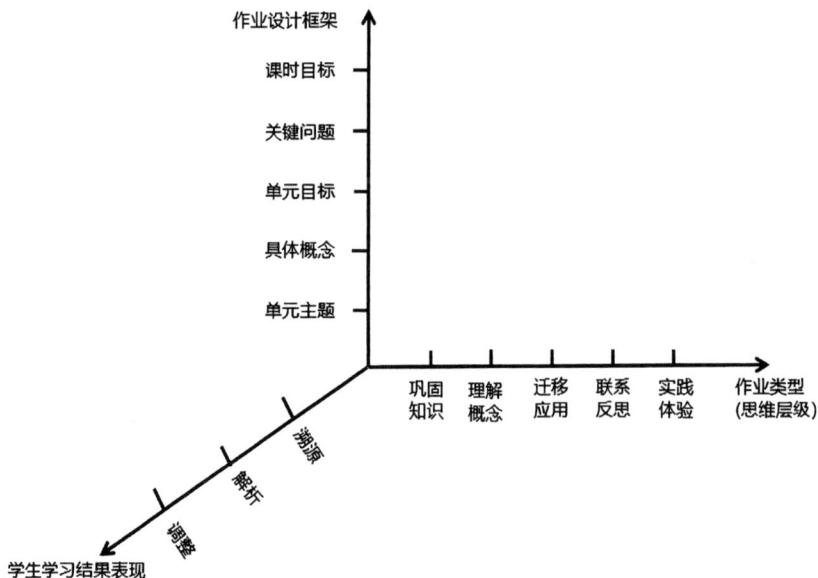

图 3　单元整体作业框架图

　　研究中每一个题目的选择、改编、调整都是基于核心目标、学生问题、学生思维路径可视化，结合学生解决问题过程中所遇到的一个个"阶"，使学生的认知、思维得到不断重组、建构与发展。站在学习者视角，结合单元目标、关键问题设计关键作业，作业中不仅关注数学知识本质特征，还关注学习者学习的"阶"，从而为学习者设计出科学合理的学习路径。

（二）利用微课提高学生的自主学习能力

　　微课作为一种新兴的教学资源，具有时间短、重点突出、可重复使用、灵活性强等特征，便于学生随时随地学习。在作业设计中，本研究针对学生的困难点、迷思概念以及与题目相关的数学史等录制 2—3 分钟的小微课。通过视频讲解满足学生个性化学习需求，学困生可反复观看微课加深对知识的理解，学有余力的学生可以选择感兴趣的数学史的相关知识展开研究，进而实现学生自主学习能力的提升。

（三）"畅言智慧课堂"App 助力作业诊断

　　在单元整体把握视角下，深度挖掘教学内容的核心本质，积极发挥课程、课堂、课业三协同作用。充分利用作业机 App，实现对作业情况的精准诊断，促进教学质量的提高。学校管理者可以通过作业机 App 平台整体掌握全年级各班作业的提交和批改情况，还可以通过某一数据情况了解各班学生的具体情况。

利用作业机 App，教师可以通过作业、即时测试等方式收集学生的学习数据，通过数据分析工具让学生的学习表现显性化、可视化，精准把握每一位学生的情况，为实现因材施教提供支撑。同时，通过数据进行精准诊断，反思教学起点与难点，实现高质量教学目标。

随着教师对作业内涵理解的逐步深入，教师开始走出舒适圈，打破原有对作业的认识和习惯，从布置作业到根据单元目标及学生的学习结果表现设计作业，打破广撒网，多做题的原有思路，开始根据学生关键学习结果表现进行量体裁衣精准设计。教师在深入研读教材、分析教学目标、制订学生学习结果表现的过程中提高了专业能力，提升了学习力和研究力，作业研究也促进了教师的专业发展。

智能时代海淀实验二小教育变革实践与思考

王 琳

一、优化智能体系，创新应用场景

在教育数字化转型中，学校创新应用场景的搭建有助于提高教育质量、满足学生需求、促进终身学习，有助于拓展学习机会，丰富学习体验，为学生提供更多成长和成功的机会。

学校作为两校五址的集团校，占地约 6 万平方米，有 126 个教学班，近 6000 名学生。330 余名教职员工，专任教师 270 余人，其中北京市区骨干教师 84 人。不断扩大的办学规模促使我们努力建设高质量、现代化学校，从数字校园的建设到智慧校园的打造，学校主动推进教育数字化转型，在学、教、评、管、研等各个应用场景积极探索数字化转型之路。

（一）立足整体升级，奠定智慧校园基础设施建设

几年来，我们相继投入资金实施智慧校园基础建设，如校园硬件环境、虚拟演播室、录播教室、教学实验室、互动教室等未来教室与数字实验室建设，为智慧校园建设及应用打下坚实的硬件基础。作为北京市双百示范基地，学校构建一体化、智能化的多校区同步互动课堂教学环境，帮助教师、学生在校园网上进行远程教学活动，实现五个校区的同步课堂互动，为推进优质资源共享、校区优质均衡、推动教育事业科学发展提供助力。

（二）优化底层架构，推动信息技术深层次应用

学校将智慧校园应用系统的统一用户认证、数据管理与分析、教学资源管理与应用整合到原有软件系统，实现互联互通，逐步建成覆盖学校教育教学、

管理等方面的综合平台。

从管理、教学、教研、评价、服务等方面，推动信息技术深层次应用，加强过程信息采集与分析、实时互动、大数据技术等在教学与评价中的深度应用，努力实现适应性的智慧教学、科学化的智慧管理、协作化的智慧教研和定制化的智慧服务。

利用微信等公共媒介开展公共信息服务与课后互动服务，探索成熟的互联网教育产品在家校互动、课堂教学创新等方面的应用。结合学校办学特色进行校本资源建设，建立校本特色资源库和资源服务平台，为学校管理与师生的教与学提供更丰富的资源。

二、践行融合理念，变革教与学方式

学校教育数字化转型过程中从以往的浅层应用逐步走向融合创新，从学校的整体推进层面，积极探索技术与各个应用场景的融合范式，通过它们之间的深度融合，推动教与学方式的变革，实现以教为主向以学为主转变，以课堂教学为主向课内外教学结合转变，实现传统与现代有机结合，实现以学生为中心的学习。

（一）研修方式融合，实现"教"与"研"的变革

校本研修是推动课程优化和教学改进的内在动力，其核心是"以校为本"和"教师成为研究者"。我们的校本研修，从基于教学实践中的困惑和问题，以个体或年级为单位进行研究，到基于教师内驱需求，以实践共同体开展研究（语文成长营、数学实践共同体），再到侧重基于"真问题、小专题"研究，探索线上线下一体化研修模式，实现教师研究、学习方式的改变。学校两校五址，各学科坚持研修方式融合的原则：一是利用全校教研时间进行组内的集体线下研讨，进行备课磨课；二是利用多校区同步课堂互动教学环境进行线上研究，某一校区现场教学，其他校区的教师进行线上观摩，通过观察授课过程中老师及学生的课堂活动情况，结合课前、课中收集的相关数据开展评课和研讨，通过评价、检测，反观教研效果；三是利用视讯会议系统构建各校区之间时时互动的教学研讨形式。这样围绕研究主题，经历线上线下融合的研究过程，打破时空界限，实现信息技术和教研的深度融合，研修效果卓有成效，助力教师队伍的共同发展。

我们还充分利用信息技术进行远程研修，辐射外校、外区，甚至更远的地区，为他们的教学研究助力。先后有多名教学干部、骨干教师通过远程进行授课、讲座，将先进的教育教学理念和学校研究成果通过线上传播，使信息化教育成果最大化。

（二）学习方式融合，推进"教"与"学"的变革

我们深知技术的使用必须体现以学生发展为本、以提高教学效率为基、以改变教与学方式为靶，而不是为用而用，为融合而融合。因而，融合的适切性就成为大家研究的重点。

这里的适切性应基于实际需要，精心采用适切的融合手段，有效促进学生的"学"，提高教学效率和学习效果。例如：

★翻转课堂

线上准备学习资源，设置学习任务和活动，了解学生完成情况和进度，线下以诊断和辅导为主，根据诊断结果进行个别化跟进指导。课中借助移动终端，完成学习检测，并呈现基于问题研究的学习效果评价，促进课堂深入交流。

★双师课堂

依托 ClassIn、超星学习通，用技术手段打破实体教室、学校边界，不同校区、班级联动，师生、生生实时同屏互动，促进优质资源共建共享，构建跨班的线上线下融合、高效课堂。

★沉浸式课堂

人工智能学科通过设计实景化的学科体验活动，创设沉浸式教育教学新情景，运用已有的人工智能软件与硬件、人工智能的学习算法，搭建语音库与图片库，从而达到语音人机交互的效果以及图片识别的效果。学习过程中，学生成为问题的发现者、解决问题的合作者、物化作品的推广者，教师则是学生活动的辅导者、组织者。

（三）人机融合，提升师生信息素养

数字化背景下的学习是人机交互融合的过程，教师、学生、机器、教育环境多元融合，使师生身体、感知、认知，尤其是智能得到质的增强，以更具创造性的方式应用智能产品、开展教与学，实现变革教育的理想。为此，学校建立信息化培训机制，每学期对全体教师进行微服务平台、智慧校园、微课及各类技能等专题培训十几次。同时，以市区数字教育领导力培训为契机，层层

推进能力提升工程全员培训，并将信息化培训与校本研修、课题研究结合，提升教师信息化素养和教学能力。而平板电脑、VR 等现代教育技术手段引入课堂，AI 机器人、创客、编程等人工智能课程的开设，则大大提高了学生的综合能力和信息素养。多种方式的学习培训使教师认识到教育信息化对教育变革的重要性，推动学校、教师、学生对信息化、大数据、人工智能等技术变革的适应性。

三、坚守教育初心，构建教育坐标体系

正当学校数字化转型过程中基础设施升级、学习方式变革时，ChatGPT 的出现，不得不让我们重新思考教育的初心：培养什么样的人，怎样培养人，由此，我在想智慧教育的关键不是技术，而是被技术赋能后教与学的重构，重点回到如何促进学生学习上来，从而构建智能时代对人的发展的新的教育坐标体系。

下面我以智慧作业学生画像为例，谈谈如何借助大数据促进学生学习的一点尝试。

（一）以问题为导向的设计策略

学校在设计智慧作业应用时，充分考量了现有作业应用模式存在的问题，如许多师生在教学过程中过分强调知识，使学生所学知识变得单调，"填鸭式"的解题方法对提高学生的学习兴趣是不利的；未充分体现学生的主体地位，学生是知识的被动接受者，不利于创造性思维的培养。站在以人为本的理念上，所有的教育都应当是幸福教育。

（二）以目标为导向的实施策略

在智慧作业应用目标上，学校总结为三条：一是有效激发学生的学习兴趣，使教学方法更好地适应学生；二是强调学生在课堂上的主导地位，回归到学习者本身；三是适应新课程改革的要求，提升学生核心素养。在实施时，面向资源难、分层难、实施难这三大问题，与科大讯飞组建工作小组打磨实施方案，为项目落地提供保障。

（三）四大建设方向，推进智慧作业深度应用

结合现状、目标、政策要求，学校在智慧作业应用策略上，推出四大建设方向，分别是数据采集智能化、作业督导大数据深度应用、以学生为中心的成

效打造和个性化的"小数据"。

1. 数据采集智能化

基于作业机、扫描仪等多种智能终端，可实现不改变师生纸笔习惯基础上实现教辅作业、教材习题、阶段性单元作业等多种形式的作业数据采集，全场景作业数据采集实现以练代考，为科学全面开展学生学情分析奠定基础。

基于学校特色学科指标作业库布置阶段性弹性作业，学生在答题卡上根据实际学情选择题目，并通过扫描仪实现班级阶段性学情数据采集和阶段性学情分析。

2. 作业督导大数据深度应用

作业数据分析，形成多维度学情报告：基于灵活的数据采集方式，依托人工智能、大数据技术，可为教师提供单次、历次的多维度作业分析报告，全班学生总体的学情表现数据，包括学生日常表现和作业用时分析。同时，教师可查看班级提交情况、完成情况、知识点掌握情况及高频错题等，全面把握班级整体学情，充分利用课堂有限时间重点讲解班级的共性错题，提升教学效率。

学校教师在信息化融合作业场景的常态化应用过程中，通过日常教学作业无感知边批改边采集，收集班级学情，总结出"四环六步"应用模式，反哺课堂教学。"四环"为作业练习和讲评的四个主要环节，即以练代考、学情报告、精准讲评、错题再练。"六步"为作业练习和讲评的六个流程步骤，即作业练习、应批尽改、报告分析、精准备课、互动讲评、举一反三。

基于数据可转变课堂教学模式，实现基于数据的精准讲评：在学情分析报告基础上，学校将作业与讲评课两个场景打通，借助智能终端实现作业学情数据的采集与分析，改变了教师以往通过主观经验判断进行讲评课教学的方式，聚焦重难点和高频错题，以大数据统计分析精准判断薄弱知识点。班级共性错题可一键加入讲评，课上通过调取原卷及经典样例，更有针对性地进行讲解，真正帮助学生提高错题解决率。

此外，通过发起同类题互动、学生上台讲解等课堂互动环节，大大提升数学课趣味性，充分锻炼了学生的思维能力和表达能力，真正做到了将课堂还给学生，体现了学生的主体地位。

3. 以学生为中心的成效打造

为真正实现学校教学质量的提升，在智能技术赋能作业场景，推动教学模式变革过程中，提高作业设计质量，构建高质量校本作业库起到了重要的支撑作用。基于"作业元"理论，形成学校学科特色作业标签体系，涵盖题目题型、难易程度、考查知识点、学科能力、学科素养、情境等维度，并通过精选、改编、创编等方式构建高质量校本精品资源库，提升作业有效性。同时建立资源共建共享激励评价机制，使得作业成果可沉淀、可分享、质量可跟踪，从源头上提升作业质量。

在作业学情采集的基础上，学校还提出了"基因库"理论。通过学生作业数据的长时间跨年级积累，有助于分析学生在学校六年以来的学习情况，从而有助于学生基因画像及海淀实验二小教育基因画像的建立。通过学生在不同数据标签上的发展变化趋势，可以分析班级、年级、学校的共性特点及个性特点，有助于评价各班级、年级的教育教学质量，从而推动教学模式转变和教师队伍建设。

此外，学校还探索了 ENA 认知网络分析在作业中的应用，用以分析各类学科与不同知识点间形成的不同关联。如基于六年级 10 班部分学生与 11 班部分学生的一次作业数据分析，可发现各知识点间关联差异较大，长方体体积的计算、用体积解决问题和长方体的特征之间有较紧密关联，并与选做题、核心素养均可关联起来，为学生个性化的"小数据"提供有效支撑。

基于学生的小数据画像，可提供优质、实用的数字资源支持学生个性化学习需求，从两个班到多个班，从阶段试点到常态开展，从精准教到精准练、精准学，从面向应试教育的因材施教，到面向核心素养的因材施教，高质量、规模化、可持续推进。

四、展望与思考

展望未来，我们将继续推动教育数字化转型的进程，不断优化教育场景，改革教与学方式，提高信息素养，坚守教育初心，构建更加完善的教育坐标体系。同时，我们还需对教育数字化转型行动有新的认知：

从"学生能力发展"的视角，理解评价的意义，重建评价体系；

从"学生个性学习"的视角，理解过程的结构，丰富学习活动；

从"学习价值实现"的视角，理解场景的要义，设计学习空间；

从"证据支持决策"的视角，理解数据的价值，并创建有效的数据治理模式。

　　带着这样新的认知，我们相信，通过持续的努力和创新，我们可以为学生提供更好的教育，培养更优秀的人才，推动教育事业的科学发展，为智慧时代的到来作出更大的贡献。

人工智能技术在科学教学中的应用

——以"呼吸与健康"课程为例

吴思琦

一、研究背景

（一）人工智能在教育中的应用

人工智能（Artificial Intelligence），英文缩写为 AI，它是研究、开发用于模拟、延伸和扩展人的智能的理论、方法、技术及应用系统的一门新的技术科学。2016 年 10 月美国颁布了《国家人工智能研究与发展策略规划》，次年 7 月 8 日我国国务院颁布了《新一代人工智能发展规划》，人工智能正以爆炸式的趋势在国际、国内蓬勃发展。新一代人工智能的相关学科发展、理论建模、技术创新、软硬件升级等整体推进，正在引发链式突破，推动经济社会各领域从数字化、网络化向智能化加速跃进。人工智能将为农业、医疗、教育、能源、国防等诸多领域提供大量新的发展机遇。

为了顺应时代发展，促进教育改革，越来越多的教育工作者们尝试将人工智能应用到课堂教学中去。他们试图通过人工智能技术促进自适应学习环境的发展和人工智能工具在教育中高效、灵活及个性化的使用，同时使用精确的计算和清晰的形式表示教育学、心理学和社会学中含糊不清的知识，从而利用人工智能打开"学习黑匣子"。

（二）小学科学课堂教学中遇到的困难

科学概念是在科学认识中反映事物本质属性的思维形式，是思维的"细胞"，是思维结构的基本单位。叶宝生教授在《小学生习得科学概念的六种方式》一文中指出，小学科学认识是从可感知的科学事物的外部特征为基点获得科学概念，具有形象性和直接性的特点。在小学科学的学习阶段，常有一些概念是学生看不见、摸不着的，传统的教学方式虽然能通过图片、视频等方式让学生建立相关科学概念，但学生的科学形象思维不能得到发展，以至于不能将所学知识由部分到整体、由点及面地串联起来。

基于信息化时代的发展和实际教学中面临的困境，本文将以小学科学课堂教学为例，研究人工智能在教学中的应用。

二、人工智能软件

（一）计算机视觉

计算机视觉是指使用计算机及相关设备对生物视觉进行模拟，主要任务就是通过对采集的图片或视频进行处理以获得相应场景的三维信息。常用到的软件有捕捉视觉动作的钢琴陪练软件"音乐笔记"，有通过机器设定程序识别、理解、处理并模拟人类情感的计算软件"EMOTI-EDU"。除此之外，一些公司还在研究通过捕捉手语动作识别翻译成有声语言，也可以把有声语言转换成手语的智能软件，从而为有听、说障碍的残障人士解决困难。

（二）图像、音频识别

图像、音频识别技术是指利用计算机处理、分析和理解图像、语音，从而识别各种模式的目标和对象的技术。有很多与教学有关的人工智能软件都用到这项技术。如表1所示。

表 1 图像、音频识别

技术方式	图像识别	语音识别	音频识别
典型软件	阿凡题 作业帮 猿题库 学霸君	英语流利说 一起作业 BOXFISH Duolingo	音乐笔记 唱吧 全民 K 歌

（三）自然语言处理（NLP）

自然语言处理是计算机科学领域与人工智能领域中的一个重要方向，它研究能实现人与计算机之间用自然语言进行有效通信的各种理论和方法，是一门融语言学、计算机科学、数学于一体的科学。现阶段自然语言处理软件可以实现自动解题、自动批阅、自动答疑和自适应对话。

自然语言处理适用范围最广的是翻译软件、自然语言对话引擎，做得最好的是自动批阅。英语的批改网，能将学生的英语作文与语料库进行对比，从词汇、语法、句式等192个维度进行评价，并给出相应的修改意见。批改网打分与人工打分一致率高达92.03%。语文作文的批改服务来自首师大中文语言智能研究中心的中文作文智能评测系统和汉语写作教学综合智能训练系统。和英语批改网一样，汉语作文的批改也是在语料库中挖掘打分细则、评级参数、偏误规则、常用范式。其核心功能是综合评级、总体评级、汉字复杂度、语句篇章流利度、逐句批注点评、相关范文推荐。如表2所示。

表2 自然语言处理

技术方式	翻译	二语作文批阅	自然语言对话引擎
典型软件或网站	Google Translate Skyep Translate	句酷批改网 中文作文智能评测系统和汉语 写作教学综合智能训练系统	微软小冰 微软小英 siri Bixby 小E、小度

三、人工智能软件在小学科学课堂中的应用模式

技术是人类器官的延伸与拓展，技术性质反映了人的性质，即技术的目的是人的目的，技术需求是人的需求，人的需求是无止境的，技术的发展也是无止境的。人工智能软件服务于小学科学课堂，是课堂教学的一种技术手段。通过利用一些人工智能软件，可以促进学生认识科学事实，帮助学生建立科学概念。科学课一般分为聚焦话题、实践探究、形成解释和拓展延伸。人工智能软件可以作为探究工具，也可以帮助学生形成解释。在应用人工智能软件的小学科学课堂中更关注学生学习活动和教师教学活动。结合对人工智能软件的梳理、对小学科学课程特性的整体把握，以及实际上课经验，我梳理出了基于应用人工智能教育软件的小学科学教学模式，如图1所示。

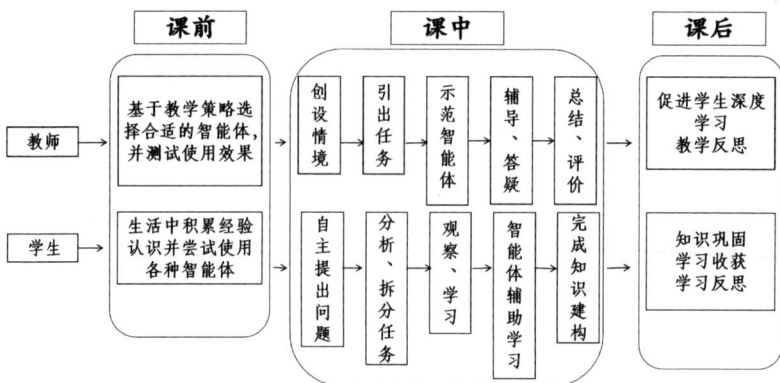

图 1　人工智能教育软件在小学科学中的应用模式

（一）学生学习活动

在人工智能软件作为教学手段之一的小学科学课堂中，学生的学习活动可以分为三方面：感受、活动和思考。第一是感受方面：通过教师创设的以生活为基础的情境和引导，学生联系现实的生活经验和感受，发现问题，自主提出想要探究的内容。第二是活动方面：结合要探究的问题，学生通过小组合作的方式使用从人工智能软件中获得的科学事实修正自己已有的经验，积极主动地完成他们想要探究的内容，建立相关概念。第三是思维方面：学生使用人工智能软件，经历感受、探究和分析数据等过程，将感性的感受转换为理性的认识，将抽象的知识具象化，发展学生的科学形象思维。

（二）教师教学活动

在基于学生使用人工智能自主探究的课堂中，课堂的主体是学生，教师起到推动课堂环节发展和引导学生思考的作用。教师在将人工智能应用到教学的过程中，对人工智能软件进行充分的了解与选择。在教学设计中考虑智能软件和教学内容的关联性，分析并评估智能软件在课堂中的应用效果。确定好要使用的智能软件后，在课堂上向学生展示智能软件的使用方法，引导学生规范使用。给予学生充分的时间来体验和活动，在此过程中，老师是辅助者和引导者，帮助学生解决他们遇到的操作层面的问题，引导学生对观察到的现象进行分析，发现和解决问题，促进学生有效的探究活动。在必要时做阶段性小结，鼓励学生的发问和验证精神。最后为学生提供拓展延伸的相关内容。

四、《呼吸与健康》案例分析

（一）案例概况

案例选自教科版科学四年级上册"呼吸与消化"单元，指向核心概念：生命系统的构成层次。课标要求学生通过对该领域的学习初步形成生物体的结构与功能、局部与整体、多样性与共同性相统一的观点。

案例由单元的前三节课组成，形成以"呼吸与健康"为题的主题学习。在这三节课中学生初步感受呼吸的过程，认识了参与呼吸的器官——肺，测量肺活量。建立呼吸系统与健康生活的关系，为后续探究食物的消化系统与生命健康的关系提供探究思路，促进学生对人体系统的认识与理解，建立"系统化"人体结构概念。

呼吸系统维持着人体的生命活动，呼吸功能影响着我们的健康生活。主题学习从人体的基本特征和需求出发。通过资料分析得出人体生命活动需要氧气，引导学生测量并记录人在不同状态下呼吸次数的变化与氧气量的关系，从科学角度分析呼吸次数变化和肺活量等因素与健康生活之间的关系。在进一步探索呼吸奥秘的同时引发学生对健康生活的思考，树立体育锻炼与增强体质健康的意识。

（二）案例的具体分析

从这节课开始学生将要学习人类身体内部系统。身体分为外部结构和内部系统，外部结构是直观可见的，而内部系统则看不见摸不着，建立其相关概念是一件非常困难的事。同时，我们每天都在感受自己的身体，身体也会向我们传达信息，学生对自己的身体有一些感性的认识，但这些认识是科学事实吗？修正学生的固有认知也是一件困难的事。

本研究基于人工智能软件在小学科学课堂教学中的应用模式，对师生行为进行了分析。

（1）感受维度：如表3所示，学生对身体非常熟悉，熟悉是因为我们每天都在使用它，身体向我们传达了很多信息，比如出汗、心跳加快、呼吸加快、胃胀、肚子疼等，学生通过感受建立了一些关于身体的感性认识。因此，本课就聚焦到学生的实际生活，先运动运动，感受身体的变化，再结合自己的感受提出想探究的问题。

表3　感受维度师生行为

类别＼内容	具体行为表现
教师行为	带领学生感受运动带来的身体变化，引导学生通过记录并分析数据，聚焦问题
学生行为	学生运动起来，试着描述运动后身体的变化，感受运动后呼吸加快，并通过记录和分析身体数据（平静时和运动后的呼吸次数）将感性经验与理性事实进行联系。基于自己的感受和对数据的分析，提出核心问题：呼吸如何影响健康？

（2）活动维度：如表4所示，在探究活动中，学生以小组合作的形式，利用"人体探秘"软件自主观察人体呼吸的过程，探究人体呼吸器官的结构与功能，修正学生对呼吸系统的感性认识，建立呼吸系统的概念。

表4　活动维度师生行为

类别＼内容	具体行为表现
教师行为	先让学生根据自己的生活经验和感受画一画（使用人工智能软件 AutoDraw）空气在体内流动的过程（用到的器官），然后用"人体探秘"软件探究呼吸系统
学生行为	学生通过画一画的活动（使用人工智能软件 AutoDraw），表达自己对人体呼吸系统的感性认识 分小组使用"人体探秘"软件，模拟人的呼吸过程，观察在呼吸过程中用到了哪些器官，结合器官的结构分析各个器官的功能，描述呼吸过程，观察到吸进来和呼出去的气体是不一样的，肺是完成气体交换的器官 小组间分享自己的发现，全班一起讨论

（3）思维维度：如表5所示，学生通过感受、体验、探究和分析数据，建立了呼吸器官和呼吸系统的相关概念。将感性的感受转换为理性的认识，将看不见摸不着的人体内部系统转换为看得见的模型，将抽象的知识具象化，发展学生的科学形象思维。

表5　思维维度师生行为

类别＼内容	具体行为表现
教师行为	提供科学家研究数据，引导学生分析数据，并总结出人体的生命活动需要氧气。呼吸系统可以将空气运输到体内
学生行为	学生分析一次呼吸过程中吸进和呼出气体种类和数量的数据表，对比分析得出氧气留在人的体内，二氧化碳等不要的气体排出体外，为"人体探秘"中发现的吸进和呼出气体不一样提供事实证据 学生结合已学知识，再次使用"人体探秘"软件感受并观察到人体运动起来需要大量的氧气，一次呼吸吸入的氧气数量是一定的，所以需要加快呼吸的频率

最后教师进行拓展，联系生活中的空气净化器，让学生意识到一些生活中的发明和创造来自我们的身体，也就是仿生学。同时分析肺活量是评价学生

体质健康指标的原因，帮助学生建立通过运动、充足睡眠等方式可以提升肺活量，改善体质的意识。

在课堂上学生的注意力高度集中，对科学探究很感兴趣。主题学习完成了预设的教学目标，促进了学生的知识建构，训练了学生使用智能软件的技能，使学生在课堂中有所收获，增强了自信心。由此可见，在小学科学课堂中合理利用人工智能软件可以取得良好的教学效果。

五、总结与反思

将人工智能软件应用在小学科学课堂中还有很多需要我们研究和完善的地方。在课堂中合理选择智能软件至关重要，如使用 AutoDraw 让学生画一画人体的呼吸器官并不能体现出使用技术带给课堂的便捷性，反而因为学生将注意力放在智能画图软件上降低了课堂效率。与之相比"人体探秘"智能软件在课堂中的应用效果较佳，辅助课堂，高效地完成了教学目标。人工智能软件作为技术支持应用到小学科学课堂当中，对于教师和学生都是一个重大的突破。合理选择有针对性的人工智能软件对课堂教学可以起到良好的推动作用，取得良好的教学效果。通过对实际教学中师生教学活动的分析，将人工智能软件应用到小学科学课堂可以帮助老师调动学生的积极性，帮助教师解决在教学中出现的困难。学生通过使用人工智能软件，可以将抽象的知识具象化，发展科学思维。

本次主题学习是将人工智能应用到小学科学课堂教学的一次尝试，结合学科特点，人工智能在小学科学中的应用有很大的发展空间。在核心素养、STEM教育等理念相继提出的背景下，人工智能在小学科学课堂中的应用会发展得更为成熟。

参考文献

[1]马少平，朱小燕.人工智能 [M].北京：清华大学出版社，2004.

[2]新一代人工智能发展规划 [EB/OL].（2017-07-08）[2025-02-10]. https://www.gov.cn/gongbao/content/2017/content_5216427.htm.

[3]闫志明，唐夏夏，秦旋，张飞，段美元.教育人工智能（EAI）的内涵、关键技术与

应用趋势——美国《为人工智能的未来做好准备》和《国家人工智能研发战略规划》报告解析 [J]. 远程教育杂志，2017：26-35.

［4］叶宝生. 小学生科学概念获得与发展的两条途径及其特点——基于科学概念进化的视角 [J]. 中小学教材教学，2022，3（5）：75.

［5］叶宝生. 小学生习得科学概念的六种方式 [J]. 现代中小学教育，2016，32（1）：63-65.

［6］D. Vernon. Machine vision-Automated visual inspection and robot vision：Englewood Cliffs, NJ（US）：Prentice Hall, 1991：2.

［7］刘开瑛，郭炳炎. 自然语言处理 [M]. 北京：科学出版社，1991.

［8］叶宝生. 小学科学课程中的技术教育因素及教学策略 [J]. 课程. 教材. 教法，2015，35（10）：81-85.

从"信息技术"走向"信息科技"的认识与重构

周希辉

一、从"信息技术"到"信息科技"认识

（一）信息技术课程为推进信息化贡献巨大

信息技术教育可以分为三个阶段。第一阶段从 1982 年到 1991 年，主要内容为程序设计语言教学，如 BASIC 语言、PASCAL 语言、LOGO 语言等。这一阶段的教学可以概括为精英文化教育，重点培养相关领域的拔尖人才，在少数有条件的学校提供一些关于科学家在研究过程中的执着精神、理性思考和求实创新态度的文献，是培养学生核心素养的重要资料。第二阶段从 1991 年到 2000 年，主要教学内容为 WPS、DOS、五笔字型、dBASE 等。这一阶段的教学可以概括为专业化工具教育，重点培养学生的专业技能，主要在城镇中小学开展。计算机开始在各个行业普及应用，使用好计算机是专业人员的基本要求，开展计算机教学为各行业的专业应用打下了很好的基础。第三阶段为 2000 年至今，主要内容为操作系统、办公软件、互联网、多媒体等。这一阶段的教学可以概括为大众化工具普及教育，着力推进信息技术的大众化普及应用，建构信息化的大众文化，把信息技术作为社会大众提高工作和生活效率、支持终身学习和合作学习的手段。40 年来，信息技术教师和专家勇于探索，不断实践，敢于担当，努力推进中小学信息技术课程的发展。在不同的历史时期，信息技术的教学都为当时学生发展和社会发展作出了巨大贡献。

（二）信息技术课程无法满足学生发展需要

首先是环境变了。随着互联网、大数据、云计算、人工智能、区块链等技术的普及，信息技术沿着以个人计算机为核心到以互联网为核心，再到以数据

为核心的发展脉络，逐步改变着社会的经济结构和生产方式，加快了全球范围内的知识更新和技术创新，催生出现实空间与虚拟空间并存的信息社会。"人机协同"成为信息社会的基本工作方式，信息技术覆盖了人们生活、学习、工作的方方面面，了解信息系统的基本工作逻辑，对有效利用信息系统提高学习效率、顺利开展工作、获得幸福生活的影响越来越大。

其次是学生变了。教学对象由"数字移民"逐步发展为"数字土著"。他们从小就生活在信息技术广泛应用的社会环境中，思维方式、学习方式和解决问题的方式都与以往的教学对象有了变化。我们时常听到"现在的学生越来越不听话了"的抱怨，其实，并不是学生不听话了，而是学生的思维方式、学习方式、解决问题的方式等与我们预设的差异越来越大。我们的预设不符合学生的认知基础，难以满足学生的需要，学生也难以按照我们的预设发展，从而产生"冲突"。"数字移民"习惯从身边寻找解决问题的方案，"数字土著"把信息技术作为解决问题的首选，这是两代人的差异。如果我们不理解这类冲突，就难以理解当前信息技术教育的不足。我们可以看到，身边年龄比较大的人遇到问题，一般是问身边的人"这个问题怎么解决"，而年龄小的人遇到问题，首先就是拿出手机，打开电脑，查找解决办法，只有在用信息技术解决不了问题的时候，他们才会寻求利用身边的资源去解决问题。

此外，利用信息技术主动获取知识对学生的影响越来越大，他们认识到网络上的优质资源很丰富，表现形式和学习方式也很灵活。比如，学生的信息技术技能大多是在课外习得的，但由于缺乏指导，很容易受不良信息和不良习惯的影响，对学校教学和自身发展产生冲击。

传统的信息技术课程以软件操作为主要内容，与"数字土著"的特征和需求不吻合，一般的软件操作教学对"数字土著"来说意义不大，对帮助"数字土著"适应信息社会、应用信息系统和推进信息社会发展作用不大，难以满足信息社会和国家战略发展对人才的需要。当今世界科技进步日新月异，网络新媒体迅速普及，人们生活、学习、工作方式不断改变，儿童青少年成长环境深刻变化，人才培养面临新挑战。因此，第三阶段的信息技术教育已经完成历史使命，信息技术课程需要变革和发展。

（三）信息科技课程具有独特教育价值

信息科技课程主要研究以数字形式表达的信息及其应用中的科学原理、思维方法、处理过程和工程实现，以数据、算法、网络、信息处理、信息安全、人工智能为课程逻辑主线，帮助全体学生学会数字时代的知识积累与创新方法，引导学生在使用信息科技解决问题的过程中遵守道德规范和科技伦理，培育学生正确的世界观、人生观、价值观，促进学生在数字世界与现实世界中健康成长。

1. 完善科学领域结构

传统的科学领域包括自然科学领域和社会科学领域。自然科学是研究对自然界的认识，解决人与自然的和谐关系。社会科学是研究对社会的认识，解决人与人、人与社会的和谐问题。信息社会广泛存在的人与机器的关系既不属于自然科学，也不属于社会科学，然而这个问题对科学发展的影响越来越大，已经到了迫切需要研究解决的时候。信息科技课程着力研究解决人与机器的和谐问题，将完善科学领域结构。

2. 推进数字经济发展

在全球信息化浪潮下，数字经济成为重塑国际格局、驱动国家发展的核心力量。我国作为数字经济大国，正从规模扩张向质量提升转型，《数字中国发展报告（2024 年）》显示，近三年数字中国发展指数增速超 10%，数字经济核心产业增加值占 GDP 比重约 10%，凸显创新与人才培育的紧迫性。

在此背景下，中小学信息科技课程意义重大。从基础操作到编程逻辑，从信息检索到人工智能认知，这些课程全方位提升学生数字素养。学生数字能力的提升，既能为数字经济储备专业人才，推动产业数字化转型；也能激发创新思维，助力我国在全球数字经济规则制定、技术突破等方面占据优势。

中小学信息科技课程是我国数字经济高质量发展的关键一环，为国家培育数字人才，奠定创新发展基础，助力我国在全球数字经济竞争中抢占先机。

3. 提升学生胜任力

信息科技课程要培养的核心素养，主要包括信息意识、计算思维、数字化学习与创新、信息社会责任。这四个方面互相支持，互相渗透，共同促进学生数字素养与技能的提升。信息社会日新月异，现在的中小学生将来可能要从事现在尚未诞生的职业，解决现在尚未出现过的问题，学习现在尚未诞生的知识。因此，教育要培养学生适应个人终身发展和社会发展需要的正确价值观、必备品格和关键能力，全面贯彻党的教育方针，落实立德树人根本任务。信息科技课程着力提升学生对问题进行抽象、分解、建模，并通过设计算法形成解决方案的能力，使学生能采用计算机科学领域的思想方法界定问题、分析问题、组织数据、制订解决问题的方案，并对其进行反思和优化；针对问题设计探究路径，通过网络检索、数据分析、模拟验证、可视化呈现等方式开展探究活动，得出探究结果，有效提升学生面对信息社会发展、数字经济发展的适应力、胜任力和创造力，为未来打下坚实基础。2019年5月16日，习近平总书记在致国际人工智能与教育大会的贺信中指出："人工智能是引领新一轮科技革命和产业变革的重要驱动力，正深刻改变着人们的生产、生活、学习方式，推动人类社会迎来人机协同、跨界融合、共创分享的智能时代。把握全球人工智能发展态势，找准突破口和主攻方向，培养大批具有创新能力和合作精神的人工智能高端人才，是教育的重要使命。"深化中小学信息科技教育，促进行业信息化劳动大军与高端信息科技后备人才培养，是落实党的十八大以来关于信息化国家发展战略的基础性保证；完善中小学信息科技教育，加快教育信息化进程，是实现国家教育目标的重要任务；普及中小学信息科技教育，培养合格的数字公民，是信息社会的必然要求；融合中小学信息科技教育，发展学生信息化学习能力，是转变学校教学方式、提升教学质量的重要手段。

（四）着力提升教育工作者的数字素养和技能

不少教育工作者和教师对信息科技教育的认识还停留在操作教学层面，认为信息科技课程就是讲讲操作、学学编程、上上网络等，并没有深刻地认识到开设信息科技课程的重要意义和价值。教育工作者作为"数字移民"，即使操作技能再强，在数字素养方面也存在着天生的不足，要正视自己的这种缺憾，深刻领会落实立德树人根本任务的内涵和要求，虚心学习，特别是向"数字土著"学习，了解他们的学习特征、思维方式和未来发展需要。学习编程并不是要掌握编程语言，而是要理解机器是怎么工作的，只有知道机器是怎么工作的，才能很好地设计出利用机器解决问题的方案，创新地利用机器解决问题，顺利实施人机协同工作。我国《提升全民数字素养与技能行动纲要》要求提升领导干部和公务员数字治理能力，提升学网、懂网、用网的能力。这也说明了提升教育工作者数字素养和技能的重要性。从"信息技术"走向"信息科技"，对信息科技教师也提出了更高的要求。要完成从"0"向"1"的飞跃，还需要教育工作者尤其是信息科技教师继续努力，承担起开创信息科技教育新局面的历史使命。

二、从"信息技术"到"信息科技"教师角色转变

《义务教育信息科技课程标准（2022年版）》的印发，是我国课程建设史上具有重要意义的事件。课标中信息技术课程向信息科技课程的转变，彰显了信息时代公民素养内涵的新变化，突显了素养导向的重要地位，更强调了科学意识与科学思维的培养。随着国家数字经济的发展，新时代人才更需要深入思考技术背后蕴藏的逻辑与哲理，要具备推动科技发展的意识、思维与能力，即"素养"。义务教育阶段的信息科技课程将侧重点置于素养导向，即培养学生的信息意识、计算思维、数字化学习与创新、信息社会责任，培养学生利用科学思维解决实际问题的能力，增强学生的理解能力与判断能力，引导学生利用信息技术描述事物、总结事物、探寻规律。技术只是上述目标的实现手段，而非课程教育目的。从课程内容上看，从"技术"到"科技"，体现了更高的育人价值追求，将科学思维与技术功能紧密结合在一起，培养学生更好的适应力、胜任力和创造力。从"技术"到"科技"，信息科技学科正面临着从"技术导向"到"素养导向"的课程目标转变，面对信息科技课程大概念、主题式、综合化、体验性的新特征，教师的角色重构成为落实新课标的关键要素。

（一）教师是课程变革的开拓者

处在从"信息技术"到"信息科技"的转型期，每位教师都应当成为也必须成为课程变革的开拓者，要具备宽广的时代视野，坚韧的教育理想与信念，扎实的学科知识与实践能力，从信息科技教育理念、育人目标、教学内容、教学模式、教学评价等多角度深刻分析信息科技课程的创新性特征，从观念上自我革新，进一步理性认识当前信息科技课程实施中的深层次问题，创造性地思考和设计信息科技课程教学的新模式，突显时代特征、育人目标，成为教学创新的开拓者。教师在变革实践中更要成为学生科学探索的推动力量，科学意识和科学创新能力养成的引路人。

（二）教师是课程变革的实践者

教师是教育目标的执行者，是课程的实施者，是直接参与育人过程的主体。教师要在对课程价值、课程目标、课程内容充分理解的基础上，顺应时代对信息科技课程的需求，以学生的全面发展为宗旨，遵循教与学的基本原理，充分利用智能技术的支撑，结合各学科间的关联，运用课标中有关大概念的课

程思维，从当代世界科技发展特点出发，把握中国特色课程建设思路，彰显全面育人的教育理念，从学生核心素养形成的着眼点出发，进行信息科技课程的设计、开发、组织、实施与评价，使学生在丰富的体验中获得知识与技能，注重学生科学思维的形成，引导学生理性客观地处理信息社会中人与人、人与社会的关系和问题。

（三）教师要不断保持并提升自我教育能力

终身学习不仅是教师的职业道德要求，更是教师应对新时代教育变革的必备素养。新课标中关于课程大概念、主题式、综合化、体验式的设计思维，为信息技术教师转变为信息科技教师提供了新的课程设计导向，也为信息科技教师的专业发展指出了明确的提升方向。面对信息科技课程的新定位，教师不仅要更新课程理念，更要进一步提升自身信息素养以及教学技能，增强对信息科技课程的全面认知，从思想和行动上为应对课程变革做出新的努力，在信息科技教育领域下苦功、练真功、立新功，成为卓越的信息科技教师。

总之，从"信息技术"走向"信息科技"，是我们每一位从事信息科技教育的教师努力认识与重构的过程，我们只有深刻理解和领悟，才能更好地胜任信息科技教育教学任务。

参考文献

［1］汤亮，龚发云，袁慧铮，等.劳动教育融入课程教学的路径探索［J］.中国高等教育，2021（20）：45-47.

［2］严从根，徐洁.劳动教育拓展性课程开发的意义、困境与对策［J］.广西师范大学学报：哲学社会科学版，2021，57（2）：83-90.

［3］李金梅.综合实践活动课程中的项目学习：理念、优势与改进［J］.教育学术月刊，2021（2）：85-90.

［4］张婷，申仁洪.特殊教育学校劳动教育课程的价值意义与构建实施［J］.现代特殊教育，2021（13）：34-39.

［5］阮灿美.让学生在展示性评价中快乐成长［J］.新课程（下），2013（9）：55.

［6］吴晓霞.多元评价，焕发劳技课程的魅力——小学劳动与技术课程发展性评价初探［J］.小学教学参考，2016（33）：79-80.

人工智能在小学教学中的应用：
赋能教师与学生的新视角

朱庆煊

在当今快速发展的数字化时代，人工智能技术已经成为教育领域的一大助力。特别是在小学阶段，AI 的应用不仅能够提升教学质量，还能够激发学生的学习兴趣和创造力。本文将探讨 AI 在小学教学中的应用，并分析其对教师和学生的积极影响。

一、人工智能在教学中应用的背景与展望

在信息化时代，人工智能（AI）技术的发展和应用已经成为推动社会进步的重要力量。教育作为培养人才和传递知识的关键领域，自然也成了 AI 技术应用的重要舞台。AI 在教学中的应用，不仅改变了传统的教学模式，也为教育的个性化和效率化提供了新的可能性。

（一）AI 技术在教育中的发展历程

AI 技术在教育领域的应用可以追溯到 20 世纪 60 年代，当时的计算机辅助教学（CAI）是 AI 教育技术的雏形。随着时间的推移，AI 技术经历了从简单的计算机程序到复杂的智能系统的发展。进入 21 世纪，随着大数据、云计算和机器学习等技术的成熟，AI 在教育中的应用变得更加广泛和深入。智能教学系统、个性化学习平台、智能辅导机器人等 AI 教育产品不断涌现，为教学提供了强大的技术支持。

（二）AI 技术在教学中的作用

AI 技术在教学中的作用主要体现在以下几个方面：

个性化教学：AI 技术可以根据学生的学习行为、能力水平和兴趣偏好提供定制化的学习资源和教学方案。这种个性化的教学方式有助于提高学生的学习效率和兴趣，同时也能够减轻教师的工作负担。

教学资源的优化分配：AI 技术能够分析教育资源的使用情况，优化资源配置，确保每个学生都能获得适合自己的学习资源。这有助于缩小不同地区、不同背景学生之间的教育差距，促进教育资源的公平分配。

教学效果的评估与反馈：AI 技术可以实时监测学生的学习进度和掌握情况，及时为教师提供教学反馈。这使得教师能够根据学生的学习情况调整教学策略，提高教学质量。

学习体验的改善：AI 技术通过虚拟现实（VR）增强现实（AR）等技术，为学生创造了更加生动和互动的学习环境。这种沉浸式的学习体验有助于提高学生的学习动力和参与度。

（三）AI 技术在教学中的挑战与机遇

尽管 AI 技术在教学中展现出巨大的潜力，但也面临着一些挑战。例如，如何确保 AI 技术的有效性和可靠性、如何保护学生的隐私和数据安全、如何平衡技术应用与人文关怀等问题都需要我们认真思考和解决。同时，AI 技术的发展也为教育领域带来了新的机遇，比如促进教育的国际化、推动终身学习理念的实现等。

二、学生与教师在 AI 赋能教学浪潮中的角色

对于教师而言，人工智能工具可以帮助他们更好地个性化教学，根据学生的不同需求和学习风格，提供定制化的学习资源和教学方案。例如，教师可以利用人工智能工具进行学生的学习数据分析，了解学生的学习情况和问题，从而有针对性地进行教学调整和辅导。此外，人工智能工具还可以帮助教师更好地管理学生的学习进度和评估学生的学习成果，提供及时的反馈和指导。

对于学生而言，人工智能工具可以提供更加有趣和互动的学习体验。通过与人工智能工具的交互，学生可以参与到更具挑战性和启发性的学习活动中，培养创造性思维和解决问题的能力。例如，学生可以利用人工智能工具进行编程学习，设计和开发自己的应用程序或机器人，从而锻炼逻辑思维和动手能力。此外，人工智能工具还可以为学生提供个性化的学习辅助和智能化的学习

资源，帮助他们更好地理解和掌握知识。

在现阶段的人工智能背景下，教师的身份定位应该是从传统的主讲者转变为学生的引导者和合作伙伴。教师不再是简单地传授知识和信息，而是要帮助学生发展他们的学习能力和解决问题的能力。教师应该成为学生的导师，引导他们在学习过程中探索和发现知识，培养他们的创造力和批判性思维能力。

此外，教师还应该具备一定的技术能力，能够熟练运用人工智能工具和技术来支持教学。教师可以利用人工智能工具进行学生的学习数据分析，了解学生的学习情况和问题，从而有针对性地进行教学调整和辅导。同时，教师还可以利用人工智能工具提供个性化的学习资源和教学方案，帮助学生更好地学习和理解知识。

总之，在人工智能背景下，教师的身份定位应该是一个引导者、合作伙伴和技术应用者，通过运用人工智能工具和技术，帮助学生实现个性化、高效和有意义的学习。

三、人工智能工具的功能与教学应用

AI工具的功能涵盖了学习资料生成、作文指导、知识点总结、语言学习等多个方面，它们不仅能够帮助教师进行教学管理和评估，还能够为学生提供个性化的学习辅助。

（一）文字生成类功能

AI的文字生成工具能够帮助教师快速生成教材和学习资料，节省时间和精力。同时，学生也可以利用这些工具进行作文和写作指导，提高写作水平。

1. 学习资料和教材的生成

AI文字生成工具的应用，极大地简化了教师准备教学资料的过程。通过输入相关的教学主题和学习目标，这些工具能够快速生成符合教学需求的教材和学习资料。这不仅节省了教师的时间和精力，还确保了教材内容的时效性和相关性。此外，AI生成的教材可以根据不同学生的认知水平和学习风格进行个性化调整，以满足不同学习者的需求。

2. 作文和写作指导

在写作教学方面，AI文字生成工具为学生提供了一个互动的学习平台。学生可以通过这些工具获得即时的写作建议和修改意见，从而提高写作水平。AI

工具能够分析学生的作文结构、语法使用和词汇选择，并提供相应的改进建议。这种即时反馈机制，不仅能够帮助学生及时发现并纠正错误，还能够鼓励他们进行创造性写作和自我表达。

3. 知识点总结和复习

AI 文字生成工具在知识点总结和复习方面的应用，为学生提供了一个高效的学习工具。学生可以通过输入特定的学习主题或课程内容，生成详细的知识点总结和复习资料。这些资料不仅帮助学生巩固所学知识，还能够作为考试复习的重要参考。此外，AI 工具还能够根据学生的学习进度和理解程度，生成不同难度级别的复习题和练习，从而实现个性化复习计划。

4. 语言学习和翻译

在语言教学领域，AI 文字生成工具的作用尤为显著。学生可以利用这些工具进行语言学习和翻译练习，提高语言表达和沟通能力。AI 工具能够提供各种语言环境下的对话场景和实用文本，帮助学生练习语言应用和理解。同时，这些工具还能够进行实时翻译，为学习外语的学生提供即时的语言支持，促进跨文化交流和理解。

（二）思维导图类功能

AI 的思维导图工具能够帮助教师和学生创建知识结构和概念图，厘清知识脉络。此外，这些工具还能够用于项目管理和任务分配，提高教学效率。

1. 知识结构和概念图的构建

人工智能思维导图工具使得教师能够轻松地创建复杂的知识结构图和概念图。这些图表通过视觉化的方式展示了不同知识点之间的联系，帮助学生更好地理解和记忆抽象或复杂的信息。例如，在生物学教学中，教师可以创建一个关于细胞结构的思维导图，将细胞器、它们的功能以及它们之间的关系清晰地展现出来。学生通过这样的视觉辅助，能够更快地掌握细胞的工作原理。

2. 思维导图在思维训练中的应用

学生可以利用人工智能思维导图工具进行思维导图的绘制和思维训练。这些工具通常包含模板和指导，帮助学生学习如何组织思路、分析问题和构建论证。在历史课上，学生可以通过创建时间线来整理历史事件的发展脉络，利用这种方式，他们不仅能够记住事件的顺序，还能够理解事件之间的因果关系。

3. 项目管理和任务分配的优化

人工智能思维导图工具还可以帮助教师进行教学项目的管理和任务的分

配。通过这些工具，教师可以清晰地规划课程项目、分配小组任务，并追踪每个学生的进度。在进行跨学科的项目学习时，教师可以利用思维导图来分配不同学科的研究任务，确保每个学生都能在其擅长的领域发挥作用，同时也能够学习到其他领域的知识。

4. 创意思维和问题解决的培养

人工智能思维导图工具鼓励学生进行创意思维和问题解决的练习。这些工具提供了一个自由的环境，学生可以在其中尝试不同的想法和解决方案。例如，在科学课上，学生可以使用思维导图来探索解决环境问题的不同方法，通过这种方式，他们不仅能够学习科学知识，还能够培养解决现实世界问题的能力。

5. 跨学科学习的综合应用

人工智能思维导图工具的应用不仅限于单一学科，还能够促进跨学科学习的综合应用。教师可以设计跨学科的项目，让学生使用思维导图来整合不同学科的知识和技能，从而获得更全面的理解。例如，在一个涉及数学、艺术和工程的 STEAM 项目中，学生可以使用思维导图来规划一个艺术项目的设计和实施过程，将数学计算、美学设计和工程原理结合起来。

四、人工智能原理与深度学习

（一）人工智能的基石

人工智能（AI）的核心在于算法，它们是实现智能功能和任务的程序性知识。AI 算法具备一定的学习能力，能够从数据样本中提取知识，并进行分析与归纳。算法、数据和计算能力构成了 AI 的三大支柱。在教育领域，这些算法可以用于个性化学习路径的设计、教学资源的智能推荐等。

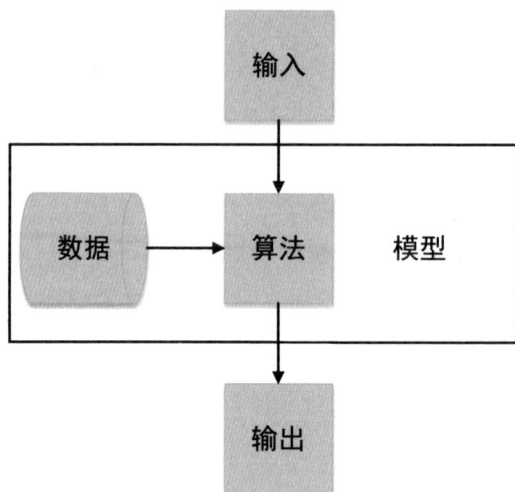

（二）深度学习的突破

深度学习作为机器学习的一个分支，已经成为推动 AI 发展的关键技术。它基于人工神经网络的研究，但超越了传统神经网络的范畴。深度学习网络通过模拟人脑处理信息的方式，处理和分析大量数据，从而实现复杂的模式识别和决策任务。

（三）深度学习网络的比喻

为了形象地说明深度学习网络的工作原理，我们可以将其比作一个由管道和阀门组成的巨大水管网络。在这个网络中，数据（如图像的像素信息）被转换成水流，通过网络的多个层次流动。每一层由多个调节阀组成，它们控制着数据的流向和流量。通过训练，学会调整这些调节阀，以实现对特定任务的优化。

（四）深度学习在教育中的应用

在教育领域，深度学习可以用于构建智能教学系统，这些系统能够识别学生的学习模式，并提供个性化的反馈和支持。例如，通过分析学生的作业和测试结果，深度学习算法可以预测学生在特定知识点上的掌握程度，并推荐相应的补充材料或练习。

（五）深度学习的挑战与机遇

尽管深度学习在教育中展现出巨大潜力，但它也带来了挑战，如对大量标注数据的依赖、模型的透明度和可解释性问题。此外，深度学习模型的训练需要强大的计算能力，这可能限制了其在资源受限的教育环境中的应用。未来的研究需要探索如何克服这些挑战，同时充分利用深度学习的优势，以推动教育的创新和发展。

五、结论与展望

本文系统地审视了人工智能在教学领域的应用，特别是文字生成类和思维导图类功能如何为教师和学生提供支持，以及这些技术如何促进教学方法的创新和学习效率的提升。通过深入分析，我们认识到 AI 技术在教育中的潜力是巨大的，它不仅能够优化教学资源的创建、分配和管理，还能够根据学生的个性化需求提供定制化的学习方案，从而显著提高教学质量和学习成效。

虽然 AI 技术在教育中的应用对教育的发展带来了诸多益处，但我们也应该意识到其存在的挑战和局限性。数据安全和隐私保护、技术与教育实践的融合、教师和学生对 AI 工具的适应性和接受度等问题，都需要我们在推动 AI 教育应用的同时予以充分考虑和解决。未来的研究需要关注如何更有效地整合 AI 技术与教育实践，如何培养教师和学生对 AI 工具的有效使用，以及如何在确保教育公平的前提下，利用 AI 技术推动教育的普及和创新。

展望未来，随着 AI 技术的不断进步和教育领域的深入探索，我们有理由相信，AI 将成为教育变革的重要驱动力。通过跨学科合作、政策支持和技术创新，我们可以期待构建一个更加智能、高效和个性化的教育环境，为所有学习者提供更加丰富、灵活和深入的学习体验。AI 技术的发展将为教育带来无限可能，而我们的任务是确保这些技术被负责任地、以促进所有人的教育机会和成功为目标来开发和应用。所有探索均服务于立德树人根本任务，着力培养担当民族复兴大任的时代新人。